_____ 님께 드립니다.

년   월   일

_____

성령사역연수원장

김 재 선 목사

원장 내외의 다정한 포즈!

언제 보아도 잉꼬와 같은 원장 내외 나들이 (전주 경기전에서)

심령을 울리는 은혜로운 찬양 사역자 유미경 사모

천사와 같이 아름답다고들 한미디씩…

기도훈련 지도자반의 인성교육 강의시간

기도훈련 지도자반의 기도실기 훈련 모습

기도훈련 전문반에서 말씀에 귀를 기울이고 있는 연수원생들

기도훈련 전문반에서 능력기도에 임하고 있는 연수원생들

특별부흥성회를 인도하시는 원장 (2011.5)

특수부대식 기도특공훈련 무료세미나 (2011.2)

세미나 시간에 열강하시는 원장 김재선 목사

간증 1집 「성령의 사람들」 간증자들 기념촬영 (2010.8.23)

기도훈련 전문반 7기 수료식 (2010.12.16)

기도훈련 전문반 8기 수료식 (2011.6.30)

기도훈련 지도자반 1기 수료식 (2011.3.3)

꿈해석 전문반 4기 수료식 (2011.7.13)

세미나 참가 소감 및 간증자
(가나다순)

 강성대 목사
 고현숙 사모

 곽형오 목사
 김영순 전도사
 김춘자 사모
 김해순 목사
 김현주 사모

 문석환 목사
 박병식 권사
 박예은 목사
 박인구 목사
 박태종 목사

 배재호 목사
 백혜자 전도사
 변경복 목사
 서순영 강도사
 손영미 집사

 안에스더 전도사
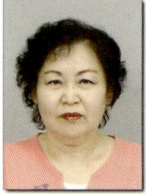 엄경란 목사
 윤보숙 목사
 윤연자 전도사
 윤현진 목사

 이갑헌 목사
 이린나 전도사
 이선영 목사
 이성은 목사
 이숙경 사모

 이인자 목사
 이행복 목사
 이흥준 목사
 임관수 집사
 임병주 목사

 임사랑 전도사
 임순희 사모
 임종삼 목사
 장 옥 사모
 장우상 청년

 정찬구 집사
 조을성 장로
 주한종 목사
 채주은 목사
 최순화 권사

 한상현 선교사
 한선자 사모
 한춘화 목사
 허경숙 사모

지리산에서 밤새워 기도하고 동이 틀 무렵 하산하면서 (2011.7)

기도훈련 지도자반의 지리산 실전기도 (2011.8)

연수원 총괄 목사 (STAFF)

간증집 편집위원

원 장
김재선목사

특수부대식 능력기도
2주 연속
무료세미나

기도의 능력자 엘리야와 세례요한이 했던 허리기도를 아십니까? 폐결핵 말기 죽음 직전 성령의 불을 맞고 극적으로 고침받고, 사투를 벌인 지리산 800미터 계곡의 기도를 통해 기도의 능력자 엘리야와 세례요한이 했던 능력기도인 허리기도의 세계를 뚫어 매주 수백명을 기도훈련을 시키고 있으며 영적세력을 치고, 밟고, 꺾고, 제압하고, 파쇄해 버리는 능력기도와 각종 은사와 성경이 열리는 기도훈련으로서 단 한번 참석으로도 이 시대 최고의 능력 기도의 강력한 영권을 받게 됩니다. 여러분을 이 무료세미나에 초대합니다.

일   시: 19차: 2011년 8월 22일(월) 2시~ 24일(수) 1시까지
        20차: 2011년 8월 29일(월) 2시~ 31일(수) 1시까지
        〈훈련은: 월2:00-6:30 화9:30-6:30 수9:30-1시까지〉

대   상: 목사. 강도사. 전도사. 사모. 기도원장. 모든 기독교인.
인   원: 매회 선착순 200명〈전화,문자,홈페이지 지금 등록〉
교통편: 5,7호선 군자역 4번 출구 50m 육교옆 (기업은행 빌딩)
등록비: 무료 (식사,간식 무료제공, 숙박자유, 교재 만원 구입)
등   록: 전화나 문자. 홈페이지 www.papapak.com

성령사역연수원
서울시 광진구 중곡2동 140-2   D.S빌딩
010-4440-9002, 010-4441-9002, 016-612-7697

신문에 실린 세미나 안내 광고

세미나참가 소감 및 간증 2집

변화된 하나님의 사람들

세미나참가 소감 및 간증 2집

변화된 하나님의 사람들

성령사역연수원 출판부

머리말

변화된 그들의 진솔한 이야기

〈성령사역연수원〉에서 훈련받은 많은 분들 가운데 45명이 2010년 8월에 출간된 "성령의 사람들"이란 책을 통해 연수원에서 훈련받으며 변화된 그들의 믿음과 사역과 삶을 증거하였습니다. 이 책은 지금도 전국 방방곡곡에서 많은 분들이 읽고 계시며 해외에서까지 많은 사람들이 은혜를 받았고 도전을 받았다는 말을 전해 왔습니다. 또한 "성령의 사람들" 책을 읽고 세미나에 참여한 분들도 많았습니다.

그리하여 저희 연수원에서는 "변화된 하나님의 사람들"이란 제목으로 두 번째 책을 출간하게 되었습니다. 혹 간증집이라고 하면 자기 자랑이 나올 것이라고 생각을 하겠지만 이 책은 간증집 형태를 띠고 있으면서도 전혀 자기를 자랑하지 않고 순수하게 주님 앞에 변화된 자기의 삶을 고백하고 있습니다. 그래서 책 제목을 "변화된 하나님의 사람들"이라고 하였습니다.

하나님을 체험한 사람들이 자기를 자랑하지 않는다는 것은 참으로 쉽지 않을텐데 변화된 하나님의 사람들은 자기를 자랑하지 않고 나를 변화시킨 하나님만을 자랑하게 됩니다.

다메섹 도상에서 예수 그리스도를 만나고 엄청난 하나님의 은혜를 체험하며 변화된 삶을 살았던 사도 바울도 자기를 자랑하지 않고 오히려 나는 사도 중에 가장 작은 자라고 하면서 나의 나 된 것은 하나님의 은혜로 된 것이니 내게 주신 그의 은혜가 헛되지 아니하여 내가 모든 사도보다 더 많이 수고했으나 내가 한 것이 아니고 나와 함께하신 하나님의 은혜라고 하면서 오직 주님만을 높였습니다.

예수 그리스도를 믿고 변화된 삶을 전하게 되면 다른 사람들이 은혜를 받음은 물론, 믿음의 도전을 받고 용기를 얻으며 소망을 얻게 될 것이기에 부족하지만 이 책을 통해 자신의 변화된 삶을 증거하고자 하는 것입니다.

그 증거가 말이 아니고 글이기에 더 널리, 더 오랫동안, 더 많은 사람들의 마음속에 새겨질 것이라고 여겨집니다.

이에 〈성령사역연수원〉에서 능력기도 및 각종 세미나를 통하여 훈련받고 변화된 그들의 진솔한 이야기들을 글로써 표현하여 또 한권의 책으로 엮었습니다.

부족한 이 사람을 통하여 전수되어지는 영의 세계를 사모하여 시간과 거리와 환경을 극복하고 모여오는 목회자들과 평신도 지도자들이 아름답게 세워지고 변화되는 모습을 보면서 하나님께 붙잡혀 귀한 도구로 지금껏 쓰임 받고 있음이 얼마나 감사한지 모르겠습니다.

이 책이 나오기까지 보이지 않은 감사의 손길들이 있었습니다. 먼저 편집 책임자로 헌신하여 주신 전주의 진홍선 목사님과 편집위원으로 수고해 주신 거제도의 김정현 목사님께 진심으로 감사를 드립니다. 여러 가지 어려운 여건 가운데서도 많은 시간을 고민하면서 원고를 써 주신 모든 분들에게도 감사의 마음을 전합니다. 특별히 〈성령사역연수원〉의 귀한 사역을 널리 전하는데 뜻을 같이하여 이 책의 출판을 위해 후원해 주신 정삼열 장로님, 채주은 목사님, 배재호 목사님, 한춘화 목사님, 조을성 장로님께도 감사드립니다.

그리고 〈성령사역연수원〉의 스탭으로 협력하고 계시는 총괄 목사님들과 봉사자들의 수고와 헌신에 진정으로 감사드립니다. 또한 폐결핵 말기 죽음 직전에서 지금까지 곁에서 기도와 희생으로 아낌없는 내조를 해준 아내 유미경 사모와 군생활을 무사히 마치고 복학하여 신학대학을 다니는 아들 명철과 먼 곳에 있으면서도 학업과 자신의 할 일을 너무나 잘해주는 딸 찬양이와 함께 기쁨을 나누고 싶습니다.

또 바라고 원하는 것은 하나님의 인도하심 속에서 이 책을 읽는 분들마다 〈성령사역연수원〉을 통해서 성령님께서 어떻게 역사하시는지 그 체험의 현장을 생생하게 느끼며 목회와 사역속에 생기와 소망을 되찾는 축복의 기회가 되기를 소망합니다.

2011년 8월 20일
꿈해석 전문반 특강을 마치고
성 령 사 역 연 수 원
원장 김 재 선 목사

♣ 차 례

5 • 머리말/ 김재선 목사
13 • 원장 프로필/
14 • 축   시/ 임병주 목사

기 도 세미나

특수부대식 기도훈련 전문반

19 • 나를 새롭게 하신 하나님 (주한종 목사)
24 • 하늘나라 여전사가 되기 위해서 (서순영 강도사)
29 • 공식을 알고 하는 능력기도의 비밀 (임관수 집사)
33 • 능력기도 대박! (임사랑 전도사)
38 • 찬란한 식탁을 위하여 (허경숙 사모)
43 • 강력한 역사가 일어나고 있는 현장 (장 옥 사모)
47 • 군인들의 행진하는 소리처럼 (정찬구 집사)
51 • 절간으로 가야 할 올케가 교회로 (조을성 장로)
56 • 허리에서 나오는 능력기도 (윤현진 목사)

특수부대식 집중기도훈련

61 • 엄청나게 파워있는 기도 (이갑헌 목사)
67 • 호암교회가 어떻게 기도하길래 (김현주 사모)
73 • 무릎 꿇는 법을 배웠습니다 (이린나 전도사)

특수부대식 지리산 실전기도훈련

78 • 지리산 속에서 7시간의 밤기도 (조미순 전도사)

83 • 기도의 맛을 아십니까? (김춘자 사모)

89 • 잊지 못할 소중한 체험 (이성은 목사)

94 • 저 높은 곳을 향하여 (한춘화 목사)

기도훈련 지도자반

100 • 하나님이 원하시는 지도자가 되기 위하여 (박태종 목사)

106 • 업그레이드된 능력기도 (박인구 목사)

112 • 시대가 우리를 부를 때가 반드시 온다 (이행복 목사)

♣ 은사 세미나

꿈해석 전문반

121 • 꿈한편에 그 사람의 모든 정보가 들어있다 (한선자 사모)

127 • 무거웠던 마음의 짐 (윤연자 전도사)

133 • 꿈을 통해 주시는 하나님의 계시 (이선영 목사)

138 • 28년전 받은 환상 때문에 (안에스더 전도사)

144 • 이유가 있기에 꿈을 주십니다 (이숙경 사모)

예언은사 세미나

149 • 내 주먹을 믿으라던 남편의 변화 (한춘화 목사)

♣ 치유 세미나

치유능력 세미나

157 • 위장병이 고쳐지고 마귀가 떠나가다 (엄경란 목사)

162 • 절망의 끝자락에서 일어난 치유의 역사 (박병식 권사)

대물림의 고통을 끊는 세미나

168 • 여기까지 인도하신 하나님 (고현숙 사모)

174 • 이제야 알 것 같습니다 (한상현 선교사)

179 • 대물림의 영향에서 벗어나다 (곽형오 목사)

근성치유 세미나

185 • 저는 복 받은 사람입니다 (장우상 청년)

191 • 이 일을 어찌할꼬? (임순희 사모)

197 • 이스라엘의 행복자 (윤보숙 목사)

희한한 능력 세미나

203 • 내게도 이런 희한한 능력이 (배재호 목사)

209 • 저는 지금 너무 행복해요 (채주은 목사)

213 • 내 손에 하나님의 능력이 (최윤정 사모)

금식기도 및 건강회복 세미나

217 • 쥬스 금식이라니? (변경복 목사)

🍀 영의 세계 세미나

천사론 세미나

225 • 천사를 만나보셨나요? (이홍준 목사)

231 • 나를 섬기고 있는 수호천사 (백혜자 전도사)

237 • 새로운 시작 (배재호 목사)

243 • 영혼의 갈증을 해소할 샘 (문석환 목사)

마귀론 세미나

249 • 적을 알고 대처해야 승리한다 (손영미 집사)

254 • 21세기를 대비하는 사역 (김해순 목사)

종교의 영의 세계 세미나

260 • 그들이 종교의 영의 세계를 알았더라면 (강성대 목사)

266 • 영적 세계의 최고의 경지 (박예은 목사)

🍀 성경 및 설교 세미나

성경 파노라마 기본반 세미나

273 • 망원경과 현미경 (김영순 전도사)

278 • 수많은 비밀이 밝히 보여진다 (김수호 목사)

성경 파노라마 전문반

283 • 설교의 고민이 해결되었습니다 (이인자 목사)

288 • 목회혁명이 전국에 일어나기를 (임종삼 목사)

〈특별 간증〉

293 • 평생 잊지 못할 아주 특별한 휴가 (최순화 권사)

🍇 원장 프로필   김 재 선 목사
(성령사역연수원 원장)

폐결핵으로 온 몸이 피로 뒤범벅이 되었던 한 인간이 죽음의 문턱에서 기적적으로 하나님을 만났다. 아무런 소망도 없던 그 시절, 죽음의 사선을 넘지 않기 위해 몸부림치던 가녀린 육체가 극적으로 주님을 만나 소생하기 시작했다. 그리고 남들이 말하는 사명이라는 것을 깨달으면서 주님께 제대로 한번 헌신해 보겠다고 부단히 애를 썼다.

피를 토하는 생사의 길목에서 든 신학교 가방은 너무나 무거웠지만 그 가방은 마지막 남은 생의 소망의 빛이었다. 주님은 그 마지막 소망의 길에서 은혜를 베풀어 꺼져 가던 한 생명을 기적적으로 살려 주셨다.

교회를 개척하여 놀라운 부흥의 열기에 감격하기도 잠깐, 모든 성도가 떠났고 슬픔과 절망에서 목회를 포기하려 교회 간판을 떼려고 옥상을 오르내리기를 수십 번, 그러나 하나님이 두려워서 이것도 실패로 끝났다.

이때부터 하나님의 계획 속에서 혹독하고 잔인하리만큼 무시무시한 훈련이 시작되었다. 끝없이 계속된 강단 철야, 산기도 철야, 20여 년간 지금까지 계속되고 있는 아침 금식, 그리고 1년에 두 달 이상씩을 지리산(세걸산) 8부 능선의 첩첩 아득한 산중에서 죽음과 견줄 만한 혹독한 기도훈련을 받게 하셨다. 그렇게 훈련시키신 하나님께서 한국교회의 목회자와 평신도를 영적으로 바로 세워 나가는 새로운 사역의 출발을 허락하셨다.

그리고 고속도로에서 부부가 함께 대형 교통사고를 당해 김재선 목사는 흉추 7,8,9,10번 그리고 유미경 사모는 10,11,12번이 부서지는 장애를 입고 받게 된 보상금 전액으로 세상속에 하나님의 위대한 전사를 세우기 위한 산실과 같은 성령사역연수원을 광진구 중곡동에 설립하여 강력한 카리스마를 가지고 그 사역을 오늘도 힘차게 감당하고 있다.

축시

그 날을 기다리며

임 병 주 목사
(시인, 7기 해운대교회/부산)

인고의 산들을 넘고 넘어 오늘 에벤에셀의 들판에 모여
절대자께서 주셨던 은총의 역사들을
우리 작고 수줍은 손으로 엮어 하나님 존전에 올려 드립니다.

어둠의 마수에 감염되고 찌들려 누더기를 걸치고 살면서도
마치 거룩한 제의라도 입은 양
외식과 무지몽매로 금수와 벌레같이 살던 저희들

넘어지고 쓰러지고 거꾸러졌던 광야에
그때마다 찾아 오셔서 손잡아 주시고 일으켜 주셨던
주님의 능력의 손길에 상처는 아물고 새 살이 돋아나며
멈추려든 피가 다시 돌게 되었습니다.

빛을 잃고 악으로 점철된 세상에서
주께서 만세 전에 예정하신 사자를
숱한 위기와 사망의 무서운 계곡들

쓰라린 고통과 연단의 풀무를 통해
하늘의 사람으로 세워 주시고

황량한 삶의 터전에서 시달리는
고달픈 주의 백성들에게
영원 세계의 비밀하고 신령한 진리들로
양육케 하시는 주님의 경륜에 감사드립니다.

짧은 훈련 과정에서 크게 일하신 주님의 은혜는
너무나 거룩하고 숭고하건만
저희의 능력이 미흡하여
온전히 고백하지 못하는 우를 사하소서.

이 작은 간증들을 통하여서도
성령님 능력으로 역사하시어
고귀한 천국의 열매들이 아름답고 튼실하게 영글어져
주님 나라가 흥왕케 되는
거룩한 섭리가 이루어지게 하옵소서.

하늘이 열리고 땅은 화답하며 기도의 향연은 올라가고
찬송은 온 누리에 울려 퍼져
삼일 하나님 영광의 빛에 전율할
그 날을 두 손 모아 기다리며…

기도세미나

* 특수부대식 기도특공훈련 세미나
* 특수부대식 기도훈련 전문반
* 특수부대식 집중기도훈련
* 특수부대식 지리산 실전기도훈련
* 특수부대식 기도훈련 지도자반

🔥 특수부대식 기도훈련 전문반

나를 새롭게 하신 하나님

주 한 종 목사
(7기 주사랑교회/서울)

나의 목회경력은 20년, 그러나 무엇 하나 제대로 이루지 못하고 수많은 갈등과 고민으로 보내야만 했던 나의 목회 이력은 하나님 앞에서나 사람 앞에서 부끄럽고 창피하기만 했습니다. 나의 목회에 마지막 승부를 내 보리라는 굳은 결심을 하고 아내를 달래고 설득하여 농촌목회를 접고 서울로 온지 5년이란 세월이 흘렀습니다. 이곳에 나의 뼈를 묻으리라는 결단을 하고 올라왔건만 현실은 너무나도 냉혹하기만 했습니다. 추운 겨울에 사택도 없이 텅 빈 상가건물에 예배당 모습만 겨우 갖추어 놓고 아이들과 아내와 함께 모진 겨울을 지내야 했을 땐 내 자신이 원망스러웠으며 약해지지 않으려고 화장실에 들어가 찬물을 온몸에 껴 얹으면서 스스로를 달래며 강해져야 한다고 몇 번이나 다짐하고 또 다짐했는지 모릅니다.

사람들이 교회에 왔다가는 정착하지 못하고 떠나는 것을 보면서 내가 정말 목회자로 하나님께 부름을 받았는가 하는 좌절과 절망감, 회의와 갈등이 나를 괴롭히고 있었습니다. 자신감이 상실된 나는 이미 목회를 포기할 수밖에 없는 상황에서 설상가상으로 물질적으로 압박이 오니 더욱 견디기가 어려웠습니다.
그러던 차에 현 교회를 분양 매입하는 과정에서 일종의 사기분양이 이루어진 것을 모르고 있다가 갑자기 교회 건물에 경매가 들어오는 어처구니 없는 일이 발생하게 되었습니다. 일이 터진 후에야 여기저기 다니면서 일을 수습해 보려고 했지만 길거리에 나 앉게 될 수도 있다는 두려움과 불안이 내 마음을 얼마나 강하게 누르는지 너무나 많은 정신적인 고통을 겪고 있었습니다.
기도를 해야 한다는 생각은 들었지만 내 몸을 마음대로 움직일 수가 없었고 막상 기도를 한다고 하지만 졸기가 태반이고 나도 모르게 영적인 기도 공황에 빠져들고 있었습니다. 평생을 기도하면서 목회한다고 했지만 기도에 자신감을 잃어버리고 문제 앞에 전전긍긍하는 내 모습을 보면서 정말이지 한심했습니다.
이대로 나의 목회는 끝나버릴 것인가에 대한 두려움으로 물에 빠진 사람이 지푸라기라도 잡고 싶은 심정으로 해결 방법을 찾던 중 2010년 8월 국민일보 광고란에 「특수부대식 기도특공훈련 무료세미나」 내용이 실려 있는 것을 보았습니다. 그 당시 2~3일만 마음 놓고 기도할 수 있다면 문제를 해결할 수 있겠다는 생각이 강하게 내 마음을 사로잡고 있었습니다.
"그래! 특수부대식 기도가 어떤 것인지 한 번 참석해 보자. 특수부대식 기도니까 몸을 강하게 훈련시켜 온전히 기도에 몰입하도록 이끌어 주는 기도 훈련이겠구나!" 생각하고 이 훈련을 통하여 억압과 두려움과 불안을 떨쳐 버리고 문제를 해결해 보자는 마음으로 나름대로 각오를 하고 무료세미나에 참석했습니다.

첫째 날과 둘째 날 기도에 대한 이론 강의를 들으면서 지금 내 자신이 기도의 공황기에 빠져 있다는 것과 이방인처럼 중언부언하는 기도를 해 왔다는 사실을 깨닫게 되었습니다.

그리고 둘째 날 오후에는 능력기도 실기가 있었는데 내가 지금까지 기도해 오던 방식과는 전혀 다른 기도의 형태로 우선 기도소리를 내는 법부터 달랐습니다. "팍! 팍! 팍!" 하고 처음에는 단음 소리를 내지만 강하고 짧고 예리하게 딱딱 끊는 기도소리였습니다. 허리에 힘을 넣어서 리듬을 넣고 하는 기도였는데 이런 기도는 전에도 내가 얼마만큼 기도하면 이런 기도가 나오는 경험을 했었는데 그 때에는 이상해서 기도를 중단하곤 했습니다. 이것이 능력기도의 기본 원칙이란 말을 듣고 나는 한동안 정신이 멍했습니다.

세상에 이런 기도도 있나 싶을 정도로 기도의 맛을 강하게 느끼며 입이 헤어지도록 교회에서 새벽마다 시간가는 줄도 모르고 기도했습니다. 혹시 지나가던 사람들이 내 기도소리를 듣고 이상하게 생각하면 어쩌나 하는 생각이 나를 멈칫하게 했지만 이 기도가 아니면 강력한 악의 세력을 이길 수 없다는 마음에 체면을 무릅쓰고 기도하기 시작했습니다. 어느 정도 기도하면 내 마음에 강한 힘이 솟아나는 것을 느낄 수 있었기에 얼마나 소리를 질러대며 기도했는지 모릅니다. 그때부터 나를 보는 아내의 시선이 달라졌습니다.

능력기도를 하는 가운데 오랜 세월동안 목회를 하며 겪어야 했던 수많은 어려움과 문제들이 외부에서 온 것도 있지만 내 안에서 만들어지고 있다는 사실을 깨닫고 얼마나 애통하며 회개하고 울었는지 모릅니다. 현실적으로 답답하고 미칠 것만 같은 상황속에서도 '특수부대식 능력기도'는 나에게 큰 힘과 위로가 되었고 돌파구가 되었습니다. 능력기도의 세계에 들어가니 얼마나 많은 장애물이 눈에 보이고 알아지는지 기도로 치고 또 치고 그러기를 수없이 반복하면서 제거하기 시작했습니다. 가시 같은 것들과 짐승 같은 것들과 나무 같은 것들과 안개 같은 것들이 얼마나 많은지 이 세력들이 나를 막고 있으니 목회가 될 수 없다는 깨달음이 오자 사력을 다해서 능력기도로 쳐 내기 시작했습니다. 그럴때에 문제 속에 있는 악한 세력들이 괴물의 형상으로 바뀌었고 이것을 보고 능력기도로 또 쳐내면 사라지고 쓰러지고 없어지는 것을 보면서 혓바늘이 돋고 입안이 헐 정도로 기도를 많이 했습니다. 그러면 내 마음에는 기쁨과 평안이 가득해지곤 했습니다.

전에는 영적인 세계를 전혀 모르고 막연한 기도, 시간만 때우는 기도를 했지만 이제는 그렇지 않습니다. '특수부대식 능력기도'를 하고 나니 생활 속에서 많은 잡음이 사라지고 교회 경매도 현재는 중단된 상태에 있으며 교회가 지금은 재판 중에 있지만 점점 우리에게 유리한 방향으로 변해가고 있습니다. 그렇게 나를 억눌렀던 불안과 두려움의 감정은 사라지고 이제는 문제에서 벗어나 어떻게 하면 하나님이 기뻐하시는 교회를 세울까 거룩한 고민을 하면서 기도하고 있습니다.

〈성령사역연수원〉에 온 이후 몸도 마음도 많이 지쳐있던 연약한 나를 이곳으로 인도하여 더욱 강하게 세워주는 하나님의 특별한 은혜가 있음을 알게 되었습니다. 기도훈련과 각종 모든 세미나에 참여하면서 많은 부분을 깨달아 영적으로 더욱 성장하게 되었고 연수원의 생활이 나에게는 어려운 고통의 환경을 뛰어 넘어설 만큼 가치와 의미가 있었습니다. 이제는 자신감과 배짱, 그리고 담대함과 능력이 내게 와 있음을 느낍니다. 짧은 1년여 기간이지만 참으로 많은 경험과 의미를 깨달아서인지 연수원에서 오랜 세월을 보낸 기분입니다.

김재선 목사님께서는 가지고 계신 영적 마인드가 너무나 좋고 아름다우며 존경을 받을만한 분이시고 사랑을 받을만한 분이십니다. 죽음의 사선을 넘나들며 많은 고난 속에서 연단을 받은 무수한 기도의 시간을 통하여 하나님으로부터 많은 영적지식과 지혜를 받아서 우리들에게 전해 주시니 참으로 감탄을 금할 수가 없습니다.
끝으로 김재선 목사님께 감사드리며 찬양을 은혜롭게 인도하시는 유미경 사모님에게도 감사드립니다.
그리고 〈성령사역연수원〉에서 봉사로 협력하시는 여러 목사님들에게도 감사를 드립니다.

🚶 특수부대식 기도훈련 전문반

하늘나라 여전사가 되기 위해서

서 순 영 강도사
(7기 가나안교회/서울)

샬롬! 먼저 이 글을 쓸 수 있도록 감동을 주신 주님께 감사 드립니다.

지나고 보면 모든 것이 주님께서 예비하신 은혜와 사랑임을 고백하게 됩니다. 동기로부터 〈성령사역연수원〉에 대한 얘기를 듣긴 하였으나 별로 관심을 두지 않고 있다가 2010년 8월말 제가 언니처럼 여기고 따르는 사모님에게서「특수부대식 기도특공훈련 무료세미나」가 있으니 참석해 보겠느냐는 전화를 받고 무료세미나라는 말과 기도훈련이라는 말에 참석하겠다고 대답했습니다. 와서 보니 아무나 이 세미나에 참석 할 수 있는 것이 아니며 하나님이 보내시는 사람만이 올 수 있다는 것을 느낄 수 있었습니다. 왜냐하면 능력기도 훈련을 받지 못하도록 사단의 방해가 많기 때문이였습니다.

무료세미나에 참석하여 김재선 목사님의 말씀을 들으면서 어쩌면 그렇게도 나에게 맞는 말씀만 하시는지 은혜를 많이 받았고 내가 여기에 제대로 왔구나 하는 생각이 들었습니다.

더구나 '특수부대식 기도특공훈련'이란 용어가 얼마전에 TV를 통해 보았던 특수부대 군인들의 강도 높게 훈련을 받는 모습과 그들 가운데에는 여전사들도 있었던 것이 생각나면서 "그래, 나도 하늘나라 특수부대 여전사가 되기 위하여 이곳에서 제대로 훈련을 받아야 겠다"라는 굳은 결심을 하게 되었습니다.

경제적으로 힘든 시기인지라 주님께서 채워주실 것이라는 믿음으로 「기도훈련 전문반」 7기에 일단 등록을 하였습니다. 그랬더니 한 달 뒤인 10월부터 어느 교회의 교육 전도사로 사역할 수 있게 되었고 생활비와 교통비 외에 한 달에 한번 정도 세미나에 참석할 수 있는 여유도 생겼습니다. 무엇보다도 「기도훈련 전문반」에서 훈련을 계속 받을 수 있게 된 것이 너무나 감사했습니다.

제가 사역하는 교회는 노숙자, 사업 실패자, 출소자들의 숙식을 해결해 주는 곳이어서 그들을 변화시키는 것은 말씀밖에 없다는 것을 알고 날마다 예배를 드리는 교회였습니다. 기도하지 않으면 하루도 사역할 수 없는 영적 전쟁의 한 가운데 있는 참으로 힘든 교회였습니다. 주님은 이 교회 사역자로 가려면 능력있는 기도가 필요하기 때문에 미리 〈성령사역연수원〉의 「특수부대식 기도특공훈련 무료세미나」에 참석하게 하셔서 능력기도에 대해 알게 해 주시고 「기도훈련 전문반」을 통해 능력기도 훈련을 받게 하면서 교회에서 봉사할 수 있게 해 주신 것입니다. 한치 앞도 내다 볼 수 없는 나약한 인간이지만 주님은 미리 아시고 인도해 주신 것입니다. 주님의 은혜가 놀라울 뿐입니다.

「기도훈련 전문반」에서 기도훈련을 받을 때 처음에는 무릎을 꿇고 기도하니 다리가 너무나 아팠고 지루하기도 해서 시간을 보니 겨우 30분 밖에 지나지 않아 언제 4시간을 채울까 생각하니 막막하기만 했습니다. 내가 하려고 하지 말고 성령께 맡겨서 성령이 혀를 움직이는 대로 맡기고 기도하게 되면 무릎도 아프지 않고 시간 가는 줄도 모르고 기도할 수 있다는 김재선 목사님의 말씀이 나에게는 어렵기만 했습니다. 그러나 시간이 지나면서 훈련을 통해 조금씩 기도가 되기 시작했습니다.

또한 기도할 때에 목사님은 "영적인 세계에 들어가면 졸음이 올 수도 있으니 집중하고 졸지 마세요." 라는 말씀을 계속 하시는데 처음에는 기도하다가 보통 한 두 번씩 깜빡 졸기도 했습니다. 이 고비를 넘기기 위해서 팔과 다리를 두드리기도 하고 머리를 마사지하기도 하고 살짝 때리기도 하면서 졸지 않으려고 안간힘을 썼습니다. 그렇게 하여 졸음을 통과하고 나니 조금씩 기도의 재미가 붙기 시작했고 정말 성령님이 시키는 대로 기도하다 보니 새로운 방언이 나왔습니다.

저는 계속 성령에 이끌리어 기도할 수 있게 되었습니다. 성령에 이끌리는 기도를 할 때는 다른 사람의 기도가 들리지 않고 내가 하는 기도가 크게 들리며 영의 세계를 향하여 올라가는 것을 느낄 수 있었고 그때는 정말 무릎이나 다리도 전혀 아프지 않았습니다. 목사님 말씀이 이해가 되었고 신기하기만 했습니다.

그리고 기도가 끝나고 집에 돌아가려고 할 때 자꾸 머리가 어지러워서 걸을 수가 없었습니다. 그래서 목사님께 "목사님, 자꾸 어지러워요."라고 말씀드렸더니 영적인 깊은 세계에 들어가서 그러는 것이니 잠깐 쉬었다 가라고 하셨습니다. 깊은 세계라는 말씀에 나는 아직도 초보자라 어디까지 갔는지도 알 수가 없었고 이제 한 발자국 옮긴 것 같은데 깊이 들어가서 그렇다는 말씀을 들으니 확신이 오기 시작했습니다. 오늘처럼 계속 기도하다보면 정말 그 세계도 알 수 있는 날이 오겠지라고 생각하며 앞으로 더 깊은 차원에 들어가서 기도의 영의 세계를 맛보아야겠다고 다짐했습니다.

제가 「기도훈련 전문반」에서 기도하면서 또 체험한 일이 있습니다. 저는 어려서부터 몸이 약해 늘 감기를 달고 다녔고 약을 달고 살았습니다. 25년 전에 급성 간염으로 입원도 했으나 치료받지 못하고 황달에 흑달까지 또 간경화로 까지 진행되어 건강을 되찾을 가망이 없었으나 주님이 치료해주신 체험이 있었습니다. 지금도 한의원에 가면 무조건 1년에 보약 3제는 먹어야 한다는 말을 들을 정도로 연약한 육체를 가져서 자꾸 혈압이 떨어질 때 감기가 들면 양약을 먹어도 소용이 없습니다. 지난 주에도 몸살감기가 너무 심하여 온몸이 춥고 아파서 솔직히 「기도훈련 전문반」에 참석하지 않고 집에서 쉬고 싶었으나 그래도 기도로 이겨야지 하는 마음으로 겨우 연수원에 와서 몸을 벽에 기대고 앉아 있었습니다. 점심시간에는 밥먹을 힘도 없을 정도로 몸이 아프고 힘들었지만 기도로 이겨 보겠다는 마음을 가지고 목사님이 인도하시는 대로 계속 따라서 기도를 했습니다. 약 4시간의 기도시간이 끝나자 몸살감기는 온데 간데 없이 깨끗하게 나아버린 것을 확인하면서 너무 놀라웠습니다.

그 다음 주에도 시골에서 언니와 조카가 일이 있어 서울에 올라와 밤늦게 역으로 마중을 나갔다가 잠도 제대로 자지 못하고 피곤한 몸을 이끌고 「기도훈련 전문반」에 참석했습니다. 그때에도 오후에 능력기도를 하자 모든 피곤이 다 사라져 버렸습니다. 연약한 육체를 가졌기에 쉽게 낫지 않을 몸살 감기도, 잠을 못자고 피곤이 누적된 상태에서도 능력기도를 하게 되자 모든 피곤이 사라지고 오히려 새 힘이 생겨났습니다. 능력기도가 이렇게 좋은 것이구나! 라는 것을 느끼게 되었습니다.

아직은 기초단계에 있기에 확실하게 무엇인가 보이지는 않지만 기도하는 가운데 조금씩 보이고 느끼고 알게 되면서 기도의 영의 세계를 열어가고 있는 중입니다.

김재선 목사님을 좀 더 일찍 만났더라면 하는 아쉬움이 있으나 이제라도 알게 되고 훈련을 받게 되었으니 모든 것이 감사할 따름입니다. 특수부대식 기도훈련을 통해 앞으로 하늘나라 특수부대 여전사가 되어 하나님께 귀하게 쓰임받기를 소망합니다.

끝으로 오래전부터 하나님께 합당한 나의 신앙의 멘토를 만나게 해 달라고 기도해 왔었는데 그 응답으로 김재선 목사님을 만나게 해주신 주님께 감사드리며 오늘의 나를 이끌어 주신 목사님께도 감사드립니다.

👤 특수부대식 기도훈련 전문반

공식을 알고 하는 능력기도의 비밀

임 관 수 집사
(7기 성령의 능력교회)

저는 너무나 오랜 세월동안 영적인 갈급함을 채우기 위해 수없이 많은 집회도 참석해보고 기도원에도 수차례 가 보았으나 도무지 그 갈증은 해소되질 않았고 얼마의 시간이 지나면 다시 찾아오는 영적 목마름으로 괴롭고 힘든 신앙생활을 하고 있었습니다. 또한 토지문제로 가까운 사람이 저를 배신하는 일이 발생하여 장기간 재판이 진행되고 있었는데 영육간에 몹시 힘들고 지쳐 있었으며 참으로 어려운 시기였습니다.

2010년 8월경에 평소 잘 알고 지내던 전도사님으로부터 〈성령사역연수원〉에서 부흥회가 있으니 함께 가지 않겠느냐는 제의를 받고 부흥회에 참석하게 되었습니다.

연수원에 첫발을 내딛는 순간 아주 잘 왔다는 생각이 강하게 들었습니다. 연수원 입구에는 30여 가지가 넘는 각종 세미나에 관한 안내 현수막이 붙어 있었는데 그것을 보는 순간 마음에 진한 감동이 일기 시작했습니다. 그 감동과 함께 참석한 부흥회에서 목사님의 말씀은 시간마다 저에는 큰 은혜가 되었고 "내가 참 잘 왔구나!" 라는 생각이 강하게 들었습니다.

얼마 후 8월 마지막 주에 실시하는 「특수부대식 기도특공훈련 무료 세미나」에 참석했으며 이어서 9월초부터 시작되는 「특수부대식 기도훈련 전문반」 7기에 등록했습니다.

「기도훈련 전문반」에서 능력기도 훈련을 받으면서 "정말 바로 이거야! 내가 그토록 갈급해 하던 기도와 말씀이 바로 〈성령사역연수원〉을 통하여 해결 되는구나. 왜 내가 좀 더 빨리 이것을 몰랐을까?" 라는 생각이 들었고 무엇인가 중요한 것을 잃어버렸다가 다시 찾은 것 같은 기쁨과 아쉬움이 교차하였습니다. 그래서인지 저는 「기도훈련 전문반」이 있는 매주 목요일이 너무나 기다려졌으며 특히 유미경 사모님이 찬양을 인도하실 때는 흘러나오는 눈물을 주체할 수 없을 정도로 은혜가 넘쳤습니다.

수학공식을 알고 문제를 풀면 문제가 술술 풀리듯이 「기도훈련 전문반」에서 김재선 목사님의 말씀을 통해 오전에는 성경에 기록된 다양한 기도의 영의 세계들을 배우고 오후에는 기도벨트를 메고 목사님께서 기도를 인도하시는 대로 사력을 다해 따라가면서 놀라운 기도의 영의 세계를 체험할 수 있었습니다. 「기도훈련 전문반」에 참석하면 김재선 목사님께서 20여년 동안 하나님으로부터 직접 훈련을 받으시고 터득하셔서 이론화시키고 체계화시킨 능력기도의 세계를 가르쳐 주시고 실기까지 해 주시면서 또 기도의 영의 세계로 직접 이끌어 주시니 얼마나 감사한지 모릅니다.

제가 「기도훈련 전문반」에서 훈련을 받으면서 알게 된 능력기도는 치고 들어가는 기도, 치고 나아가는 기도, 치고 올라가는 기도, 영안을 여는 기도, 찌르는 기도, 쳐부수는 기도, 기도를 영의 세계에 머물게 하는 방법 등 참으로 다양했습니다.
김 목사님께서 인도하시는 대로 기도의 세계를 따라가면서 기도의 깊은 경지에 이르게 될 때에는 나의 의지와 상관없이 혀가 자동적으로 자연스럽게 가볍게 움직였습니다. 이때 환상이 보여도 쉬지 않고 계속 기도하면 영의 세계가 열어지고 계속 보여지고 알아지면서 다양한 기도의 세계를 체험할 수 있었습니다. 그리고 기도의 공식과 비밀을 알고 능력기도를 하면서 악하고 더러운 사단과 싸워서 밟고, 꺾고, 누르고, 쳐부수고 이기는 삶을 살 수 있다는 강한 자신감과 확신을 갖게 되었습니다.

「기도훈련 전문반」 외에도 연수원에서 행해지는 모든 세미나에 빠짐없이 참석하면서 김재선 목사님께서 체계적으로 정립하신 이론과 실기를 통해 그동안 희미하게 알고 있었던 하나님의 놀라운 영의 세계가 하나하나 확인되고 확증됨으로써 어떤 문제를 만났을 때 원인을 찾는 시간이 전보다 몇 배나 단축됨을 느낄 수 있었습니다. 또한 「기도훈련 전문반」의 능력기도 훈련을 통해 쌓여진 영권으로 문제의 원인을 속전속결로 처리할 수 있으며 능력기도를 함으로 두려움이 없어지고 담대함과 자신감이 생기고 능력기도를 하면 할수록 영권이 강해짐을 느낄 수 있었습니다.

기도에 대해서 잘 알지 못하고 그저 열심히만 하면 되는 줄 알고 살아왔던 제가 〈성령사역연수원〉에서 김재선 목사님을 만남으로 체계적이고 논리적인 방법과 정확한 공식을 알고 기도를 하게 되어 너무나 기뻤고 기도에 대한 자신감도 생겼으며 이제는 살아가는 가치관과 사상관, 삶의 목적과 방법도 점점 바뀌게 되었습니다. 「기도훈련 전문반」에서 능력기도를 하면서 토지문제로 오랜 기간 동안 끌어왔던 재판이 하나님의 은혜로 승소하여 해결 받게 되었고 그 동안 해결하지 못했던 어려운 일들도 하나씩 해결되었습니다.

은사 부분에서도 지금은 고인이 되신 어머니께서 살아생전에 하시던 은사사역에 대해 불만도 많았었고 이해도 되지 않았는데 연수원의 각종 세미나에 참석하면서 김재선 목사님의 말씀을 통해 모든 궁금증이 해소되었으며 어머니의 사역을 이해하게 되었습니다. 지금은 어머니에게 이 마음을 전할 길이 없지만 죄송할 뿐입니다.

〈성령사역연수원〉으로 저를 인도하여 주셔서 기도의 세계와 은사의 세계, 말씀의 영적 깊은 비밀들을 알게 하시고 갖가지 영적체험을 할 수 있게 해 주시고 능력기도를 통해 문제를 해결 받게 하신 하나님께 감사드립니다.

그리고 저에게 하나님의 놀라운 은혜와 기도의 능력을 힘입어 영육간에 강건한 삶을 살 수 있도록 지도해주신 김재선 목사님과 유미경 사모님께도 진심으로 감사드립니다.

▲ 특수부대식 기도훈련 전문반

능력기도 대박!

임 사 랑 전도사
(4기 주음기도원/수원)

많은 복들이 있지만 만남의 복이 이렇게 소중하다는 것을 〈성령사역연수원〉을 통하여 절실히 느끼고 있습니다. 2008년 친분이 있는 어떤 목사님으로부터 〈성령사역연수원〉에 대해 들었을 때 대수롭지 않게 여기며 다 거기서 거기겠지 라고 생각했었습니다. 그동안 여러 군데를 다녀봤지만 은혜도 잠깐이요 2~3개월이면 시들해지곤 했기 때문입니다.

그런데 그 목사님이 〈성령사역연수원〉에 대해 저에게 두 번째 말씀하셨을 때에는 자석에 끌리듯이 연수원에 왔던 기억이 새롭습니다.

처음으로 능력기도에 대해 들었을 때에 강한 호기심이 생겨 「기도훈련 전문반」 3기가 시작된 지 2주가 지났음에도 떼를 쓰다시피 하여 들어갔으나 원장이신 김재선 목사님께서 하시는 말씀이 모두 처음 듣는 것이라서 제대로 이해하지 못하고 기도도 힘으로 하다보니 영의 원리와 기초 지식이 없어 힘만 들었으며 기도 시간이 길고 지루하게 느껴져 기도가 빨리 끝나기만을 기다렸습니다. 그런 제 자신이 너무나 한심스럽게 느껴지고 처량한 생각마저 들었습니다.

목사님께서 「특수부대식 기도특공훈련 무료세미나」를 먼저 수강해야만 「기도훈련 전문반」에서 능력기도를 할 수 있다고 말씀하셨는데 저는 쉽게 따라 갈 수 있을 것이라는 자신감과 교만으로 시행착오를 겪어야만 했습니다. 이렇게 갈등하다가 두 달 만에 도중 하차 하고 말았습니다.

그런데 〈성령사역연수원〉에서 하는 다른 세미나에 참석하여 영의 세계에 대한 말씀을 들을수록 능력기도는 반드시 해야 된다는 생각과 감동이 자꾸만 들어 목사님께서 말씀하신 특수부대식 기도특공훈련 무료세미나」 과정을 거쳐 「기도훈련 전문반」 4기에 다시 등록을 하게 되었고 지금까지 계속하여 훈련을 잘 받고 있습니다.

실제로 능력기도를 하고 영권이 쌓이니 꿈부터가 영몽으로 바뀌었고 영의 감각으로 어두움의 영들이 치고 들어오는 것을 느낄 수 있었으며 실제로 육으로도 알 수 있었고 능력기도를 통하여 단 몇 분 만에 어두움의 영들을 물리칠 수 있었습니다. 능력기도를 하면서 내가 이렇게 간단히 사단을 제압할 수 있다는 것이 제 스스로도 놀라웠고 대견스럽기까지 했습니다.

한번은 요즘 유행하고 있는 구제 옷가게에서 친정 어머니의 바지를 사드렸는데 어머니께서 입고 기도하러 교회에 가셨다가 돌아오시는 모습이 너무나 힘들어 하시는 것이었습니다. 무슨 일이냐고 물었더니 기도중에 주님께서 "지금 네가 입고 있는 바지는 지옥에서 헤매고 있는 영혼의 것이다." 라는 말씀을 하시더라는 것입니다. 어머니께서도 기도하시는 분이셨고 귀신 쫓는 경험이 있으셨기에 기도로 쳐냈는데 안 나가더라는 것입니다. 그래서 제가 〈성령사역연수원〉에서 배운 능력기도로 단 몇 초 "팍! 팍! 팍!" 기도했을 뿐인데 어머니와 나는 동시에 어두움의 영이 나가는 것을 보았습니다. 그 일을 통하여 기도 훈련을 받으러 간다고 편잔을 주시던 어머니께서도 능력기도의 위력을 아시고 이제는 적극 도와주시고 끝까지 해보라고 권면까지 해 주셨습니다.

또 얼마 전에는 수십년 동안 우리 가문을 괴롭혔던 저주를 능력기도로 끊어버렸습니다. 기도를 하다가 아주 힘센 황소를 보았는데 「기도훈련 전문반」에서 배운 능력기도로 몇 번 쳤더니 그 황소가 스르륵 눈을 감더니 털이 점점 뽑혀지고 빨간 살이 드러나는 것이었습니다.
특수부대식 능력기도는 영권만 쌓이면 단 몇 초 만에 귀신을 제압할 수 있는 능력있는 기도인 것을 체험하게 되었습니다. 상상만 하면서 기도하고 쳤는데 환상 중에 귀신이 나가는 것이었습니다.

연수원에서 능력기도 훈련을 받으면 영적 담대함이 강하게 오며 어떤 일에도 무서워하거나 두려워하지 않게 되고 세상이 감당치 못할 믿음의 능력이 주어지게 됩니다. 능력기도의 원리를 알고 꾸준히 훈련하여 영권을 쌓고 집중하면 누구나 할 수 있는 기도라는 것을 이제는 제대로 이해할 것 같습니다.

처음에는 능력기도를 허리로 한다고 하니 어렵고 힘들다는 생각이 들었고 기도를 더 잘하려고 하지만 뜻대로 잘되어지지 않아 답답하기만 하였습니다.

또 기도할 때 집중이 되지 않고 잡념이 들어 애를 먹었는데 원장 목사님께서 한 기수 한 기수 강의할 때마다 자세히 예를 들며 가르쳐주시고 시범도 보여 주셔서 이해가 되고 자연스럽게 영의 감각이 익혀져 지금은 무리 없이 기도훈련을 받고 있습니다.

처음에는 능력기도를 크게 소리 내야만 된다고 생각하였기에 기도 처소가 없어서 고민을 많이 했었는데 원장 목사님께서 크게 소리 지르지 않더라도 영권을 똑같이 쌓는 허리기도의 원리를 가르쳐 주셔서 크게 도움이 되었습니다.

또한 유미경 사모님께서 회중을 압도하는 아름다운 찬양으로 연수원생들의 마음의 문을 열게 하여 은혜 받을 수 있도록 준비시켜 주시니 얼마나 감사한지요.

〈성령사역연수원〉에서 행해지는 모든 세미나를 참석하면서 많은 은혜를 받았고, 또 알게 된 그 모든 지식들이 능력기도를 하는데 상호보완적인 관계에 있음도 알게 되어 더 힘있게 기도훈련에 임하고 있습니다.

무엇보다도 연수원 원장이신 김재선 목사님의 목회관과 신앙관 그리고 마인드가 제 마음을 사로잡았으며 막연하고 희미했던 나의 가치관을 분명하게 정립하는데 지대한 영향을 주었습니다.

〈성령사역연수원〉에서 훈련을 받고 있던 중 얼마 전에 제가 기도원을 설립했는데 김재선 목사님과 사모님 그리고 연수원에서 함께 훈련받고 있는 분들이 많이 오셔서 함께 설립감사예배를 드리게 되어 얼마나 힘이 되었는지 모릅니다.

〈성령사역연수원〉에 오게 하신 하나님께 감사드리며 또한 능력기도의 세계로 잘 지도해 주신 김재선 목사님께 마음 깊이 감사드립니다. 능력기도 대박!!!

특수부대식 기도훈련 전문반

찬란한 식탁을 위하여

허 경 숙 사모
(7기 드림교회/춘천)

제가 사는 곳인 춘천은 닭갈비로 유명합니다. 제가 아는 유명한 닭갈비집이 있는데 그곳 주인인 권사님은 양념장을 만들 때 종업원은 물론 식당일을 돕는 딸과 사위한테도 양념장 만드는 노하우를 비밀로 하며 주방도 아닌 재료 창고에 들어가 문을 꼭 잠그고 혼자 만든다고 합니다.

식당이 잘되려면 여러 가지 원인이 있겠지만 뭐니뭐니 해도 뭔가 맛을 내는 나름대로의 노하우가 있어야 된다고 생각합니다. 그러면 교회에서 사역하는 사역자들에게도 나름대로 이런 노하우가 있어야 하는데 과연 그게 뭘까요? 저는 기도라고 생각합니다.

평소에 남편 목사님의 경우 말씀과 기도로 다져졌지만 나 자신은 그렇지 못하고 뭔가 2% 부족하다는 생각을 표현만 안 했을 뿐 가슴 한구석에 자리잡고 있었습니다. 교회에서 보통 하는 기도와 방언으로 기도하긴 하였지만 이 기도보다 더 깊은 영적인 기도에 들어가야 한다는 말로 표현할 수 없는 압박감이 밀려왔습니다.

그러던 중 2010년 8월 국민일보 광고란에서 「특수부대식 기도 특공훈련 무료세미나」 광고를 보고 세미나에 참석하게 되었습니다.

과연 〈성령사역연수원〉이 어떤 곳일까 무척 궁금하였습니다. 어려서부터 보수적인 장로교에서 줄곧 신앙생활을 하였기에 혹 기도나 능력을 구실삼아 잘못된 길로 이끌어가는 이상한 곳은 아닐까 하는 걱정된 마음이 없는 것은 아니었으나 늘 내 마음 속에는 걸음을 선하게 인도하시는 하나님에 대한 신뢰가 있었고 잘못된 곳으로 인도하시지는 않으신다는 확신도 있었으며 국민일보에서 검증없이 광고를 내지도 않았을 것이라는 믿음으로 참석하였습니다.

무료세미나를 통하여 목사님 말씀대로 하기만 하면 기도에 대한 갈급함이 사라질 것이라는 확신과 그동안 가지고 있었던 기도제목도 응답받을 것이라는 믿음을 갖고 「기도훈련 전문반」 7기에 등록하였습니다.

기도훈련 방법이 참 궁금했습니다. 처음엔 훈련 방법이 일반적인 기도도 아니고 방언으로 계속하는 기도도 아니고 좀 어색한 생각도 들었으나 나아만 장군도 문둥병을 낫기 위해 선지자의 말대로 순종하여 요단강에서 목욕을 하였는데 지금의 내 상황은 더 어려운 것을 요구해도 해야 할 판에 이건 훈련이라 했으니 그것도 못하랴!

목사님께서 그때 그때마다 지도해 주시는 대로 그대로 하려고 노력했습니다. 또 목사님께서는 절대 빠지지 말라고 하셨고 훈련하라는 대로 하면 반드시 놀라운 일이 일어날 것이라고 말씀하셨습니다. 왠지 그 말씀대로 하면 뭔가 잘 될 것 같은 마음에 그대로 순종하려 노력했습니다. 그만큼 내 마음에 절박함이 있었기 때문이기도 합니다. 등록하여 4달 동안 훈련받으면서 한 번도 빠지지 않았습니다. 저보다 더 먼 곳에서 훈련받으러 오시는 분들도 계셨지만 오가는 시간과 비용이 그리 만만한 것은 아니었습니다. 집에 가서도 남편 목사님과 초,중,고생 세 명의 아이들에게도 협조를 부탁했습니다.

거의 모든 분들이 갈급한 기도의 제목이 있기에 연수원의 문을 두드렸듯이 저 역시 사역하면서 많은 기도 제목이 있었는데 그 중에 기도훈련을 받으면서 해결되어진 기도 응답을 소개하고자 합니다.

저희는 개척교회를 시작하여 몇 년 되었지만 크게 급성장한 것도 아니고 세든 교회에서 벗어난 것도 아니라 늘 기도 제목중 하나는 전,월세 교회를 탈피하는 것이었습니다. 더구나 교회 전세 기한이 만기가 되는 시점이라 교회적으로도 심야 작정기도를 하며 교회 이름으로 등기되어진 건물이나 땅을 달라고 기도하는 중이었습니다. 그런데 정말 놀라운 응답을 주셨습니다. 현재 예배당은 상가에 전세로 있었고 우리가 가진 전세금과 사택 전세를 합해도 대출금을 제외하면 변변한 땅이나 건물을 구입한다는 것은 너무 어려운 재정 상황이었습니다.

그런데 주님께서는 아파트 상가를 너무 저렴하게 분양받을 수 있게 해 주셨습니다. 상가건물 규모는 지하1층과 지상1층이 각각100평, 2층 120평인데 조합원들 것이라 매입할 수 없는 부분 1층 100평을 제외하고 나머지 지하와 2층 전체를 매입할 수 있게 해 주셨습니다. 분양가가 두층 합하여 11억 4천만원인데 분양가의 1/3정도의 가격에 매입하였습니다.

기도훈련을 받는 기간 중에 그 건물을 알게 되었고 기도훈련을 마치는 그 주간에 잔금까지 치렀습니다. 「기도훈련 전문반」에서 기도할 때에 하나님께서 그 건물을 우리 교회에 주신다는 확신과 교회에 대한 비전도 보여 주셨습니다. 그리고 교회적으로도 작정기도 중이었는데 작정기도가 끝나는 날이 계약을 한 날이었고, 잔금을 치를 때까지 작정기도를 연장하여 기도하였습니다. 잔금을 치르던 날 열쇠를 받아 빈 상가에 가서 감사예배를 드리던 그 감격은 지금도 잊을 수 없습니다.

이것은 사람의 힘으로 할 수 있는 게 아니며 강권적인 하나님의 일하심으로 된 것이었습니다. 모든 것이 하나님의 은혜이며 연수원 원장이신 김재선 목사님의 지도로 훈련받은 덕분입니다.

기도훈련 첫날 목사님께서는 훈련을 잘 받으며 하라는 대로 하면 분명히 놀라운 기적을 체험할 것이라는 말씀을 하셨는데 저는 그 말씀을 붙들었습니다. 저는 기도를 유별나게 잘하거나 많이 하거나 기도의 은사를 통하여 성도를 위해 기도해주는 그런 스타일도 아닌 그저 평범한 개척 미자립 교회 사모에 불과합니다. 그런데 목사님께서 지도해주시는 대로 믿고 따라하다 보니 기도의 기적을 체험하게 되었습니다. 또 기도훈련을 통하여 장래 일에 대한 두려움이나 걱정도 사라졌습니다. 기도하면 된다는 기적을 체험했기 때문입니다.

드디어 실력 없던 식당 주인이 양념을 내는 노하우를 좀 알아낸 것 같습니다. 음식 맛이 좋아지니 요리하는 것도 더 재미가 있는 것 같습니다. 이제는 더욱 겸손함으로 고개 숙이며 더 멋지고 훌륭한 식탁을 차리려 합니다.
이제 시작입니다.
큰 은혜의 물꼬가 터지고 나니 그것을 감당하기 위해 더 많은 기도가 필요함을 더 절실하게 느낍니다.
여기까지 인도하신 에벤에셀의 하나님, 미리 예비하시고 준비하시는 여호와 이레의 하나님께 감사드리며 〈성령사역연수원〉 원장이신 김재선 목사님의 지도에 감사드립니다.

▣ 특수부대식 기도훈련 전문반

강력한 역사가 일어나고 있는 현장

장 옥 사모
(5기 동계교회/곡성)

성령사역연수원 원장 김재선 목사님과의 만남의 복을 주신 주님의 은혜가 얼마나 감사한지요. 마지막 시대로 치닫고 있는 이때에 무엇보다도 목회의 내조자로서 기도가 필요하고 더욱 중요하다고 생각하며 살아왔습니다.

2009년 4월 예장통합 총회 주관으로 사모세미나가 있어 상경하여 2박 3일간의 세미나를 마치고 친구 사모를 만났습니다. 그 사모님과 오랜만에 이런저런 대화를 나누다가 기도는 어떻게 하고 있는지 궁금하여 물으니 좋은 곳이 있다고만 말할뿐 더 이상은 말하지 않고 나중에 말해 주겠다는 것이었습니다.

궁금한 것은 즉시 알아내야 직성이 풀리는 성격인지라 지금 말해주라고 하니 마지못해 그곳은 〈성령사역연수원〉이라고 알려주면서 8월에 무료세미나가 있으니 그 때 한 번 참석해 보라고 하는 것이었습니다. 8월 말이 되자 그 사모님으로부터 전화가 걸려와 국민일보에 세미나 광고가 났으니 신청하라고 하기에 〈성령사역연수원〉이 어떤 곳인지 직접 가서 알아보리라는 생각으로 지체하지 않고 바로 신청을 했고 2009년 8월에 「특수부대식 기도특공훈련 무료세미나」에 참석하게 되었습니다.

연수원으로 들어오는데 한쪽 벽에 붙어 있는 연수원의 각종 세미나를 소개하는 대형 현수막을 보면서 이곳이 예사로운 곳이 아님을 한 눈에 알 수가 있었습니다.

성전 안에 들어와 세미나에 임했는데 원장이신 김재선 목사님은 나보다 덩치가 작게 느껴질 정도의 체구이신데도 세미나 첫날 느꼈던 목사님의 이미지는 실내 분위기를 압도하여 숨도 제대로 쉬지 못할 정도로 어마어마한 영적 거인으로 보였습니다. 목사님의 기도에 대한 구체적이며 체계적으로 잘 정립된 강의가 내 마음을 사로잡았고 저는 한마디로 목사님의 강의에 반해 버렸습니다.

〈성령사역연수원〉의 가장 기본이 되는 세미나는 매주 목요일마다 있는 「특수부대식 기도훈련 전문반」이라고 생각되며 아마도 세계를 통틀어 유일무이 할 것이라고 믿어집니다. 목요일만큼은 〈성령사역연수원〉에서 왕이신 하나님의 거룩한 군대인 천사들의 강력한 역사가 일어나고 나타나고 있는 현장임을 참석해 본 사람들은 다 느끼고 있습니다.

김재선 목사님은 지리산 깊은 산중에서 기도하다가 질병도 고침을 받고 능력을 받아서 본인이 처절한 죽음의 고비를 넘기며 영의 세계를 열어 나갔던 깊은 체험을 통하여 우리들을 능력기도의 세계로 인도하시기에 충분한 그런 분이셨습니다.

기도벨트를 메고 기도해야만 허리에 힘을 실을 수가 있고 허리에 제대로 힘이 들어가는 기도를 할 수 있어야 영권이 쌓이며 능력있는 기도를 할 수 있다고 설명하면서 능력기도는 허리로 해야 한다고 강조하였습니다.
더군다나 폐결핵을 앓았기에 목사님의 폐는 정상인의 4분의 1도 채 안될 텐데도 마이크를 잡고 기도를 인도하실 때에 우리는 숨이 차서 도무지 따라가질 못하여 기진맥진하고 있지만 목사님은 거뜬히 계속 4시간 이상을 쉬지 않고 인도하기도 하십니다. 감탄은 물론 그 영권 앞에 절로 고개가 숙여집니다.

「특수부대식 기도훈련 전문반」에서 경험했던 일인데 김재선 목사님이 인도하시는 대로 영의 감각을 따라 점점 영적 세계에 깊이 들어가서 영적 싸움을 하게 되었습니다. 목사님의 멘트를 들으며 영적 싸움을 하면서 치고 박살내고 깨뜨리고 밟아버리고 파쇄시키면서 계속 나아가고 있을 때 "기드온의 용사야, 승리의 함성을 울려라" 하는 음성을 들었고 나는 승리의 함성을 울리면서 하나님께 영광을 돌렸으며 다시 소리가 있어 승리의 깃발을 시온산 정상에 꽂았습니다. 김재선 목사님을 통해서 기도의 영의 세계를 헤치며 나가니 사단을 제압하고 깨뜨리고 파쇄하고 승리할 수 있었으며 그때의 그 기쁨과 환희와 감격과 뿌듯함은 이 세상 어떤 말로도 다 표현할 수 없습니다.

2010년 「16시간 집중기도훈련」 때에는 목사님의 인도를 따라 영적 세계에 들어갔다가 거기서 하늘 문이 열렸고 기도하다가 주님을 만났습니다. 그때 주님은 나에게 "나의 신부, 나의 사랑 어여쁜 자야! 나와 함께 성산에 올라가 함께 춤을 추자" 라고 말씀하셨고 나는 주님과 오랫동안 춤을 추었습니다. 너무나 황홀했습니다. 춤을 다 추고 나자 주님은 나에게 과일 하나를 따주셨고 나는 그것을 받아서 먹었으며 먹고 난 후에 바로 눈을 돌려 바라보니 큰 동산이 보였습니다. 거기에 가까이 가고자 할 때 주님께서 막으시며 그 곳은 아직 가까이 갈 수 없다고 하시면서 때가 되면 거기서 마음껏 뛰놀 수 있도록 준비된 곳이라고 말씀하셨습니다. 그리고 주님은 나에게 기름 준비하고 단장된 아름다운 신부로써 항상 깨어 기도하고 게으르지 말고 충성스럽게 사명을 감당하라고 말씀하셨습니다.

2009년 8월말의 「특수부대식 기도특공훈련 무료세미나」를 시작으로 「특수부대식 기도훈련 전문반」과정을 2년 동안 훈련받으면서 전북 남원에서 그리고 전남 곡성으로 교회를 옮기고 나서도 새벽 첫차를 타고 출발하여 〈성령사역연수원〉으로 오는 것이 나에게는 큰 행복이자 기쁨이었습니다.
여기까지 인도하신 하나님께 감사드리며 또한 저를 체계적으로 훈련시켜 확실한 믿음에 거하며 거룩하신 하나님의 용사가 되어 하나님께 영광을 돌리는 삶을 살아가도록 훈련시키신 김재선 목사님께도 감사드립니다.

▲ 특수부대식 기도훈련 전문반

군인들의 행진하는 소리처럼

정 찬 구 집사
(7기 갈릴리교회/천안)

기도훈련 전문반 7기 과정을 마치면서 너무나 가슴 벅찬 성령님의 임재하심을 느낍니다.

오늘 여기까지 인도하신 하나님께 영광을 돌립니다.

돌이켜보면 2010년은 제게 참으로 귀중한 한 해였습니다. 신앙생활을 하면서 어떻게 하면 나도 다른 사람처럼 기도를 잘할 수 있을까, 하나님이 원하시는 기도는 어떤 기도일까, 왜 나는 기도하면서도 확신이 없는 걸까 하는 의문들이 많았습니다.

성경에는 많은 선지자들과 예수님의 제자들이 기도의 응답을 받고 능력을 나타내는데 내가 하는 기도는 무엇이 문제이며 혹 기도의 방법이 잘못된 것은 아닐까? 누구에게 물어 볼 수도 없고 그렇다고 어떻게 기도하라고 기도의 방법을 시원하게 가르쳐주는 사람도 없고 해서 늘 영적인 갈급함에 목말라 있었습니다.

그동안 여러 가지 문제로 힘들고 지쳐서 기도하기 위해 가끔 찾았던 기도원이 있었는데 그곳에 들렀다가 원장님을 만났습니다. 상담을 하던 중에 자신은 서울에 있는 〈성령사역연수원〉

에 기도훈련과 여러 세미나를 받으러 다니는데 기도훈련을 받을 생각이 있느냐고 물으시면서 권유하셨습니다. 그리고 다음 주에 「돈과 재물의 영의 세계」란 주제로 부흥성회가 있으니 기도훈련에 오기 전에 먼저 꼭 한번 참석해보라고 강력하게 말씀하셨습니다. 바쁜 일이 많이 있었지만 영적으로 갈급했던 터인지라 모든 일을 뒤로 미루고 3일간 계속되는 집회에 참석했습니다.

〈성령사역연수원〉 원장이신 김재선 목사님의 체계적인 성경 지식은 참으로 놀랍고 무한한 것 같았습니다. 하나님께서 이 시대에 특별히 쓰시는 사명자라는 생각이 들었습니다. 어떻게 사흘이 지나갔는지도 모를 정도로 하나님께서 저를 은혜의 도가니로 이끌고 계셨으며 집회를 통해 저는 너무나 많은 성령의 능력을 체험하였고 나의 신앙생활을 돌아보는 계기가 되었습니다. 물론 하나님께 드리는 헌금 생활도 아낌없이 드리겠다고 결심했습니다.

부흥성회가 끝나고 천안으로 내려온 후에도 제 마음은 여전히 성령 충만으로 들떠 있었고 계속해서 다른 세미나도 참석하여 공부를 하고 싶어 견딜 수 없었지만 그렇게 쉬운 일이 아니었습니다. 제가 운영하는 가게 문을 닫아야 하고 제가 맡은 다른 일들도 많이 있었으나 연수원의 세미나를 다음으로 미루면 기회가 올 것 같지 않아 결단을 내렸습니다.

그래서 매주 목요일마다 4개월 코스로 진행되는 「기도훈련 전문반」 7기에 등록을 했습니다. 많은 목사님들과 사모님들과 사역자들 틈에 끼어서 나같이 부족한 집사도 4시간씩 무릎 꿇고 집중적으로 기도할 수 있을까 생각하니 덜컥 겁이 났습니다. 하지만 담대한 믿음으로 김재선 목사님께서 이끌어 주시는 대로 해보자 생각하고 나를 온전히 하나님께 맡겼습니다. 처음으로 무릎 꿇고 4시간 동안 하는 능력기도는 저에게 육체적으로 몹시 힘든 고통의 시간이었습니다.

처음에는 무릎과 발이 아프고 저려서 기도하는 시간보다 육체의 고통과의 씨름이 더 컸으나 목사님께서는 기도벨트를 차고 허리로 기도하는 능력기도의 원리와 방법을 자세히 가르쳐주셨습니다. 2개월이 지나면서부터 조금씩 기도의 원리가 터득되고 환상의 세계가 보이기 시작하면서 육체의 고통은 아무 것도 아니었습니다.

실내에 불을 끈 채 깜깜한 공간속에서 250여명의 사람들이 하는 기도는 마치 군인들이 행진하며 걷고 뛰는 것처럼 웅장하고 장엄한 소리로 들려 왔습니다.

목사님께서 직접 마이크를 잡고 인도하시는데 마치 북을 치면서 장단을 맞추는 것 같은 소리는 아주 특이하기도 했고 우리의 기도를 흩어지지 않고 마치 한 두 사람이 기도하듯 통일성있게 하나의 소리로 모아져 기도하는 특별난 기도의 방법이기도 했습니다.

그렇게 기도훈련을 계속 받는 가운데 새 방언이 터지고 말로 표현할 수 없는 기도의 확신이 생기면서 땀으로 범벅된 나는 하나님께 감사라는 그 말밖에 달리 할 말이 없었습니다.

오랜 세월 문자로만 보았던 성경말씀이 영의 원리로 깨달아지면서 보이기 시작하고 아직도 많이 부족한 가운데 있는 저에게 하나님이 원하시는 기도의 영의 세계를 알게 해 주셨음이 너무 감사할 뿐입니다.

저에게 일어난 가장 큰 변화는 어떠한 환경에서도 능력기도를 할 수 있다는 자신감과 배짱이 생겼다는 것입니다. 「기도훈련 전문반」에 참석하여 김재선 목사님께서 인도하시는 대로 사력을 다해 기도하고 또한 집에 돌아와 기도하면서 악한 영들에게 묶였던 자녀들의 문제와 가정의 문제가 하나씩 해결됨을 경험하게 되면서 하나님의 역사하심을 보게 됩니다. 경제적으로 어려웠던 문제도 해결되고 하나님께서는 새로운 사업장까지도 허락해 주셨습니다. 이 모든 것이 능력기도의 힘인 것을 믿고 하나님께 영광을 돌립니다.

7기의 4개월 과정이 너무 짧게 지나간 것 같습니다. 그동안 열정적으로 같이 기도하셨던 목사님들과 사모님들, 사역하시는 모든 분들이 하나님의 영적 군대로, 기도의 용사로 크게 쓰임 받으실 것을 확신합니다.

오늘까지 신앙생활을 하면서 〈성령사역연수원〉의 김재선 목사님을 만나 훈련을 받게 된 것이 제게는 가장 큰 축복이었습니다. 김재선 목사님을 만나게 하신 하나님께 영광을 돌리며 목사님께 감사드립니다. 그리고 저에게 연수원을 소개해 주셔서 훈련받을 수 있도록 도움을 준 기도원 원장님께도 감사드립니다.

특수부대식 기도훈련 전문반

절간으로 가야할 올케를 교회로

조 을 성 장로
(8기 구로교회/서울)

저는 지금껏 한 교회만을 섬기면서 열심히 신앙생활을 했으며 봉사를 할 때에도 목사님과 성도들에게 늘 칭찬을 많이 듣는 성도 가운데 한 사람이었습니다.

그러나 그동안 신앙생활을 열심히 하며 나름대로 기도를 한다고 자부하면서 살아왔는데 신앙의 연조가 깊어질수록 무언가 모를 공허함과 갈급함에 목말라하는 상태에 이르렀습니다.

그러던 중, 어느 성경공부 모임에서 알게 된 여 목사님에게서 〈성령사역연수원〉이란 곳에서 기도와 은사와 성경에 관련된 세미나를 통하여 훈련하는데 같이 가보지 않겠느냐는 권유를 받게 되었습니다.

영적으로 충전이 필요할 시점에 이르게 되었다는 것을 감지하면서도 우리교회 부흥회 외에는 기도원이라든지, 다른 세미나라든지, 어떤 집회에 잘 참석하지 않고 열심히 교회에서 주어진 일에 최선을 다하는 신앙생활을 했던터라, 바로 결정을 하지 못하고 망설이다가 때마침 「특수부대식 기도특공훈련 무료세미나」가 열려 그 목사님과 함께 참석하게 되었습니다.

첫날부터 강의를 들으면서 원장님의 엄청난 말씀에 '바로 이것이다.' 라는 생각이 강하게 들어왔고 시간시간 귀한 말씀에 나도 모르게 푹 빠져들고 있었습니다. 더 이상 생각해 볼 필요도 없이 지체하지 않고 「기도훈련 전문반」 8기에 등록하여 기도훈련을 받게 되었는데 처음에는 몸이 힘들고 지쳐서 기도를 따라 하기가 몹시 힘들었습니다. 그러나 한 학기가 다 지나는 이 시점에서는 기도의 리듬을 따라서 기도를 재미있고 신나게 할 수 있게 된 것이 나의 큰 변화라 할 수 있겠습니다.

더군다나 한 자리에서 4시간 가까이 쉬지 않고 능력기도를 계속하면서 보여지는 것들과 깨달아 알아지는 것들이 생기기 시작했고 기도에 대한 확신과 자신감이 붙어 기도의 성숙이 이루진 느낌이 강하게 옵니다.

그렇게 기도훈련을 하면서 영권을 쌓고 있던 어느 날, 고향인 청양에 사는 외갓집 동생한테서 아침 일찍 전화가 왔습니다. 내용을 들어보니 셋째 동생이 교통사고로 세상을 떠났다는 것이었습니다. 나이는 이제 54세 밖에 되질 않았기에 너무 충격적이었습니다. 장례를 치룬 후 그 동생의 아내인 올케한테 복음을 전해야 되겠다고 생각하고 여러 번 기회가 있을 때마다 전했는데 쉽게 받아 들이지를 않았습니다.

그러다가 후에 소식을 들으니 그 올케가 무당을 데려다가 1500만원의 돈을 들여 굿을 한다고 하길래 굿 같은 것을 하면 안 된다고 하였지만 이미 1000만원을 건넨 상태이기 때문에 더 이상 말하지 말라고 하면서 강하게 나왔습니다.

자기 남편이 졸지에 사고를 당하여 그렇게 되고 보니 안 믿는 사람 입장에서는 그럴 수도 있겠다는 생각이 들었으나 안타깝기 그지 없었습니다.

그래서 목요「기도훈련 전문반」시간에 김재선 목사님이 알려주셨던 파쇄기도를 하면서 올케를 놓고 강력한 기도를 하기 시작했습니다. 그렇게 며칠을 기도한 다음 전화를 하여 이제라도 굿을 하지 말고 교회를 나가면 어떻겠느냐고 권유를 했더니 자기 남편이 죽어서 갈 곳이 없이 혼이 떠돌아 다닌다고 무당이 말했다고 하면서 그 남편의 혼백을 위해서 굿이나 한번 해주고 이제는 절에 다닐거라고 단호하게 잘라 말하는 것이었습니다.

또 다시 목요일을 기다렸다가 「기도훈련 전문반」 시간에 참석하여 기도벨트를 허리에 든든히 붙잡아 매고 기도에 몰입하여 올케의 가정에 틈타는 마귀를 파쇄하는 기도로 더 강력하게 짜르고 치고 찌르고 하는 기도를 땀이 줄줄 흐를 정도로 계속하였습니다.

성령님께서 불쌍한 올케를 구원하시려고 이렇게 기도를 시키면서 급하게 밀어 붙이는 것이라는 확신이 들었습니다. 며칠이 지나서 올케한테 전화를 걸어 설득시키면서 복음을 전하고 교회에 꼭 나가야만 살 길이 있다고 말을 하면서 대화를 나누고 있는데 남편이 죽는 그날 꿈을 꾸었다면서 꿈 이야기를 하였습니다.

자기 큰 어머니가 꿈에 나타나셨는데 하얀 드레스를 입고 안개

속에서 그릇같은 것을 들고 내려오다가 그것을 놓쳐서 깨지는 바람에 순간 놀라서 깨어보니 새벽 4시였다고 합니다.

아직 잠이 안든 남편이 옆에서 책을 보고 있다가 아침식사 준비하려면 아직 멀었으니 더 자라고 했는데 그 꿈이 남편이 사고를 당하여 죽을 꿈이었나 보다고 하면서 울먹이기에 달래 주며 대화가 진행하다 보니 조금씩 마음이 열리는 것 같았습니다.

자신은 교회에 나가고 싶은 마음이 전혀 없는 것은 아니지만 시어머니가 절간을 80평생 섬겨왔기에 교회에 나가고 예수 믿는다는 말을 꺼내기만 해도 너무 싫어하여 어쩔 수가 없다고 하였습니다.

이때다 싶어서 올케가 교회에 갈 마음만 있다면 내가 시어머니 되는 외숙모를 설득시켜 보겠다고 약속하고 5월 21일 토요일에 청양으로 고속버스를 타고 내려가서 올케의 시어머니인 외숙모에게 말씀을 드렸더니 처음에는 펄쩍 뛰면서 단호하게 거절하는 것이었습니다.

그러나 물러설 수 없어서 저 올케가 교회 나가서 예수를 믿게 되면 본인이 먼저 실망 속에서도 낙심치 않고 힘을 얻을 수 있을 뿐더러 외숙모한테도 이전보다 더 효도를 잘하는 며느리가 될 것이고 가정에 좋은 일이 분명히 많이 생길 것이라고 간청하였더니 외숙모 마음이 흔들리는 듯 하였습니다.

다음 날이 주일날인데 아침에 일찍이 일어나 분주하게 움직였습니다. 외숙모가 토마토 밭농사를 하고 있었기에 같이 가서 토마토를 따 주고 돌아왔는데 외숙모가 의외로 며느리에게 "너 교회 가고 싶으면 가 보거라" 고 말씀해 주시는 것이었습니다.
그렇게 완강했던 마음이 밤사이에 성령님께서 역사해 주심으로 녹아져 버린 듯 했습니다.
점심을 먹는 둥 마는 둥하고 그 올케를 데리고 함께 가까운 교회를 찾아 오후예배를 드리고 그 날로 등록을 시켜주고 서울로 돌아왔습니다.
그 후에 계속 교회를 잘 나가는지 확인하기 위하여 전화를 했더니 나보고 이제는 염려하지 말라고 하면서 이제는 한 주도 빠짐없이 교회를 잘 나가고 있는데 너무 마음이 편하고 좋다면서 자기를 교회로 이끌어 주어서 고맙다고 몇 번이나 인사를 하는 것이었습니다. 기도에 응답해 주신 하나님께 감사를 드립니다. 할렐루야!

내 나름대로는 기도를 한다고 하였어도 그것은 〈성령사역연수원〉에 와보니 아무 것도 아니었음을 깨닫게 되면서 능력기도를 힘있게 하는 중에 영권이 오고 기도의 응답이 이루어져 절간으로 가야 할 올케를 주님의 품으로 인도할 수 있게 된 것도 다 연수원의 능력기도의 덕분이 아닌가 하는 분명한 생각이 듭니다.
여러 가지로 아는 것이 많지 않은 사람을 〈성령사역연수원〉으로 인도해주신 하나님과 이런 깊은 기도의 영의 세계로 이끌어 주신 원장 김재선 목사님의 수고에 깊이 감사드립니다.

🚶 특수부대식 기도훈련 전문반

허리에서 나오는 능력기도

윤 현 진 목사
(7기 세계복음교회/안산)

저의 삶속에 참으로 견뎌내기 힘든 일들이 가정 안에서부터 끊이지 않고 있었습니다.

남편은 신앙생활을 제대로 하지 않고 목회에 비협조적이었으며 군대에 간 아들은 혈기가 많고 성질이 급하여 엄마가 목회하는 것에 대하여 노골적으로 불만스러운 태도와 행동을 보였는데 이렇게 가족들이 저의 목회를 이해하지 못하고 협력을 하지 않는 가운데서 목회를 감당해 나가기가 실로 마음에 무거운 짐이 되었습니다.

이로 인해 저는 낙심이 되어 손가락 하나 까닥할 수 없을 정도로 몸이 무거웠고 무기력증과 절망감에 빠져 있었고 이명증상에 우울 증세까지 보이며 모든 부분에 소망이 없는 삶이 진행되고 있을 무렵, 그것을 영적으로 극복하고 이겨 보려고 갈급한 마음으로 여기저기 다니며 방황하고 있을 때 국민일보에서 「특수부대식 기도특공훈련 무료세미나」 광고를 보게 되었습니다. 한 가닥 실 같은 희망을 가지고 찾아온 〈성령사역연수원〉에는 사역자들에게 꼭 필요한 모든 것들이 다 갖추어져 있었으며 저는 이곳에서 하나님의 많은 사랑과 능력을 체험하게 되었습니다.

저는 「특수부대식 기도특공훈련 무료세미나」에서부터 은혜를 받기 시작했는데 찬양을 인도하시는 유미경 사모님과 연수원에서 일하는 모든 봉사자들의 모습이 마치 천사의 모습처럼 아름다웠습니다. 그리고 연수원 원장이신 김재선 목사님의 기도 인도하시는 소리를 듣는 순간 22,000볼트의 전기에 감전된 것처럼 몸이 붙어서 도저히 꼼짝 할 수가 없었습니다.
너무나 강력하고도 엄청난 하나님의 음성으로 들려왔습니다.
그때부터 저는 성령의 강권하심에 사로잡혀서 「기도훈련 전문반」 7기와 8기 과정을 하루같이 즐거운 마음으로 참여하게 되었고 연수원에서 행하는 모든 세미나에도 참석하면서 절망 속에서 실 같은 적은 희망이 점점 큰 빛으로 바뀌어지고 있음을 느낍니다. 연수원의 세미나를 통하여 영적인 갈급함이 모두 채워졌으며 몸도 마음도 치유되고 각종 은사 세미나를 통해서 다양한 체험과 능력과 은사도 선물로 받았으며 어려웠던 모든 문제들이 하나 둘씩 해결되고 회복 되어져 갔습니다.
무엇보다도 「특수부대식 기도훈련 전문반」 과정을 주님의 은혜 가운데 잘 마치고 간증할 수 있도록 인도해주신 하나님께 감사를 드립니다.

특수부대식 능력기도는 반드시 허리를 써서 기도해야 되는데 힘의 근원이 허리에 있기 때문입니다. 허리를 쓰면 목소리는 맑고 깨끗하고 힘이 있어 아무리 기도를 해도 목이 잠기거나 성대가 상하지 않고 기도할 수 있습니다. 처음에는 허리기도가 잘 되지 않아 목으로 기도하여 목이 쉬기도 하고 가슴으로 기도하여 가슴이 아프기도 하였지만 기도훈련을 계속하면서 허리기도가 숙달되어지고 저도 모르게 조금씩 영권이 길러지고 있다는 것을 알 수 있습니다.

허리기도는 요추 양 옆의 두 근육을 써서 하는 기도이며 허리에 힘을 계속 주는 것이 아니고 기도할 때 음이 나오는 리듬과 박자에 따라 허리에서 힘을 끌어올리면 됩니다.

기도의 능력과 영권은 허리에서 나오기 때문에 허리기도를 할 줄 모르는 사람은 능력기도의 영적 세계를 알지 못하며 허리에서 나오는 능력기도를 하게 되면 누구나 몇 시간 정도의 기도는 어렵지 않게 할 수 있습니다.

저도 혼자서 장시간 기도한다는 것이 쉽지 않았는데 「특수부대식 기도훈련 전문반」에서 하는 능력기도는 영의 세계에 들어가서 기도 줄을 타고 영의 감각을 따라 기도를 하게 되므로 순식간에 시간이 지나가 버립니다. 목사님께서 능력기도를 인도하시는 대로 기도 줄을 타고 따라 가기만 하면 누구나 영의 세계에 들어가 능력기도를 할 수 있게 되는데 기도를 따라 하기가 힘들긴 하지만 기도소리를 쉬지 말고 사력을 다해 따라가야 합니다.

인간의 한계를 뛰어넘어 허리가 끊어지는 통증의 한계를 벗어나야 하고 때론 창자가 완전히 달라붙어 숨을 쉴 수 없을 정도의 한계에 이를 때 영적인 깊은 경지에 들어가게 되는 것입니다.

또, 「특수부대식 기도훈련 전문반」에서 어느 날 능력기도를 하고 있을 때, 환상 중에 주님을 만나게 되었는데 저를 항상 지켜주시고 도와 달라고 간절하게 부탁을 하니 주님께서 머리를 쓰다듬어 주시면서 아무것도 염려하지 말라고 하셨습니다.

저는 주님께 그동안 너무나 힘들었다고 하면서 오직 주님만 바라보고 한 번도 주님 곁을 떠나 곁길로 가지 않고 오직 주님만을 위해서 사역하며 살아 왔던 것을 주님이 아시지 않습니까 하면서 울었더니 "안다. 내가 다 안다" 하시면서 눈물을 닦아주시고 안아 주시며 "내양을 치라"고 하셨습니다. 손을 흔들어 주님과 작별인사를 하고는 기도가 끝난 적이 있었습니다.

이렇게 능력기도로 영권을 계속 쌓고 있는 가운데 놀라운 일들이 나타나기 시작하였습니다.

특히, 혈기가 많고 성격이 갈피를 잡을 수 없을 정도로 괴팍하였던 아들은 군대에 가서 믿음이 좋은 소대장을 만나서 신앙을 회복하게 되어 주일이 되면 신병들을 인솔하여 부대교회에 가서 같이 예배를 드릴 정도로 성격도 삶도 너무 좋아졌습니다.

군대에 가기 전에는 눈빛이 원망과 불평으로 이글이글 타는 것 같았었는데 제가 그 아들을 위해서 기도하고 있을 때 중이 아들을 따라 다니면서 괴롭히는 것을 환상으로 보게 되었고 능력기도로 쳐냈더니 지금은 눈빛이 많이 부드러워졌고 온화한 모습을 되찾게 되었습니다.
남편도 저의 목회에 비협조적이고 신앙적으로 무관심한 편이었는데 지금은 교회 일을 같이 염려하고 관심을 기울일 정도로 변화가 눈에 띠게 나타나 가정에 평화가 임하고 있습니다.
저의 건강도 자녀와 시댁문제로 이명증상과 우울 증세를 보이기도 했으나 이제는 평온을 되찾고 자신감을 얻게 되었으며 여러 가지 힘든 문제로 포기하고 싶은 절망감도 많았었는데 지금은 소망과 생기를 되찾게 되어 감사할 뿐입니다.

저는 이곳에서 하나님의 많은 사랑과 은혜를 입고 체험하게 되었습니다. 그리고 문제의 근본 원인이 무엇인지 알게 되었고 말씀과 능력 기도를 통해서 그 문제의 원인을 제거하게 되었습니다. 그리고 부족했던 모든 것들을 채우고 이제는 새로운 꿈과 비전도 갖게 되었습니다. 모든 영광 하나님께 돌립니다.
그리고 「기도훈련 전문반」에서 다양한 기도의 영의 세계를 김재선 목사님의 말씀을 통해서 배우게 되므로 영의 깊이를 더해 갈 수 있는 유익이 있어 너무 좋았습니다.
이곳 〈성령사역연수원〉 까지 인도하신 주님의 은혜에 감사하며 능력기도를 할 수 있도록 훈련시켜 주신 김재선 목사님께 진심으로 감사드립니다.

🏃 특수부대식 집중기도훈련

엄청나게 파워있는 기도

이 갑 헌 목사
(7기 바로 그교회/부산)

저는 보수교단인 고신에서 유치원 때부터 교회에 출석하여 그 교회에서 전도사, 강도사 사역을 하므로 오직 한 교회 밖에 모르고 신앙생활을 하였습니다. 그래서 자연히 영적인 세계에 대해서 무지하고 무관심할 수밖에 없었고 항상 신앙의 여러 면에 있어서 많은 부족을 느꼈으며 그 중에서도 기도의 약함을 가장 강하게 느끼고 있었습니다. 아무리 노력을 하여도 기도 생활이 잘되지 않아 만족이 없었고 기도에 대해서만은 자신이 없었습니다. 기도가 싫은 것도 아닌데 기도를 하려고만 하면 잘되지 않아 너무나 마음이 무거웠습니다.

이런 저에게 하나님께서 은혜를 베푸셔서 결혼을 하게 되었고 2년 남짓 목회의 공백기를 가지는 동안 기도원을 다니며 집중적으로 기도 훈련을 하게 하셨습니다. 여러 곳을 다니면서 이전에 경험하지 못한 은사의 세계를 알게 하시고 그 때는 몰랐지만 지금 생각해보면 영적인 체험들을 하게 하신 것이었습니다.
기도할 때마다 주로 금식을 작정하게 됨으로 본의 아니게 금식

기도를 통해 영적인 세계를 맛보기도 하고 기도를 하면 나도 모르는 말이 나와 후에 그것이 방언인 줄 알게 되었습니다.

그렇게 연단과 훈련을 거듭하고 있다가 부산에서 개척을 하게 되었는데 그곳은 작은 어촌으로 알콜 중독과 기차에 치여 죽거나 자살하거나 술로 인한 죽음 등 사망의 영이 가득한 곳이었습니다. 시작부터 알콜 중독자들과 영적으로, 정신적으로, 가정적으로 문제가 있는 자들과 함께하는 개척을 하게 되었습니다.
나름대로 열심히 한다고 했지만 많은 어려움들이 뒤따랐고 기도의 한계를 느끼며 기도에 관해서 채워지지 않는 그 무엇인가가 나를 힘들게 하고 있었습니다.
사역의 특수성 때문에 하나님의 인도로 두 번의 40일 금식을 통하여 깊은 기도와 영적 싸움을 경험하였으나 그것도 시간이 지나면서 서서히 약하여져만 갔고 다시 기도에 대한 갈급함이 찾아왔습니다. 그 어떤 체험과 노력으로도 기도에 관한 갈급함은 쉽게 채워지지가 않았습니다.

그러던 중, 2010년 8월경 국민일보를 통해 「특수부대식 기도 특공훈련 무료세미나」 광고를 보게 되었습니다. "세계에서 유일하게 허리로 하는 기도" 라는 구절이 저의 마음을 설레게 하였고 그렇지 않아도 영성집회나 특별히 기도에 대해서 좋다고 하면 최대한 찾아 다녔던 저로서 반드시 가야겠다고 결심을 하게 되었습니다. 한편으로는 괜히 이름만 거창한 것이 아닌가 하는 생각도 있었지만 막상 참석하고 보니 그것이 아니었습니다. 영성과 지성, 이론과 실제를 겸비하고 계실 뿐 아니라 이 귀한 것을 최대한 많이 알게 하여 하나님 나라에 유익을 드리고자 하는 마인드를 가지고 인도하시는 김재선 목사님을 보면서 이곳에서 뭔가 결판을 내야겠다는 생각을 하게 되었습니다.

그리고 다양한 세미나들의 제목과 내용을 보면서 원장 목사님은 그냥 말로만 하시는 분이 아니라는 확신이 들게 되었습니다. 왜냐하면 그 내용들은 한 사람이 다 깨닫기도 쉽지 않는데 체험까지 했을 뿐 아니라 성경적으로 이론을 체계화시켜 이론과 실기를 병행하여 가르쳐 주시기 때문입니다.
그리고 연수원의 여러 세미나를 참석하면서 목사님께서 말씀도 하셨지만 이 모든 것이 목사님께서 하시는 능력기도에서 나온 것임을 알게 되었습니다.
저도 방언기도를 하면서 하나님의 은혜로 찬양에 따라 방언을 하던 중 방언에 다양한 리듬을 줌으로 쉽게 오래 기도하는 법을 습득해 성도들을 훈련시키고 있었는데 「특수부대식 기도특공 훈련 세미나」에 참석하여 보니 제가 하는 것은 극히 초보 수준에 불과했으며 파워나 능력 면에서 비교가 되지 않았습니다. 그리하여 「기도훈련 전문반」에 등록하여 열심히 훈련을 받았습니다. 목사님께서 기도를 인도하실 때 나는 강한 쇠소리와 진군하는 북소리 같은 기도 소리는 온 몸으로 그 파워를 느끼게 하였습니다. 그러나 훈련되지 못한 몸이라 따라 가기가 쉽지 않았지만 나름대로 열심히 하였고 무엇인가 저의 영적인 세계에 또 다른 새로운 변화들이 일어남을 느낄 수가 있었습니다.

무엇보다도 이 기도에 숙달되면 몇 시간 혹은 며칠씩 기도할 수 있다는 목사님의 말씀이 힘이 되었고 경험하신 분의 말씀이었기에 나도 할 수 있겠다는 자신감과 도전의식이 생겼습니다. 기도에 관한 오랜 고민이 해결될 수 있겠다는 희망이 보였습니다.

그런 저에게 「16시간 집중기도훈련」은 너무나 기다려지는 시간이었습니다. 기대감으로 등록을 하고 집중기도 훈련을 받았는데 비록 몸이 따라주지 못하여 쉽지는 않았지만 열심히 했더니 놀라운 일이 생겼습니다.

「16시간 집중기도훈련」은 2박3일 동안에 16시간 집중하여 기도하는 프로그램으로서 식사시간과 수면시간을 제외하고는 계속 기도에만 전념하는 훈련이었습니다. 저는 목사님의 지도를 따라 치고 들어가고, 치고 나가며, 치고 올라가는 기도를 하면서 보이거나 생각나는 것들을 제거하며 기도하였습니다.

제 아내가 심약하고 소극적이며 소심한 부분이 있음으로 말미암아 좋은 자질과 은사가 있음에도 불구하고 펼쳐 나가지 못하며 망설이는 것 때문에 많이 안타까워했는데 집중기도시간에 그런 부분을 두고 강력하게 치는 기도를 하였습니다.

저녁시간에 아내와 연락할 일이 있어서 통화할 때 아내가 자신의 소극적이며 소심한 성격 때문에 계속 이래서는 안 될 것 같다고 하면서 이제는 바꾸기 위해 노력하고자 다짐하는 마음을 감지할 수 있었습니다. 그렇게 오랜 기간 동안 권하여도 쉽게 듣지 않았던 그 견고한 아내의 마음이 움직였던 것입니다.
집에 돌아와서 지켜보아도 자기 개발과 발전을 위하여 노력하려는 모습을 보게 되고 그런 부분에서 이전과 비교하면 저와 대화도 잘된다는 것을 느낄 수 있었습니다. 사역의 큰 꿈을 가지고 있는 저로서는 동역자인 아내의 이런 변화가 너무나 반가웠습니다. 그리고 자녀들에게 생기는 작은 변화들과 교회에 전반적으로 저만이 느낄 수 있는 좋은 느낌들과 마음속에 생겨나는 자신감과 확신들은 저를 너무나 기쁘게 하였습니다.

또한 저의 장인 장모님께서 신앙생활을 제대로 할 수 없으셔서 경주 산내에서 저희가 사는 송정으로 이사를 오려고 하는데 살고 있는 집이 잘 안 팔리자 장모님께서는 현실적으로 쉽게 집이 안 팔릴 것이라는 생각에 메여 있었습니다.
그런데 제가 집중기도 시간에 처갓집 마당 앞에 있는 예전에 마을 제사를 지내던 거대한 두 당산나무를 생각하면서 그것이 가로막는 세력인 것을 느끼고 뽑아내는 기도를 하면서 대적하였는데, 그 후 장모님의 꿈에서 집을 팔지 않고 그 집에 그대로 머물게 되면 영적으로 해를 받는 내용의 꿈들이 계속 꾸어짐으로 장모님이 크게 깨닫는 모습을 보게 되었습니다.
장모님께 매일 당산나무 앞에 가서 대적하는 기도를 해야 한다고 강조하면서 말씀을 드리자 그렇게 하겠다고 하시면서 이제는 마음속에 이사할 준비를 확실히 하고 기도하시는 변화된 모습을 보이고 있습니다.

이와 같이 특수부대식 능력기도는 너무나 중요합니다.
그러기에 쉽게 되지는 않을지라도 결코 포기하지 않고 반드시 이루어내야 할 가치가 충분히 있는 기도입니다.
그 중에도 「16시간 집중기도 훈련」은 엄청난 파워가 있으며 저는 이것을 통하여 집중기도의 중요성을 다시금 체험하게 되었습니다.

끝으로 기도에 관해 항상 갈급해하던 저에게 하나님께서 은혜를 베푸셔서 김재선 목사님을 통하여 특수부대식 능력기도 훈련을 받게 하시고 「16시간 집중기도훈련」을 받게 하셔서 기도의 새로운 장을 열어주신 것에 너무나 감사를 드리며 이 기도로 훈련받아 하나님의 은혜에 보답하는 삶을 살기를 소망합니다.
더 많은 사람들이 〈성령사역연수원〉을 통하여 이 귀한 기도의 영의 세계를 깨달아 하나님을 기쁘시게 해드리는 일에 쓰임받기를 원합니다.

▣ 특수부대식 집중기도훈련

호암교회가 도대체 어떻게 기도하길래

김 현 주 사모
(1기 호암교회/논산)

어리석고 부족한 제가 무조건 기도만 많이 하면 되는 줄 알고 힘들게 기도하고 있을 때 세상의 어떤 기도보다 더 강력한 능력기도의 세계를 알도록 인도해주신 하나님께 감사드립니다. 패배자와 같이 지나온 삶들이 이제는 매일 매일 승리하는 권능의 삶으로 변화된 모습에 저도 놀라울 따름이고 이제는 기도를 한다는 것이 결코 부담스럽지 않고 기쁘고 즐거운 생활이 되었습니다.

이런 변화가 있기까지 기도는 제게 늘 힘들고 어려웠습니다. 도대체 영권은 어떻게 받으며 영적인 전쟁은 어떻게 해야 하는 것인지 그 방법을 일러주는 사람은 아무도 없었습니다. 하나님께 기도하면 도대체 얼마나 기도해야 응답이 오는지, 기도를 하면 할수록 어려운 일들은 더 생기고 응답받는 기쁨은 잠시 잠깐 일 뿐 또 다시 문제가 일어남으로 기도하는 일을 반복할 뿐이었습니다.

이렇게 발전도 없이 기도에 목말라 하던 중, 2005년 8월 지인으로부터 '한번 기도를 하면 낮에 들어가서 깜깜한 저녁에 기도를 마치고 나오는데 그 시간이 순식간에 지나고 세상에서 그런 기도의 경험은 처음이다. 목사님 사모님은 할 수 있을 것 같으니가 보라' 는 소개로 〈성령사역연수원〉에 오게 되었습니다.
그때는 매달 첫 주에 「특수부대식 기도특공훈련」이 있었기 때문에 등록을 하고 능력기도 훈련을 받게 되었습니다. 첫째 날, 둘째 날까지 이론 강의를 듣고 둘째 날 오후에 실기 훈련을 하였는데 기도에 대한 특별한 거부감은 없었으나 기도 언어나 곡조를 타는 듯한 것이 영 마음에 들지 않았고 또 나오지도 않는 기도 리듬을 내라고 하니 그렇게 불편할 수가 없었습니다. 셋째 날이 되어서는 복잡한 심정으로 능력기도에 대한 마지막 짧은 강의를 듣는 동안 하나님이 우리를 이곳에 보내실 때는 뜻이 계실 줄을 믿고 마음을 열었고 실기를 열심히 하면서 너무나도 놀랍고 힘있고 특이한 기도의 세계를 경험하였으며 지금까지 능력기도 훈련을 받고 있습니다.

저희 교회는 충남 논산의 46년된 조그만 교회입니다. 하나님의 뜻이 계셔서 2006년 3월에 이곳으로 부임하게 되었고 심방을 하다 보니 놀라운 사실을 알게 되었는데 우리가 부임하기 3일 전에 과수원을 하고 있는 집사님이 살인미수 혐의로 재판중이고 교도소에 복역 중이라는 것이었습니다.
사건의 발단은 집사님이 사는 동네에 10년 가까이 지나도 주인이 나타나지 않는 땅에 어느 날 중이 들어와서 암자를 짓고 살겠다고 해서 절을 찬성하는 사람과 동네 땅값이 떨어진다고 반대하는 사람들이 서로 대립을 하였고 집사님은 신앙이 다르기에 반대하는 사람 편에 서게 되었습니다.

동네 사람들이 순진한 집사님을 찬성하는 사람들과 담판을 지으라고 꼬드겨 집사님은 자기가 해결해 보겠노라고 나서게 되었습니다. 이렇게 서로 잦은 싸움이 있자 집사님은 겁을 줘야겠다는 마음으로 과수원에 날아드는 새를 쫓기 위해 비치해 놓은 장총을 꺼내 들고 암자 짓는 것을 찬성하는 사람의 집을 찾아갔습니다. 말다툼 하는 과정에서 세 사람이 한꺼번에 집사님에게 달려들어 멱살을 잡고 총을 잡으며 실랑이를 벌이다가 그 쪽의 한 사람이 방아쇠를 당기는 바람에 세 발이 발사되었습니다.

두 발은 천정과 방을 향했고 한 발은 한 사람을 약간 스치는 상처만 입혔습니다. 놀랍게도 하나님께서는 좁은 방에서 네 사람이 옥신각신하는데 아무도 큰 상처를 입지 않도록 보호하셨습니다. 이 일로 집사님은 구속이 되었고 집사님 모친의 간곡한 기도 부탁이 있었고 살인 전과자가 다니는 교회라는 것은 지역사회에서 결코 덕이 될 수 없는 문제인지라 하나님의 도우심으로 형을 감해 달라고 온 교인들과 함께 기도하기 시작했습니다.

그러던 중, 5월에 〈성령사역연수원〉에서 하는 「16시간 집중기도훈련」에 참석해서 더 깊은 기도를 하게 되었고 기도 중에 최고의 기도의 경지를 경험하는 집중기도 훈련에서 말할 수 없는 하나님의 크신 역사를 보았고 하나님께서 하실 놀라운 일에 소망을 가지고 돌아왔습니다.

그 뒤로 중은 보란 듯이 암자를 짓고 향을 피우고 예불을 드리고 집집마다 떡이니 제물을 돌리니 마을 사람들은 날마다 잔치라며 그렇게 좋아할 수가 없었습니다. 계속 재판은 진행되어 집사님에게 1차 공판에서 7년의 중형이 선고되었으나 3차 확정 공판에서 노부모를 모시는 있다는 것과 새마을 지도자라는 것, 그리고 신실한 교인이라는 것이 정상 참작이 되어 감사하게도 집행유예 5년을 선고 받았습니다. 그때까지 집사님이 형을 살지 않는다고 생각한 사람은 아무도 없었고 최소한 2년 실형은 살 것이라고 말하였습니다. 그러나 하나님께서는 집사님에게 은혜를 베푸셔서 우리 곁으로 다시 돌아와 신앙생활을 같이 하게 하셨습니다.

그때 주변의 모든 사람들과 지역의 교회들은 말하기를 '도대체 호암교회가 어떻게 기도하길래 그런 사람이 풀려나는 일이 있느냐' 고 다들 놀라워했습니다. 하나님께서는 비록 마을 사람들과의 다툼 같지만 우상을 섬기는 자와의 싸움을 두고 보지는 않으셨습니다. 얼마 지나지 않아 그렇게도 찾던 땅 주인이 갑자기 나타나 자기가 여기 들어와 살려고 하니 집을 철거하든지 아니면 그냥 나가든지 하라는 것이었습니다. 그렇게 하여 중은 자기 돈 들여 지은 집을 돈 한 푼 못 받고 쫓겨났고 그 주인은 지금까지 그 땅에서 잘 살고 있습니다.

그리고 우리 집사님은 하나님께서 복을 주셔서 전보다 더 많은 농사를 지으며 살고 있고 2월이면 집행유예가 다 끝나게 되어 하나님의 은혜라고 하며 감사하다고 하였습니다.
이 사건을 통해서 영적인 대결에서 이긴 자는 진 자의 것을 탈취하는 것을 눈앞에서 보았고 능력기도만이 사람의 생각을 뒤집고 해결할 수 없는 일을 해결하는 능력의 기도라는 것을 다시 한 번 깨닫게 되었습니다.

또, 우리 교회 성도 중에 서로 울타리를 하나로 옆집에서 나란히 대대로 살면서 신앙 생활하는 가정이 있는데 명목상으로는 교인이지만 두 집안이 윗대로부터 앙숙처럼 싸움을 하는 집안이었습니다. 윗대의 어른들이 싸움을 시작하면 말릴 사람이 없었고 화가 난다고 낫을 들고 옆집의 살아있는 소의 꼬리를 잘라버리는 일도 거침없이 하였다고 합니다. 그러다보니 자연스럽게 자녀들까지도 그 영향력 아래 있게 된 것입니다.
어느 날 두 분이 대판 싸우는 일이 있었고 한 분은 다른 교회로 나가겠노라고 구역장에게 통보하는 일이 있었습니다. 그래도 모른 척하고 그 가정들을 위한 능력기도를 했는데 일주일쯤 지났을 때 두 분이 따로 따로 찾아와서는 "우리가 늘 싸우는 바람에 목사님 심정이 많이 상하셨지요. 목사님 죄송합니다." 하시면서 잘못을 뉘우쳤습니다. 그 후로는 지금까지 다툼이 없고 교회를 오가는 동안 서로 위해 주고 가방을 서로 들어주고 하는 천사와 같은 모습으로 변했습니다. 능력기도를 통해 두 가정이 대를 이어 대립하게 했던 대물림의 세계도 하나님께서 끊으셨습니다.

어려운 일을 만날 때마다 능력기도를 하면 할수록 기도하는 것이 전혀 힘들지 않고 무조건 기도하는 것이 아니라 응답하심을 그때마다 알 수 있고 어떻게 기도를 해야 문제를 처리할 수 있는지 기도의 지름길을 알게 되었습니다.

그래서 중도에 그만 두는 일이 없이 지금껏 계속 훈련받게 되었고 하나님께서는 우리가 너무나 많은 일을 할 수 있기 때문에 부르셨다는 말씀을 이제야 깨닫게 되었습니다.

연수원을 계속 다니거나 처음 만난 사람들 가운데 저희를 보고 그렇게 훈련을 받았으면 이제 졸업해도 되지 않느냐고 말하는 사람들이 있습니다. 그러나 기도의 세계를 조금이라도 알고 영의 세계에 들어가서 하는 영적전쟁의 승리감을 맛본다면 누구라도 무궁무진한 기도의 세계를 더 훈련 받고 더 알기를 소망하게 될 것입니다.

주위에 기도의 어려움을 느끼거나 영의 깊은 세계를 사모하고 믿음 생활하면서 도무지 알 수 없는 고난이 겹쳐 힘들어 할 때 〈성령사역연수원〉의 특수부대식 능력기도를 할 수만 있다면 그 고난이 멀지 않아 환희와 감사로 바뀔 것이고 무슨 일을 만나도 두렵지 않게 되어 하나님의 진정한 용사가 될 것을 믿습니다. 할렐루야!

🎵 특수부대식 집중기도훈련

무릎 꿇는 법을 배웠습니다

이 린 나 전도사
(7기 동성교회/서울)

악상 기호 중의 '페르마타' 라는 것이 있는데 한 음을 강조하기 위해서 음을 늘이는 기호입니다. '페르마타'를 이야기 하는 까닭은 2010년이 저에게는 '페르마타'와 같았기 때문입니다. 신학대학을 졸업하고 대학원에 진학해야 되는 시점에 내 인생을 지휘하시고 이끄시는 하나님께서 제게 인생의 전환점을 주심으로 하나님 앞에 더 가까이 다가서게 하셨습니다. 그것은 다름 아닌 질병이었습니다. 갑상선에 이상이 생겨 암일지도 모르니 제거해야 한다는 의사 선생님의 진단이 있었습니다. 그러나 어머니께서 갑상선 수술을 하셔서 평생 남모를 고통 속에 살아가는 모습을 보아 왔기 때문에 부모님도 저도 선뜻 수술에 동의할 수 없었습니다. 그래서 몸에 좋다는 약과 텔레비전에 나오는 한의사도 찾아가서 치료를 받았지만 잠시 잠깐 마음에 안정만을 가져다 줄 뿐 더 이상의 진전은 없었습니다.
그리고 병원의 차트 옆에는 '수술예정(OP)'이라는 글이 떴으며 저는 떨려서 의사의 말을 직접 들을 수 없었습니다. 조직검사를 몇 차례 하는 중에 의사는 아버지에게 이것은 99% 암이니 꼭 수술해야만 한다고 거듭 강조했습니다. 하지만 하나님께서 나를 단련시키기 위해서 이렇게 역사하고 계심을 느꼈습니다.

하나님께서 어머니를 통해 알려주신 것이 있어서 100일 작정기도를 하고 있던 중 병원에 가서 일단 차트를 받아와 "넌, 이제 간증거리가 될 꺼야." 하고 믿음으로 책장에 꽂아 두었습니다. 사실 저는 하루 24시간 중에 2~3시간 밖에는 활동을 하지 못했습니다. 힘들어서 몸져 누워있고 사역도 그 시간만 잠깐하고 다시 집에 와서 정신을 못 차리고 누워 있기만 했습니다. 그래서 몸도 많이 무거워졌고 오랜 시간 지하철을 타는 것도 긴 시간 어딘가에 앉아 있는 것도 그 자체가 기적이었습니다. 도무지 몸이 견뎌내질 못했기 때문입니다.

하지만 질병을 통해서 감사의 이유를 알 수 있었습니다. 주님 앞에 한낱 작은 존재에 불과한 나 자신의 모습을 깨닫게 하셔서 오직 하나님만을 향한 마음으로 삶의 방향을 잡을 수 있게 하신 것입니다. 또한 나의 길고 긴 한숨의 고통을 나를 향한 주님의 그윽한 사랑으로 가득 채워 주셨습니다.

어느 날 목사님이신 아버지께서는 국민일보에 나온 「특수부대식 기도특공훈련 무료세미나」라는 광고 내용을 알려 주셨습니다. 강요는 하지 않으셨지만 성령이 역사하는 곳에 가면 더 폭발적으로 임재가 있을 터이니 마음에 감동이 오면 가보라며 권면만 하셨습니다.

용어가 특수부대에, 특공훈련이라니? 잘은 모르겠지만 나는 붙잡을 것이 하나님 밖에 없었기 때문에 가기로 결정했습니다.

첫 날 세미나를 듣고 집에 오면서 "제발 지하철에 앉아 올 수 있도록 해주세요." 간절한 기도를 했습니다. 보기엔 건강해 보이지만 몸이 그만큼 약했기 때문입니다. 그날 지하철에 앉아서 올 수 있는 자리도 하나님께서는 허락하셨고, "건강하지 못하고 빌빌거리면 하나님도 안 쓰신다" 라는 김재선 목사님의 말씀이 뇌리를 스쳐 지나갔습니다.

기도특공훈련 마지막 날 능력기도를 하는 시간에, 커다란 짐승 같은 것이 영음으로 "엉~엉"우는 소리가 들렸습니다. 날 잡지 못해서 우는 소리라는 것이 알아졌습니다. 그 소리가 안 들리게 예수님만 붙들어야지 하는 마음으로 능력기도에 임했습니다. 결국에는 그 소리가 사라졌습니다. 아주 기분 나쁜 소리였습니다. 이렇게 저는 능력기도를 알게 되었고 「기도훈련 전문반」 7기에 등록하여 본격적인 기도훈련에 임하게 되었습니다.

마치 나를 위해서 예비하신 듯 김재선 목사님을 만나게 되었고 세미나를 참석하면서 목사님께 영적 코칭을 받았고, 상담과 안수를 통하여 용기를 얻게 되었으며 매주 기도훈련과 세미나의 말씀을 통해 하나님께서 나의 아픔을 치유하시는 손길을 느낄 수 있었습니다.

매주 목요일 기도훈련을 받고 있던 중 2박3일에 걸쳐 「16시간 집중 기도훈련」을 한다는 세미나 안내를 들었습니다. 그동안 영권을 쌓으면서 훈련을 받아왔던 터라 이번에 집중기도를 통해 제게 있는 질병을 없애고 응답받기로 작정했습니다.

집중기도 훈련에 임하는 날, 언제나 그랬듯이 목사님이 이끄시는 대로 영의 감각으로 기도를 따라갔습니다. 정말 따라 가기가 매우 힘들었지만 죽을 각오로 기도의 영의 세계를 향하여 따라갔습니다. 내게 '질병' 이라는 것이 하나님과 더욱 가까워질 수 있는 통로가 되어 능력기도를 하도록 하나님께서 제게 프로포즈를 하고 계셨던 것이었습니다. 그래서 내 질병을 치유하심을 확실히 알게 해달라고 집중적으로 기도했습니다.

능력기도를 하기 전에는 비록 나이는 어리지만 나도 기도는 좀 한다는 생각이 있었고 내 또래보다는 영성이 깊다는 것에 자신이 있었습니다. 하지만 그것은 내 생각일 뿐이었고 영의 세계는 정말 깊고 들어가면 들어갈수록 새로운 것이 넘쳐나는 것임을 알게 되었습니다.

16시간 집중 기도가 마칠 무렵 목사님의 인도에 따라 살짝 살짝 뛰면서 승리의 기도를 했습니다. 깊은 영의 세계에서 목사님께서 방언으로 하는 기도가 영적 감동으로 알아졌습니다. 그 순간 무언가 솜털 같이 부드러운 느낌이 나를 살짝 스치면서 나는 뒤로 넘어지게 되었습니다. 은혜가 임해서 뒤로 넘어가는 그 현상을 머리로만 알고 있었으나 실제로 느끼게 되었으며, 그것은 나의 질병을 치료하심에 확신을 달라는 부르짖음에 대한 하나님의 응답으로 믿습니다. 하나님께서 치료하심을 믿고 지금도 건강을 위해 노력하고 있습니다.

「16시간 집중기도훈련」은 저에게 참으로 놀라운 시간이었습니다. 24시간 중에 두세 시간의 활동도 힘들어했던 제가 김재선 목사님께서 이끌어주시는 대로 하루의 3분의 1이 되는 8시간을 집중해서 쉬지 않고 기도했다는 것이 놀라웠습니다.
제대로 무릎 꿇는 법을 알게 된 것이지요.
연수원에서 기도를 한다는 것은 이토록 치열하게 해야 하는 것임을 알게 되었습니다. 무릎을 꿇는다는 것은 내 육신을 하나님께 복종시키고, 모든 것을 내려놓는 것이었습니다. 기도는 잘하는 방법과 노하우를 터득하는 것이 아니고 내 몸이 스스로 터득하고, 영의 감각으로 따라가야 하는 정말 꾸준한 노력이 있어야 하는 것입니다.

「기도훈련 전문반」에서 훈련을 받으면서 내 영이 살아남을 느꼈고 삶 가운데서 내 모습이 달라짐을 보고 스스로도 놀랍고 한 편으론 대견스럽기도 했습니다.
다른 사람의 인정보다 내 스스로가 이만큼 성장하도록 견뎌내었다는 것이 자랑스럽기도 합니다.
나의 인생을 계획하시고 이끄시는 하나님께 너무나도 감사드리며 하나님께서 직접 일하심을 체험케 하시고 기도의 영의 세계로 친히 이끌어 주신 김재선 목사님께 감사드립니다.

특수부대식 지리산 실전기도훈련

지리산 속에서 7시간의 밤기도

조 미 순 전도사
(1기 갈릴리교회/온양)

저는 예수님을 모른채 우상숭배를 열심히 하며 살다가 8년간의 전도를 받고 40세가 다 되어 교회에 나가게 되었습니다. 그런데 교회를 한 번 다녀오면 그 다음엔 교회 가기가 싫어졌고 목사님께서 찾아오시면 마지못해 한 번 나가는 그런 신앙생활을 했습니다. 사업이 점점 어려워지게 되자 전국의 유명한 점쟁이들을 찾아다니면서 점을 치곤하였는데 결국에는 사업까지 망했습니다. 그래서 다른 곳으로 이사를 갔는데 그곳에서 다시 전도를 받아 교회에 나가게 되었고 그때부터 열심히 하나님께 매달리기 시작했습니다.

저는 집사 때에 전도의 사명을 받고 전도인으로 봉사하다가 신학교를 갔으며 그때부터 전도 담당 전도사로서 사역을 했습니다. 사실 집사 때에 저는 장로교 통합측의 교회에서 신앙생활을 하다 보니 기도 훈련을 제대로 받지 못했으며 기도를 많이 하기보다는 오히려 전도하러 현장으로 많이 나가는 편이었습니다. 전도의 열매가 많아지면 많아질수록 너무 갈급한 부분이 기도였으며 강한 영권의 필요성을 느꼈고 영권이 있어야만 더 많은 생명을 건질 수 있을 것 같아 하나님께 더 많이 기도하고 더 많이 말씀을 공부하고 영권을 쌓을 수 있게 해달라고 기도하기 시작했습니다.

그러다가 2007년 10월 국민일보 광고란에 게재된 「특수부대식 기도특공훈련 무료세미나」 내용이 눈에 확 들어 왔습니다. 보자마자 바로 이것이다 싶어 연수원에 전화를 걸어 자세히 물어보고 내일부터 참석하겠노라고 신청을 해 놓고는 왠지 귀찮은 생각이 들었습니다. 그만둘까 하는 생각을 하다가 잠이 들었는데 그날 밤 꿈으로 영권을 강하게 받는 것을 너무나도 세밀하게 보여 주셨습니다. 이렇게 해서 무료 세미나를 참석하게 되었고 계속해서 「기도훈련 전문반」 1기에 등록을 하여 훈련을 받게 되었습니다. 그동안 기도를 너무나 사모하였기에 이런 훌륭한 곳으로 인도하신 하나님께 너무너무 감사했습니다.

매주 목요일마다 온양에서 오전 6시 첫 고속버스를 타고 연수원에 올라와 앞자리를 놓치지 않고 열심히 기도훈련에 임했습니다. 그런데 너무 놀라웠던 것은 〈성령사역연수원〉에서의 기도훈련은 그냥 기도만 하는 것인 줄 알았는데 영권을 쌓는 훈련도 같이 시키는 것이었습니다. 오직 영혼 구원만을 위하여 영권을 사모했기에 이렇게 빨리 영권을 쌓는 훈련을 하는 이곳으로 하나님께서 인도하신 것 같았습니다.

「기도훈련 전문반」에 참석하면서 처음으로 쉬지 않고 3시간까지 기도를 해 보았으며, 어느 때에는 4시간까지도 기도하게 되었습니다. 3~4시간의 기도는 이곳에서 처음으로 하는 것이라 너무 힘도 들고 지루하기도 하여 기도를 계속 못하고, 그냥 앉아 있는 시간도 있었으며 몸살도 나고 팔다리 어느 곳 하나 아프지 않는 곳이 없을 정도였습니다. 하지만 시간이 지나면 지날수록 기대가 되고 힘도 나고 강해져 가고 있는 제 자신을 발견할 수 있었습니다.

「기도훈련 전문반」에서 기도를 하다가 어느 날에는 갑자기 성령의 뜨거운 바람이 등을 확 밀기도 했으며 이럴 땐 허리에 힘도 안들고 저절로 기도가 되는 체험을 하기도 했습니다.

또 열심히 기도하던 중에 남편이 구원되었다는 음성도 들었으며 환상 가운데 머리를 빡빡 밀고 몸과 다리는 몽땅한 사람의 모습을 보았는데 긴 창에 여기저기 사방으로 찔려서 땅에 넘어져 죽어 있는 것이 보였습니다. 남편이 우상에 잡혀 있었기에 기도하면서 이 우상을 놓고 치는 기도를 얼마나 했는지 모릅니다. 이후로 남편이 구원받아 교회에 출석하게 되었으며 지금까지 열심히 잘 믿는 사람이 되었습니다.

2008년 7월에 「지리산 실전기도훈련」을 가게 되었는데 난생 처음 하는 산기도인지라 2주전부터 준비 기도를 하며 간절히 사모하는 마음으로 「지리산 실전기도훈련」에 참여하게 되었습니다. 그 때는 산속에 텐트를 치고 야영을 했었는데 첫째 날에 비가 와서 텐트 속에 물이 들어와 바닥이 축축하고 장소도 비좁아서 잠도 오질 않아 괜히 왔다는 생각에 집으로 돌아가고 싶은 마음이 들었으나 한편으로는 마귀가 은혜 받지 못하게 하려고 짜증나게 하는 것이 아닌가 하는 생각이 들었습니다. 아니나 다를까 둘째 날부터 기도에 집중이 되고 몰입이 되면서 주위 사람들의 기도 소리가 전혀 들리지 않았으며, 성령님께 붙잡혀 날이 샐 때까지 7시간의 밤 기도가 순식간에 지나가 버렸고 놀라운 은혜가 임했습니다.

기도하는 가운데 "겸손하라, 영권이 임했다" 라는 음성이 들리면서 눈은 감았는데 십자가 목걸이 같은 것이 위에서 내려오는 것이었습니다. 처음으로 경험하는 환상이었기에 이게 뭔가 했더니 목걸이 줄은 안 보이고 십자가만 보였는데, 그것이 천국 열쇠라는 것이었습니다. 또 다시 "예언이 임했다" 는 음성이 들렸는데 사실 그때까지만 해도 저는 예언을 사모하기 보다는 영안이 열어지기를 사모했었습니다. 아파트 전도만 10여년을 하다 보니 영안이 열리게 되면 아파트 문을 열어 주었을 때 사람들을 전도하기가 좀 더 쉬울 것 같아서 였습니다.

그날은 밤이 다 지나도록 몸이 불덩어리 같이 되었으며 눈이 부실 정도로 사방에서 빛이 임했으며 사흘 째 되는 날까지 정신이 몽롱하여 몰입이 되었습니다. 눈에서 환상이 계속 열렸는데 새파란 소나무가 빽빽하게 심어져 있는 산이 계속 보이다가 넓은 바닷가에 자갈이 길게 깔려 있는데 그 자갈 위에 다시 물이 덮이는 환상이며 또 농촌의 풍경이 보였습니다.

2008년 8월에 두 번째로 「지리산 실전기도훈련」 에 참여했는데 그때에도 큰 은혜가 임했습니다. 첫날부터 기도하는데 자꾸만 중이 목탁을 치는 소리가 들리길래 누군가의 방언소리가 이렇게 들린 줄로만 알았는데 둘째 날도 역시 또 그런 소리가 들려서 얘기를 했더니 우리 집안의 대물림이라며 기도하면서 쳐버리라는 것이었습니다. 밤에 기도하면서 이 소리 나는 것을 쳐버렸더니 곧 바로 괜찮아 졌으며 환상이 열리면서 터널 속을 지나기도 하며 큰 동굴 같은 것이 보이며 기도가 단 방언으로 바뀌면서 깊이 들어가고 있었습니다.
앞에서 김재선 목사님께서 기도를 인도하시면서 "보좌가 보일 것이다."라고 말씀하셨는데 빛이 너무나 빛나고 강하여 눈에 보이진 않았으나 너무 기쁘고 좋아서 입에서 하나님께 대한 감사가 흘러 나왔습니다.

〈성령사역연수원〉을 통하여 빠른 시일 내에 영권이 임하는 것을 체험했으며 더 강력한 영권을 사모하면서 지금까지 「기도훈련 전문반」에서 훈련에 임하고 있고 수많은 영혼을 살리기 위하여 열심히 뛰고 있습니다.
이렇게 멋진 곳에서 훈련받도록 인도하신 하나님께 영광을 돌리며, 연수원 원장 김재선 목사님께도 감사드립니다.

■ 특수부대식 지리산 실전기도훈련

기도의 맛을 아십니까?

김 춘 자 사모
(5기 은혜와 평강교회/서울)

결혼 초, 40일 집중 철야 기도하던 중에 하나님께서 이틀 밤이나 영화를 보듯 화면을 돌려가며 나의 지나온 삶을 보여 주며 만나 주셨고 저를 쓰시겠다고 말씀하셨습니다.

그때부터 저는 매일 밤 열렬히 주님과의 사랑에 빠져 들어갔으며 정말 신났던 시절이었습니다. 그 당시 나는 쌍둥이를 출산한 지 얼마 되지 않은 때였기에 아이들을 재워놓고 밤마다 주님을 만나러 갔습니다. 그때는 지금처럼 2~3시간씩 하는 기도가 아니라 꼬박 밤을 새워가며 기도했습니다. 그 때 출석하던 교회가 기도하면 목숨을 내놓고 하는 교회요, 영적인 훈련을 철저히 하는 교회였습니다. 절대로 졸다 깨다, 자다 깨다하는 교회가 아니었기에 그 당시 성도들끼리 해병대 훈련인들 이보다 더 강하겠느냐고 웃으며 말하곤 했습니다.

하나님께서 이렇게 철저하게 훈련시키셨고 나를 만나주셨습니다. "나의 남은 인생길, 주와 걸어가면서 예수님의 복음 위해 굳세게 살겠어요" 라며 이틀 밤에 걸쳐 손가락을 걸며 하나님과 약속을 하였습니다. 절대로 기도 쉬는 죄를 범치 않겠다고 얼마나 얼마나 꼭꼭 약속했던가!

그런데 삶에 힘든 과정을 거치면서 기도도 식어갔고 하루하루 갈급함으로 늘 허덕여야만 했습니다. 어디를 가야 옛날 그 기도 맛을 다시 찾을 수 있을까? 나름대로 기도 한답시고 무릎 꿇고 앉아 있긴 하지만 하나님과 나와는 항상 너무나 멀리 떨어져 있다는 느낌을 받았으며 기도도 전혀 되지 않았습니다. 내 속에서 펄펄뛰는 그 무엇인가가 나를 답답하게 만들고 갈급하게 만들었습니다.

그 후 2003년 가을, 교회를 개척하고 얼마 지나지 않아서 김재선 목사님을 만났습니다. 송탄에 있는 평소에 잘 아는 선배 목사님의 교회에서 부흥회를 한다기에 은혜 받고자 우리 부부가 참석했는데, 그때 김재선 목사님께서 부흥회 강사로 오셨으며 제 남편이 목사님께 완전히 반해 버렸습니다. 바로 우리가 찾던 그런 분이셨습니다. 아니 내가 기도하며 만나기를 원하고 찾던 바로 그런 분이셨습니다.

제 남편이 다른 분들보다 늦게 목회의 길에 접어들었기에 '이러이러한 분을 영적인 스승으로 만날 수 있게 도와주세요' 하며 기도 제목을 놓고 기도하던 중이었는데 기도응답을 받은 것입니다. 그리하여 기도응답의 확신을 가지고 〈성령사역연수원〉에 다니면서 훈련을 받게 되었습니다.

그런데 그동안 많이 쉬었기 때문에 기도가 쉽지 않았으며 더구나 특수부대식 능력기도가 쉽게 정립이 되지 않았고 평소에 하던 기도와 달라서 더욱 힘이 들었습니다. 그래도 하나님을 만났던 체험이 있었기에 정말 몰입하려고 애를 썼고 열심히 훈련에 임했습니다.

매일 밤 교회에서 기도하지만 집중되다가도 순간 잡생각이 지배하면 그때부터 집중이 되질 않아 이것이 나의 집중력의 한계구나 하며 답답함을 느꼈습니다. 하지만 연수원에서 김재선 목사님을 통하여 배운대로 능력기도를 리듬을 타며 허리기도를 하니 3시간은 능히 기도를 하게 되었고 집중력이 길러지고 집중하는 시간도 길어졌으며 기도할 때 몰입도 되었습니다. 김재선 목사님을 통하여 특수부대식 능력기도를 배우게 된 것을 새삼 감사드립니다.

나는 기도의 욕심이 있어서 「16시간 집중기도훈련」의 시간을 기다리고 기다렸는데 그 주간에 다른 약속이 잡혀 있었습니다. 고민 고민하다가 그 약속을 거절하고 일찍 연수원에 와서 앞자리에 앉았습니다. 사모함으로 첫째 날을 참석했고 둘째 날 오후 기도 시간에 그렇게도 김재선 목사님께서 말씀하시던 한나의 입이 동하는 기도의 세계, 즉 억울하고 원통해서 울부짖던 한나가 했던 입이 동하는 기도가 내게 임했습니다. 걷잡을 수 없이 혀가 꼬였으며 내가 얼마나 뛰었는지 내 몸은 뒤로 돌아 있었고 뒤에 있던 사람과 얼굴과 얼굴이 부딪히는 바람에 나도 놀라고 뒷사람도 깜짝 놀랐습니다.

기도를 인도하시는 목사님의 멘트가 들릴 때마다 지금 내게 일어나고 있는 일을 그대로 말씀하고 계셨습니다. 마귀에게 그 동안 당한 것이 얼마나 억울하고 원통하고 분한지 펄쩍펄쩍 뛰며 울고 또 울며 싸우고 쳐내는데, "억울할 것이다. 원통할 것이다. 울지 않을 수가 없을 것이다." 라고 김재선 목사님께서 내게 보여지는 상황을 환히 보시며 그대로 말씀하시는 것이 아닌가! 내 앞에 보여지는 상황은 실로 엄청났습니다.

나는 하나님께 결코 기도 쉬는 죄를 범하지 않겠다고 굳게 약속했건만 이 모든 일이 기도 쉬는 죄로 인해 억눌리고 지긋지긋하게 끊지 못한 대물림의 저주, 가난의 저주, 풀어지지 않는 이 모든 일들이 모두 나 때문에 일어난 것을 깨달으며 얼마나 몸부림을 쳤는지 모릅니다. 참으로 원통하고 억울하여 몸부림치면서 얼마만큼 쳐 냈을까! "이제는 모든 것이 하나하나 풀릴 것이다." 라는 목사님의 멘트가 들리면서 내 가슴 속이 후련했고 참으로 가볍게 느껴졌습니다. 그리고는 감사함으로 울기 시작했는데 얼굴은 온통 땀과 눈물로 범벅이 되었습니다. "16시간의 집중기도"를 통해서 하나님께서 제게 이런 맛을 보여 주셨습니다.

「기도훈련 전문반」과 「16시간 집중기도훈련」을 마치고 「지리산 실전기도훈련」에 참석하던 날, 김재선 목사님께서 사단과 사투를 벌이며 승리의 깃발을 꽂았던 그 기도의 현장에서 밤을 꼬박 새워가며 기도하는 것을 얼마나 사모했던지, 나는 누구보다도 기대감으로 흥분되어 있었습니다. 그리고 마음의 단단한 각오를 가지고 지리산 실전기도에 임할 것을 결심했습니다. 하나님은 간절히 찾고 찾는 자에게 만나 주시고 사모하는 자에게 만족을 주신다고 말씀하셨기에 저는 첫날부터 기도하는 일에만 전념했으며 기도하기 위해 몸을 조절했습니다.

「지리산 실전기도훈련」은 저녁 식사를 마치고 잠시 수면을 취한 후에 지리산의 가파른 산길을 따라 들어가 800미터 첩첩 산중 골짜기에서 밤 10시부터 날이 샐 때 까지 밤새도록 기도함으로 인간의 한계를 뛰어넘는 기도에 도전해 보는 특수부대식 능력기도의 실전 과정이라 할 수 있습니다. 밤에 차로 이동을 하면서 지리산 속으로 깊이깊이 들어가는데 정말 상상이 가질 않았습니다. 와! 이런 곳을 김재선 목사님이 혼자 다니셨다니! 생각만 해도 몸이 오싹해졌습니다.

기도 장소에 도착하니 선발대 목사님들이 비닐로 천막을 쳐놓았는데 웬만큼 비가 와도 기도하는 데에는 아무런 지장이 없었으며 저는 기도하기 위해 최대한 편한 자리와 자세를 잡았고 정말로 사모하는 마음으로 죽기 살기로 열심히 기도했으며 오직 주님만 바라보고 기도에 몰입하고 또 집중했습니다.

마지막 날이 되자 저녁 식사 후에 잠깐 취하는 수면도 마다하고 이 밤에 끝장을 보리라 굳게 결심하고 마음에 다짐을 하면서 선두차로 격전지를 향하여 출발했습니다. 기도의 장소에 도착해 보니 전날에 비가 많이 와서 천막이 흐트러져 있었고 모두 힘을 모아서 천막을 정리하고 난 후에 최대한 김재선 목사님과 가까이 하기 위해서 자리를 잡았습니다. 기도가 시작되고 마치는 시간까지 몰입과 집중이 잘되었으며 있는 힘을 다하여 열심히 몸부림을 치면서 기도했습니다. 그때 김재선 목사님의 외침이 들렸습니다. "사력을 다 하십시오." 저는 정말로 사력을 다 했습니다. 그 순간 영이 뻥 뚫리는 현상을 경험했으며 다른 사람의 기도가 들리기 시작했고 참으로 기도가 신이 났으며 그날 밤이 아쉬웠습니다. 기도를 마치고 새벽에 산을 내려오는데 발걸음이 얼마나 가볍든지 맛 본 자만이 그 세계를 이해 할 수 있을 것입니다.

이 마지막 시대에 김재선 목사님이 가지고 있는 사상과 마인드를 최대한 잘 전수받아 하나님이 원하시고 기뻐하시는 뜻을 잘 깨닫고 훈련을 받아 앞서지도 말고 뒤쳐지지도 말고 주님이 원하시는 분량의 일을 잘 감당하여 하나님 앞에 섰을 때 잘했다 칭찬 받는 하나님의 사람이 되겠다고 다짐해 봅니다. 마지막 때에 소금으로서 꼭 필요한 곳에 쓰임 받고 빛이 되어 하나님의 영광만 드러내는 진실한 종으로 사명을 잘 감당할 수 있도록 이끌어 주시는 〈성령사역연수원〉 원장이신 김재선 목사님과 유미경 사모님께 이 지면을 빌어 감사를 드리며 사랑하고 존경합니다.

🚶 특수부대식 지리산 실전기도훈련

잊지 못할 소중한 체험

이 성 은 목사
(8기 성산교회/서울)

어느 날 제 손에 들어온 "성령의 사람들"이란 〈성령사역 연수원〉의 간증집 책 한권을 하룻밤 사이에 다 읽고서 형용할 수 없는 감동과 용솟음치는 충동으로 인해 연수원을 찾게 되었고 「특수부대식 기도특공훈련 무료세미나」에 참석하게 되었습니다.

세미나 오전 시간에는 이론 강의와 목사님의 능력기도에 대한 경험담을 통하여 감동을 받았고 오후시간에는 능력기도 실습을 하게 되었는데 앞에서 이끄는 대로 땀을 뻘뻘 흘리며 "팍!팍!팍!" 소리를 내면서 목사님을 따라 기도를 하였습니다.

모인 여러 사람들이 각자 다른 기도소리들을 내고 있었지만 그 기도의 소리들이 목사님의 인도하시는 마이크 소리에 따라 한 음색으로 모아지면서 신기할 정도의 힘있는 기도소리가 실내에 울려 퍼지고 있었습니다. 내 귀에는 마치 군사들이 훈련받을 때 나는 씩씩하고 박력있는 소리 그 이상의 소리로 들려오면서 흥겹게 기도를 하도록 인도해 주셨습니다.

능력기도에 깊은 관심을 가지고 「기도훈련 전문반」 8기에 등록하여 16주 과정의 기도훈련을 마치고 2011년 7월 4일부터 3박 4일간 「지리산 실전기도훈련」에 참여하게 되었습니다. 원장 김재선 목사님께서 사선의 고비를 넘나들 때 지리산에 올라 기도하는 가운데 질병의 고침과 하늘의 갖가지 능력을 받았다는 바로 그 지리산의 기도 처소에 간다고 생각하니 설레이는 마음과 함께 기대감이 생기길 시작했습니다.

이윽고 현지에 도착하여 숙소에 여장을 풀고 산기도 준비를 한 다음 밤10시경 산을 오르기 시작하는데 비포장 산길을 승합차로 이동하여 40분이상이 걸렸고, 도착하여 주차하고 오솔길을 따라서 또 20분 정도 더 걸어 올라가야 했는데 그 길은 거의 바위 암반들로 이루어진 길이었습니다. 이런 험악하고 깊은 산속에서 김재선 목사님이 혼자 그렇게 많은 세월동안 밤을 새워가며 기도하셨다고 생각하니 놀라지 않을 수 없었습니다.

후에 설명을 들었는데 이곳은 지리산 800미터 정도가 된다고 하였습니다.

목적지에 올라보니 남자 목사님들이 선발대로 오셔서 나무와 나무들을 이용하여 비닐로 밤이슬이나 비를 맞지 않도록 하우스 같은 아늑한 장소를 만들어 놓아서 우리 여자들은 자리를 잡고 바로 기도에 들어갈 수 있었습니다.

「지리산 실전기도훈련」 둘째 날 산에서 능력기도를 하는 중에 일어난 일을 통하여 하나님께 영광을 돌려 드리고, 함께 은혜를 나누고자 합니다.

〈성령사역연수원〉에서 훈련받은 대로 기도를 시작하여 치고 들어가고, 치고 나가며 전진하는 기도를 할 때 저와 같은 음색으로 기도하는 목사님이 주위에 계셔서 더욱 힘 있게 보조를 맞추며 기도할 수 있었는데, 기도하는 광경이 환상으로 보여 지면서 그 목사님과 함께 전진하여 가시밭길을 헤치며 산을 향하여 오르고 있었습니다.

앞에 거미줄 같은 줄이 엉키어 방해하는 장애물을 만날 때 마다 박력있는 능력 기도로 예수님의 이름을 부르며 파괴하고, 또 쳐내고 전진하고 힘차게 산을 올라가고 있었고 또 뒤를 따르며 함께 동참한 군사와 같은 여러 목사님들이 있었습니다.

힘을 합하여 기도하며 전진하며 위로 올라가는 기도를 하는 중에 계속되는 환상을 통하여, 굵은 실이 보였고, 검은 옷을 입은 한 남자가 보였는데, 우리가 기도하는 장소의 3층으로 되어 있던 곳 중에서 2층에 누워 있었습니다.

잠시 시간이 지난 후 내가 기도하고 있는 1층으로 내려와 누워서 나를 한쪽 눈만 뜨고서 쳐다 보기에 처음에는 기도를 방해하는 사단인줄 알고 쫓으려고 하였습니다.

그리고 어두운 주위를 둘러보니 호야 등불이 켜진 곳이 보였고, 주위가 밝아졌습니다. 그 중에 불이 켜지지 않은 호야등도 있었습니다. 그 자리에는 쇼핑백이 놓여 있는데 호야 등불이 켜있는 숫자 만큼의 쇼핑백이 보였습니다. 그 검정색 옷을 입은 남자가 선물로 주려고 들고 온 것이었는데 알고 보니 그 사람은 사단이 아니라 우리 기도를 도와주려고 온 천사였습니다.

많은 장애물을 통과하게 되었을 때 밑은 절벽이고 돌을 딛고 길을 따라 한층 더 높게 올라가야 정상을 밟을 수 있었는데 그곳은 올라가기가 쉽지 않았습니다.

그때 다시 검정색 옷을 입은 남자분이 도우셔서 정상에 오를 수 있었고, 높은 산 위의 평지에 이르게 되니 우리 모두 좋아서 기뻐하고 또 기뻐하며 승리의 노래를 불렀습니다.
정상에 오른 자들을 향하여 선물이 쇼핑백에 준비되어 있다고 하니 더 좋아들 했습니다.
그때 제가 받은 선물은 나팔이었습니다. 그 나팔은 힘, 권세, 아름다움을 상징하는 것이라고 알려주었습니다.
어떤 목사님은 지팡이를 받았다고 했습니다.

모두 큰 기쁨으로 정상에서 처음 시작한 잔디가 가득한 장소로 내려와 함께 서고 발을 맞추어서 제자리에 서니까, 어렴풋이 날이 밝아 옴을 느낄 수 있었고 실제로 김재선 목사님이 마무리 기도를 하시는 것이었습니다.
영의 세계로 이끌어 내어 전진하게 하고 우리의 기도가 승리의 정상에 올라 천사가 준비한 선물까지 받게 하고 승리의 개가를 부르며 기도를 마무리해야 할 시점에서 우리의 영의 일어난 모든 것을 살피고 계시다가 정확히 멈추게 하시는 목사님의 깊이 있는 영력과 그 영권앞에 절로 감탄이 나올 수 밖에 없었습니다.

지리산 실전기도!

말만 들어도 뭔가 영적인 분위기가 풍겨져 왔었는데 실제로 그 지리산 현장에 올라 기도해보니 그 옛날 김재선 목사님에게 역사하셨던 지금도 살아계신 하나님께서 우리의 기도도 들으시고 응답과 선물로 축복해 주신 것을 생각하면서 이번 여름 「지리산 실전기도훈련」은 잊지 못할 영적으로 너무 귀한 체험의 시간이었음을 자랑하고 싶습니다.

이런 소중한 체험을 갖게 하신 김재선 목사님에게 감사드리며 목사님을 진심으로 존경합니다.

🏃 특수부대식 지리산 실전기도훈련

저 높은 곳을 향하여

한 춘 화 목사
(8기 기적의 교회/아산)

성령사역연수원에서 특수부대식 능력기도 훈련을 받는 사람이라면 누구나 김재선 목사님의 능력기도의 체험 현장인 지리산 실전기도를 꼭 참석하고자 하는 사모하는 마음이 있을 것입니다. 저도 예외는 아니었습니다.

「지리산 실전기도훈련」을 출발하는 2011년 7월 4일 월요일 이른 아침부터 이번 주간의 날씨 정보에 귀를 기울이며 우주만물을 창조하시고 주관하시는 하나님께 전적으로 맡기면서 각자 배치된 차량에 몸을 싣고 연수원을 출발하여 숙소인 남원시 운봉읍에 있는 지리산 대덕 리조트에 도착하였습니다. 각자 배정받은 방으로 가서 짐을 풀고 잠시 휴식을 취한 후 계획된 일정에 따라 진행하게 되었는데 우리는 어느 해보다도 더 좋은 환경에서 실전기도를 할 수 있게 되었다는 말을 듣게 되었습니다.

숙소는 호텔 못지 않았고 기도의 현장도 비가 오더라도 계속 기도할 수 있도록 비닐 텐트로 완벽하게 준비가 되었으며 식사도 때를 따라 충분한 영양식으로 공급하여 비록 집을 떠났어도 전혀 불편한 점이 없었습니다. 이 모든 배려와 준비는 김재선 목사님의 주도면밀한 계획과 연수원 관계자들의 따뜻한 보살핌이라고 생각합니다. 지리산 실전기도가 해를 거듭할수록 이처럼 내실이 튼튼해지고 모든 여건과 환경이 발전되어 가는 모습은 다음에 참여하는 기수들에게 더 큰 기대와 관심을 불러일으킬 수 있을 것이라 생각됩니다.

「특수부대식 지리산 실전기도」는 〈성령사역연수원〉 원장이신 김재선 목사님께서 생명을 걸고 기도하였던 장소인 지리산, 일명 세걸산 800미터 능선에서 3박4일 동안 밤을 꼬박 새워가며 기도함으로 인간의 한계를 뛰어넘는 기도에 도전해 보는 과정이라 할 수 있습니다. "특수부대식 능력기도 기본훈련"을 받으신 분은 누구나 도전하여 참석할 수 있는 좋은 기회이기에 저도 「특수부대식 기도훈련 전문반」 8기 과정을 마치고 금번 「지리산 실전기도 훈련」에 참석하게 된 것입니다.

그동안 훈련 받아온 능력기도의 실력으로 800미터 되는 지리산 고지에 올라가서 기도해야 하는 시간이 가까워오자 갑자기 두려운 마음이 들었습니다. 70의 나이에, 몸무게는 쌀 한 가마니나 되는 체구로 야밤에 800미터나 되는 지리산 고지를 향해 올라가야 한다고 생각하니 진땀이 저절로 나왔습니다.

지금껏 살아오면서 산행은 커녕 걸음도 제대로 걷지 못하는 '느린 거북이'로 통하는 내가 3일 동안 제대로 목적을 달성할 수 있을까? 하는 의심이 솟구쳐 나의 기를 꺾었기 때문입니다.

그래서 처음의 기대와는 달리 내가 기도의 현장에 올라가서 기도의 영성과 능력을 발휘하여 새로운 기도의 경지와 영의 세계를 체험하는 것이 나의 목적이 아니라 오직 안전하게 머리털 하나, 뼈 한마디도 상하지 않고 지리산 기도의 현장까지 잘 올라갔다 잘 내려오는 것에 나의 희망을 두는 상황으로 변해 있었습니다.

어느덧 밤10시가 되자 우리가 숙소를 떠나 각자 지정된 승합차를 타고 40~50분 걸리는 목적지를 향하는 장면이 마치 영화 속에서나 볼 수 있는 특수부대 작전을 방불케 했으며 깊고 깊은 산속으로 들어가는 데 왼쪽은 보이지 않는 산들로 쌓여있고 오른쪽은 가파른 낭떠러지 뿐이었습니다. 차량이 들어갈 수 있는 곳까지 들어간 후에 우리는 모두 차에서 내려 20~30분 걸리는 산행을 시작했습니다. 산으로 올라가는 길은 겨우 한 사람이 다닐 수 있는 외길이었고 바위투성이라서 자칫 잘못하여 발을 헛디디면 계곡으로 떨어지는 위험한 길이었습니다.

저마다 안간힘을 다하여 조심조심 하면서 정상을 향하였는데 나도 그렇게 올라가다가 나중에는 네발로 엉금엉금 기어서 올라가기에 바빴습니다. 내 평생에 처음 접해보는 산행이기도 했지만 이처럼 가파르고 험한 바위 길을 걷기는 처음이었습니다. 참으로 난감한 현실이었지만 나는 있는 힘을 다해 남자 목사님들의 부축을 받으면서 제일 꼴찌로 올라갈 수 있었고 온 몸은 땀으로 범벅이 되었지만 지리산 실전기도의 현장에 도착하였다는 안도감과 쾌감은 뭐라 형언할 수 없을 정도였습니다. 상상할 수 없는 이 훈련이야말로 나의 일생일대의 길이 남는 체험이었습니다.

저는 「지리산 실전기도 훈련」 을 통해서 산 기도에 대한 체험과 노하우를 터득하게 되었고 어떻게 해야 밤을 꼬박 새우며 철야기도를 할 수 있는지 방법을 알게 되었습니다. 특별히 기도하는 사람은 누구나 산 기도에 대한 열망이 있지만 시간과 환경의 제약과 산 기도에 대한 경험부족으로 잘 하지 못하는 경우가 많은 듯합니다.

그런데 〈성령사역연수원〉에서 「지리산 실전기도훈련」 을 통해 산 기도를 할 수 있는 기회를 제공해 주어서 얼마나 감사한지 모릅니다. 그것도 땡중이 30년 동안 도를 닦았던 곳을 김재선 목사님이 생명을 내놓고 사투를 벌이면서 기도하여 악한 영을 물리치고 그 땡중을 영권으로 밀어 내어 승리한 그 장소에서 밤을 꼬박 새워 기도할 수 있는 기회가 주어진 것입니다.

철야 산 기도를 통하여 영의 깊은 경지와 응답과 영권을 확실히 경험할 수 있도록 이끌어 주시니 악한 영들과 대적했던 실감나는 장소에서 현장감있는 실전기도를 하였으니 이것이 바로 하나님의 은혜가 아니겠는지요?

지리산 실전기도는 그동안 배우고 익혔던 능력기도의 실력과 영권을 마음껏 발휘할 수 있는 좋은 기회였고 산 기도에 대한 깊은 경지를 체험할 수가 있었으며 밤을 새워가며 철야 기도할 수 있다는 자신감을 갖게 만들어 주었습니다.

지리산 실전기도 셋째 날이 되자 날씨가 흐려서 비가 올 듯 말 듯 하였는데 나 혼자 올라가기도 힘든데 이끼가 낀 돌이 더 미끄럽지 않을까 하는 염려로 마음이 무거워졌습니다.

하지만 그날 밤 산행하기까지 우려하던 장마 비는 오지 않았으나 밤을 새우며 기도가 한창 무르익어갈 때쯤 되어 소나기가 잠시 퍼붓기 시작했습니다. 그러나 장마 비에 대비하여 완전무결하게 설치한 비닐 텐트는 크게 소용돌이 없이 잠시 내린 비를 막을 수가 있었습니다.

연수원생들의 뜨거운 기도는 먼동이 트는 그 시간까지 계속되었고 김재선 원장 목사님의 마무리 안수 기도로 지리산 실전기도를 승리로 마칠 수 있었습니다. 할렐루야!

「지리산 실전기도 훈련」은 나에게 자신감과 큰 담력을 주었으며 특별히 나이 70에 내 발로 지리산 800미터 고지인 실전기도의 현장에 올랐다는 뿌듯함을 맛보게 해주었고 밤을 꼬박 새워가며 철야기도 했다는 성취감을 주었습니다.

연수원 원장 김재선 목사님이 펼쳐서 알게 해 주신 기도의 영의 세계에 오르는 사람들이 많이 배출되어 세상에 영향력을 행사할 수 있는 그날이 속히 오기를 기대하면서 "저 높은 곳을 향하여" 끊임없이 전진하고자 하는 꿈의 나래를 펼쳐봅니다.

정말 우리가 체험했던 지리산 실전 기도의 현장이 한국교회의 역사적인 장소로 길이 남아서 능력기도를 통하여 영권을 가지고 영계를 주름잡는 영걸들이 마지막 시대를 주도해 나갈 수 있기를 기대하여 봅니다.

이제 〈성령사역연수원〉은 나에게 있어서 잊을래야 잊을 수 없는 꿈의 고향과 같은 곳이 되었습니다. 목회은퇴를 해야 할 때에 다시 한번 꿈을 접지 않고 활짝 꽃 피울 수 있는 기회를 갖게 한 곳이 바로 〈성령사역연수원〉이기 때문입니다.
잃어버렸던 꿈이 현실이 되기까지 나는 일어나 달려갈 것입니다. 열심히 뛰어갈 것입니다. 나에게 다시 한번 꿈의 나래를 펼 수 있는 기회를 주신 〈성령사역연수원〉과 김재선 목사님께 감사드립니다. 그리고 사랑합니다.

※ 기도훈련 지도자반

하나님이 원하시는 지도자가 되기 위하여

박 태 종 목사
(1기 은혜와 평강교회/서울)

하나님이 원하시는 지도자가 되기 위해서는 어떻게 해야 하고 어떤 길을 걸어야 하며 또 어떻게 훈련되어져야 할까? 지도자는 처음부터 지도자로 태어나는 것일까 아니면 만들어지는 것일까? 그렇지 않으면 스스로 터득해 가는 것일까? 내 자신에게 수많은 질문들을 던져 보았습니다.
선천적으로 타고나는 사람도 있겠지만 대다수의 사람들은 태어나서 배우고 훈련하는 과정을 통하여서 다듬어지고 만들어지며 혹독한 훈련과 역경속에서 참된 지도자로 세워지는 것이 아닐까 하는 생각을 해 봅니다.

사람들로부터 인정받을 뿐만 아니라 하나님으로부터도 인정받는 지도자가 되려면 어떻게 해야 하나 고민하고 있을 때 〈성령사역연수원〉에서 「특수부대식 기도훈련 지도자반」 1기 과정이 개설되어 망설임 없이 지원하게 되었고 이 과정을 통하여 미처 알지 못했던 기도의 많은 방법과 원리들을 깨닫게 되었으며 또한 지도자로서 갖추어야 할 지도자론 교육을 받으면서 많은 것들에 대해 알게 된 것이 너무나 감사하고 목회 사역에 큰 유익이 되고 있습니다.

「기도훈련 지도자반」은 「특수부대식 기도훈련 전문반」에서 쌓아왔던 능력기도를 점검할 수 있는 좋은 기회가 되었으며 무엇보다도 능력기도의 기본부터 하나씩 하나씩 확인하고 다질 수 있는 귀한 시간이었습니다. 기도 벨트를 매는 것에서부터 시작하여 기도의 바른 자세를 취하도록 교정을 받으며 능력기도의 기본이 되는 치고 들어가는 기도, 치고 나가는 기도, 치고 올라가는 기도를 한 부분씩 나누어서 반복 실습하므로 자유자재로 영의 감각을 따라 소리를 내보게 하는 훈련을 통하여 기본기를 충실히 다지도록 하는 과정으로 진행되었습니다.
목요일에 하는 「기도훈련 전문반」에서는 연수원생들과 함께 어울려 기도하기 때문에 내가 허리에서 제대로 소리를 내고 있는지 내가 하고 있는 기도가 제대로 잘 하고 있는지에 대하여 검증받을 방법이 없었는데 「기도훈련 지도자반」에서는 한 사람씩 혹은 몇 명씩 조별로 앞에 나와서 마이크를 잡고 직접 기도해 봄으로 기도의 자세는 바르게 되었는지, 허리에서 소리가 나오고 있는지, 아니면 목, 가슴, 배에서 소리가 나는지를 김재선 목사님께서 직접 확인해 주시고 잘못된 것을 바로 잡아 주시니 얼마나 큰 도움이 되었는지 모릅니다.

지도자반에서 훈련을 받으면서 강단 앞에 나와 마이크를 잡고 기도를 인도한다는 것이 생각처럼 쉽게 되지 않는다는 것을 실감하게 되었고 앞에서 직접 인도하다 보면 얼마나 숨이 차고 긴장되며 진땀이 흐르는지 김목사님의 강력한 영권있는 소리로 인도하시는 평소의 모습이 존경스럽게 느껴졌습니다.

그러나 이 과정을 처음 시작할 때는 어떻게 이 과정을 잘 마치고 기도를 제대로 인도할 수 있는 지도자로 세워질 수 있을까하는 염려를 안고 시작하였었는데 1년이 다 되어가는 지금은 자세도 바르게 잡혀가고 허리에도 힘이 제대로 실려 영권있는 기도 소리를 내게 되었으며 리듬을 타는 것도 어느 정도의 영적 감각이 익혀져 자신감을 가지고 기도하게 되었습니다.

나 자신에게는 놀라운 변화와 성장이 아닐 수 없습니다.

「특수부대식 기도훈련 전문반」에서 기도한다고 나름대로 열심히 했지만 영의 감각을 느끼지도 못하고 알 수도 없었던 그리고 제대로 이해가 안 되어 깨닫지 못했던 기도의 방법과 원리들이 「기도훈련 지도자반」에서 훈련을 받으므로 이제는 깨달아지고 몸으로 느껴지며 영의 감각으로 기도하는 단계까지 이르게 되는 장족의 발전을 하게 되었습니다.

특히 기도를 인도하는 지도자일 경우에는 더욱 더 지도자로서의 자질을 갖추어야 함을 알게 되었고 하나님의 영의 세계를 분명히 알고 깨달아 영의 눈을 갖고 분별하여 기도를 이끌어 갈 때 회중들을 올바른 기도의 세계로 이끌어갈 수 있다는 것을 알게 되었습니다.

그리고 지도자는 기도만 한다고 되는 것이 아니라 인성적인 면에서 다듬어지지 않으면 결코 지도자가 될 수 없음을 알게 되었고 동시에 지도자로서 갖추어야 할 인성에 대한 교육을 받음으로 그동안 내가 품었던 많은 의구심들을 해결할 수 있었으며 지도자로서 제 자신을 다듬어 갈 수 있는 방법들을 터득하게 되었습니다.

그동안 지도자반에서 지도자론의 인성교육을 받으면서 깨닫고 은혜 받은 내용 중에 지도자가 갖추어야 할 덕목들 가운데 몇 가지를 소개하려고 합니다.

지도자가 되려면 자기가 속한 단체의 소속감이 분명하고 자부심과 우월의식을 가져야 되며 그 단체의 홍보맨이 되어야 한다는 것입니다. 자기가 속한 단체에 대한 자부심과 우월의식이 없이는 절대로 지도자가 될 수 없다는 것입니다.

지도자가 되기 위해서는 말에 실수가 없어야 하고 지도자는 자기가 한 말에 대해서는 끝까지 책임을 져야 하며 말을 적게 하되 흑백을 정확하게 말해야 합니다.

또한 지도자는 의지가 강한 정신력을 소유해야 하며 자기 자신을 이기는 의지가 있어야 하는데 지도자의 강한 의지와 정신력은 강한 지도력을 의미하며 자기 자신을 이기려는 의지가 없으면 지도자가 되려는 꿈을 꾸지를 말아야 한다는 것입니다. 지도자의 성패는 정신력에서 결판이 난다고 하여도 과언이 아닙니다.

지도자는 육체와 정신과 마음과 삶이 건강해야 하며 건강하지 않은 육체를 가진 사람은 지도자가 될 수 없다는 것입니다. 지도자는 다른 사람보다 열배, 백배 더 힘든 일을 감당해야 하기 때문에 지도자에게 건강은 필수 요건입니다. 아무리 유능한 지도자라 할지라도 건강은 잃는 그 순간 지도자로서 지도자의 역할을 감당해 내지 못하게 된다는 것입니다.

지도자는 마음도 건강해야 하는데 감정의 변화가 심하지 않고 깊은 호수의 물과 같이 항상 잔잔해야 한다는 것입니다. 감정의 변화가 심하면 지도자가 될 수 없습니다. 지도자는 감정에 따라서 일을 하는 것이 아니고 하나님의 뜻과 원칙, 공의를 따라서 일을 해야 하기 때문에 지도자의 마음은 건강하여 감정의 진폭이 없어야 자신의 마음을 잘 다스리고 절제할 수 있어 일의 옳고 그름을 정확히 판단하여 지도자로 대성할 수 있는 것입니다. 지도자의 마음은 사람의 마음이 아니라 주님의 마음을 소유하고 있어야 하며 주님의 마음이 없으면 주님의 일을 하는 지도자가 될 수 없다는 것입니다. 그렇기에 주님의 마음은 자기를 희생하여 생명을 살려 하나님의 나라를 이루려는 마음을 갖고 계셨고 지도자에게는 이런 마음이 반드시 있어야 합니다.

한 알의 밀이 죽어 많은 열매를 맺는 것처럼 지도자가 주님의 마음을 소유하여 자기를 온전히 헌신함으로 생명을 살려 하나님의 나라를 이루려는 마음을 소유하고 있으면 하나님은 그 사람을 분명히 들어 사용할 것입니다.

무엇보다 지도자는 불의한 마음을 소유하고 있어서는 안 된다는 것입니다. 자기의 유익을 챙기려고 다른 사람의 사역을 방해하거나 비방하는 소인배의 마음을 가지고 있어서는 지도자라고 말할 수 없으며 내게 아무리 유익이 주어진다고 할지라도 불의를 버리고 손해를 보더라도 의로운 길을 선택하여야 지도자인 것입니다.

또한 지도자가 남을 도우려는 긍휼의 마음이 없으면 주님과 상관없는 일을 하게 되는 것이며 긍휼의 마음이 있을 때 주님께서 원하시는 일을 할 수 있는 것입니다. 지도자는 주님의 마음을 가지고 울어줄 수 있는 마음이 있어야 하며 진실한 마음으로 울고 기도하면 주님이 병든 자도 고치고 어려움도 해결해 주십니다. 그 외에도 많은 내용들이 있지만 제가 지도자반에서 훈련을 받으면서 알게 되었던 요소들을 정리해 보았습니다.

「특수부대식 기도훈련 지도자반」은 단순히 기도만 가르치는 것이 아니라 지도자로서 갖추어야할 중요한 인성들을 배우고 정신무장을 하도록 하여 참다운 지도자로서의 길을 걷게 만들어 줍니다.

귀한 기회를 허락하신 하나님께 감사드리며 〈성령사역연수원〉 원장 김재선 목사님께 감사를 드립니다.

👤 기도훈련 지도자반

업그레이드된 능력기도

박 인 구 목사
(1기 호암교회/논산)

저는 목회자들이나 성도들에게 누구를 막론하고 기도는 정말 재미있는 것이니 기도하자고 강조하는 목사입니다. 믿는 사람이 기도하기 싫어하겠느냐고 말할지 모르지만 아직도 기도를 부담스러워 하는 목회자와 성도들이 있는 것 같습니다. 이런 사람들과 대화를 하고 나면 왠지 가슴이 답답해져 옴을 느낍니다.

그러나 다행스럽게도 〈성령사역연수원〉에서 목요일마다 하는 「기도훈련 전문반」에는 우리가 해야 할 영적 전쟁의 최고봉인 능력기도를 하는 사람들이 많이 있습니다.

하나님의 섭리에 따라 많은 기도의 체험과 다양한 기도를 섭렵해본 저로서는 〈성령사역연수원〉의 능력기도처럼 강력하고 분명한 기도는 없다고 확신하며 사람들을 만날 때마다 자신 있게 말씀드리면서 권면하고 있습니다.

이렇게 연수원의 능력기도가 더 많은 사람들에게 알려지기를 바라는 마음이 간절하기도 했지만 개인적으로는 이 기도를 인도할 수 있는 능력을 갖출 수 있도록 「기도훈련 지도자반」이 하루 빨리 개설되기를 바라고 있었습니다.

그러던 중 2010년 9월부터 〈성령사역연수원〉 원장 김재선 목사님께서 오랫동안 기도하며 준비해 오셨던 「제1기 기도훈련 지도자반」을 드디어 시작하게 되었습니다. 과연 지도자로서 기도는 어떻게 해야 하는 것이며 지도자반은 무엇이 다른가 하는 점이 시작도 하기 전부터 몹시 궁금하였습니다.

「기도훈련 지도자반」은 지도자로서 갖추어야 할 자질에 대한 인성 교육과 능력기도를 인도할 수 있는 이론과 실기를 체계적으로 훈련받는 과정으로 되어 있습니다. 김재선 목사님은 강의를 통해서 지도자가 되려면 제대로 훈련을 받아본 경험이 있어야 다른 사람들을 훈련시킬 수 있다고 강조하셨습니다.

김 목사님은 목회하기 전 체육관 관장으로 있을 때 제자들 가운데서 몇 명의 국가대표 선수들을 배출하신 경험이 있기 때문에 그 노하우를 바탕으로 철저하고 강력하게 「기도훈련 지도자반」을 이끌어 주고 계십니다.

저는 지도자반을 시작하기 전에는 기도에 대한 실기와 그 실력 배양을 중요하게 생각했었는데 훈련을 받다보니 지도자가 갖추어야 할 것은 기도의 실력에 앞서 인성 부분이 더욱 중요하다는 것을 김재선 목사님의 귀가 아프게 하시는 말씀을 들으며 머리와 가슴에 새기게 되었습니다.

지도자가 되려면 다른 사람과 근본적으로 마인드가 달라야 하고 행동 또한 달라야 하며 가치관이 달라야 한다는 점을 강조하셨습니다. 지도자의 인성을 강조하시는 지도자론 강의를 듣는 가운데 "지도자의 눈을 가지라"는 제목의 강의는 저에게 많은 은혜와 도전이 되었습니다.

강의를 통해서 지도자는 사람을 훈련시켜 작품을 만드는 자이므로 먼저 사람을 보는 눈이 열려 있어야 한다고 하셨고 재목을 발견하는 눈을 가져야 재목을 발굴하여 훈련을 시켜 위대한 하나님의 사람으로 만들 수 있다고 하셨습니다. 주님은 고기 잡는 베드로를 보는 순간 재목임을 아시고 그를 불러 훈련시켜 제자를 삼아 위대한 사도가 되게 하셨습니다. 그래서 지도자는 현재의 모습을 보지 않고 미래의 모습을 보는 눈을 가지고 있어야 한다는 것입니다.

누구든 훈련 받기 전에는 천방지축이고 제멋대로일 수 있기에 지도자는 현재의 모습을 보는 것이 아니고 그를 훈련시켜 놓으면 그 사람이 어떻게 될 것인가를 보는 눈을 가지고 있어야 한다는 것입니다. 무엇보다도 지도자는 한 가지 목적만을 보는 눈을 소유하고 있어야 한다고 말씀하셨는데 지도자는 한 가지 목적만 보아야 끝까지 한 길을 올인하여 갈 수 있기 때문입니다. 목사님의 강의는 제가 「기도훈련 지도자반」에서 훈련을 받는 목적을 분명히 할 수 있는 충분한 도전이 되었습니다.

능력기도에 대한 실기를 하면서 지도자반에 참여한 거의 모든 사람들은 「기도훈련 전문반」에서 기도했던 것과는 근본적으로 차원이 다르다는 것을 느끼게 되었고 능력기도 훈련을 위한 지도자가 되기 위해서는 기본기부터 잘 다져야 할 필요성을 가슴 깊이 새기게 되었습니다. 「기도훈련 지도자반」에서 김재선 목사님은 기본기를 강조하시고 철저하게 기본기를 훈련시키셨습니다. 그것은 기본기를 제대로 훈련해야 기도의 깊은 세계로 들어갈 수 있기 때문이라고 하셨습니다. 다들 나름대로 열심히 한다고 했지만 정석으로 한다고 하는 것이 결코 쉬운 일이 아님을 실감하게 되었습니다.

목요일마다 「기도훈련 전문반」에서 기도 훈련을 받고 각자의 사역지로 돌아가서 자기 습관대로 익힌 기도를 하다 보니 기초에 충실하지 못하고 제멋대로의 기도를 한다고 지적하면서 한 사람씩 교정을 받으며 훈련을 받았습니다. 자신의 스타일대로 했던 기도를 정석으로 고쳐간다는 것은 처음부터 다시 배우는 것보다 더 힘들었고 능력기도를 시작하는 입문 때부터 배운대로 기초를 충실히 해두었더라면 훨씬 많은 시간을 아끼고 빠른 기도의 성장과 진보가 있었을 것이라는 아쉬움이 있었습니다.

지도자반 훈련에서는 「기도훈련 전문반」과는 차원이 다른 영력 있는 기도와 허리에서 나오는 발성법, 목에서 나오는 소리와 가슴에서 나오는 소리와 배에서 나오는 소리의 분별법과 교정, 시선 처리 하는 법, 마이크 잡는 법, 서서 기도할 때의 올바른 자세, 대중의 기도를 이끄는 방법, 능력기도의 정석인 치고 들어가는 기도와 치고 나가는 기도 그리고 치고 올라가는 기도,

리듬을 타며 하는 기도, 테크닉을 주며 하는 기도, 영의 세계마다 다른 기도 등 체계적인 맨투맨 식의 훈련을 받았습니다.
또한 한 단계 한 단계 자세하게 설명을 해주시며 마이크를 잡고 강단 앞에 나와서 인도하는 훈련을 하게 하실 때 때로는 다리가 후들거리기도 하고 온몸이 땀으로 샤워한 듯 했으며 잠간동안의 휴식도 허락하지 않을 정도로 그야말로 스파르타식 훈련이라 해도 과언이 아닐 정도였습니다.
「기도훈련 전문반」에서 했던 능력기도보다 더 깊은 차원의 이론과 실기를 통해서 지도자로서 가져야 하는 강한 자신감과 더불어 영적인 감각을 따라 기도할 수 있는 단계까지 성장하게 되었습니다. 이 외에도 지도자반 훈련을 함으로 기도하면서 가장 힘든 부분인 집중과 몰입이 되어 잡념 없이 무상무념의 기도가 어렵지만은 않게 되었습니다.

지도자다운 기도의 실력도 필요하지만 지도자로서 갖춰야 하는 인성, 생활, 자질, 체력 등 이론과 실기를 철저히 겸비하여 한 시대를 이끌어 갈 수 있는 능력기도의 선두 주자가 되도록 이전보다 더 업그레이드 될 수 있었던 기회였습니다.
처음에는 앞에 한 사람씩 나가서 하는 실기에 심장이 뛰어 망설이던 사람들이 이제는 스스로 자원해서 마이크를 잡을 정도로 담대함과 자신감이 생겨났습니다. 지난주와 이번 주가 다르게 실력이 향상되고 있는 성취감을 보이는 멋진 모습들을 가지고 지도자반에 대한 뿌듯함과 만족감을 더해가고 있으며 「기도훈련 전문반」에서는 다루지 못하는 부분을 더 체계적이고 수준이 다르게 가르쳐 주시기 때문에 남다른 자부심을 가지게 되었습니다.

그리고 경쟁자로 함께 출발했던 우리였지만 이제는 훈련받다가 때때로 너무 힘들고 지칠 때 서로 격려하고 배려하는 돈독한 정이 생겨 지도자반의 사랑을 더해가고 있습니다.

구체적으로 기도의 방법을 설명하시고 기도 실기를 시키면서 잘 따라오지 못하는 우리들에게 '그러다가 날 샌다, 날새!' 하며 면박을 주기도 하지만 지도자반에 대한 목사님의 애착과 사랑의 마음을 우리는 잘 알고 있습니다.

금년 2월에 끝나야 될 지도자반 과정을 더 연장해 주시면서 까지 참된 능력기도 훈련 지도자를 세우고자 쏟아 주시는 목사님의 희생과 열정에 감사가 절로 나옵니다.

〈성령사역연수원〉 「제1기 기도훈련 지도자반」 과정이 1년이 되었고 아직도 계속 진행되고 있지만 마쳐지는 그날까지 모두가 완주할 수 있기를 기도합니다. 지도자반! 화이팅!

기도훈련 지도자반

시대가 우리를 부를 때가 반드시 온다

이 행 복 목사
(1기 은총교회/서울)

성령사역연수원의 커리큘럼은 기도, 은사, 치유, 영의 세계, 성경 및 설교 등 약 30여 가지의 '기본 세미나' 과정과 '전문반' 과정으로 이루어져 있습니다. 저는 몇 년간 훈련을 받으면서 거의 모든 과정을 공부할 수 있었습니다.

〈성령사역연수원〉에는 여러 '능력기도 훈련과정'이 있는데 처음 코스가 「특수부대식 기도특공훈련」 기본 과정으로 2박3일간 세미나를 하며, 기본과정을 마치고 「기도훈련 전문반」 과정으로 4개월 코스로 매주 목요일 오전10시부터 오후6시30분까지 기도의 영의 세계와 기도훈련을 받게 됩니다. 이때 많은 분들이 능력과 은사와 치유를 받고 많은 문제들을 해결 받습니다. 그리고 1년에 두 차례의 「집중기도 훈련」이 실시되는데 2박3일 동안 16시간 정도 기도하게 됩니다.

이 시간을 통하여 더 깊은 영의 세계를 체험하게 되며 엘리 제사장이 알지 못하여 술 취했다고 책망했던 한나의 입이 동하는 기도의 영의 세계까지 들어갈 수 있는 누구나 반드시 한번 경험해 보아야 할 코스입니다.

또한 1년에 두 번 정도 원장 김재선 목사님께서 생명 걸고 기도 하셨던 「지리산 실전기도 훈련」을 하는데 밤10시부터 새벽 6시까지 쉬지 않고 밤을 새며 인간의 한계를 뛰어 넘는 기도훈련을 받게 되는 것입니다.

이러한 기도 과정을 모두 거친 사람들이 「기도훈련 지도자반」에 들어가 훈련을 받게 되는데 저는 2010년 9월부터 지금까지 「기도훈련 지도자반」에서 훈련을 받고 있습니다.

처음 몇 개월 동안은 지도자의 자질을 갖추기 위한 인성교육을 체계적으로 받았습니다. 김재선 목사님의 강의를 들으면서 지도자의 강한 정신력이 얼마나 중요한지를 알 수 있었습니다.

지도자가 정신력이 강하면 교육받는 사람도 지도자의 강한 정신력에 따라 강도 높은 훈련을 받게 되지만 지도자가 정신력이 약하면 강한 훈련을 시킬 수 없어 나약한 신앙인을 만들게 된다는 것입니다.

지도자반에서는 지도자의 자질에 대한 인성교육 뿐만 아니라 특수부대식 능력기도에 대한 이론과 실기도 체계적으로 배웁니다. 지도자는 이론과 실기가 겸비되어야 하고 이론이 없는 실기는 자기 자신은 기도할 수 있지만 타인을 가르치거나 훈련시킬 수 없기 때문에 능력기도에 대한 이론과 실기가 잘 갖추어져 있어야 지도자가 될 수 있다는 것을 지도자반에서 훈련을 받으면서 재확인 할 수 있었습니다.

'특수부대식 능력기도' 는 허리에 가죽 띠를 띠고 허리를 써서 해야 하는데 세례요한(마3:4,막1:6)과 엘리야(왕하1:8)처럼 허리에 가죽 띠를 띠고 허리기도를 하게 되면 아무리 기도를 해도 목이 잠기거나 성대가 상하지 않고 단기간에 강한 영권이 길러지는 것을 체험하게 됩니다. 허리에서 힘이 나와 소리를 낸다는 것은 결코 쉽지는 않습니다. 부단한 훈련을 통과해야 하는데 육체의 한계를 넘어가게 되면 그때부터 허리에서 소리가 나는데 힘이 덜 들고 파워가 있으며 기도가 되기 시작합니다. 이때부터 시간에 관계없이 얼마든지 기도할 수 있기 때문에 날을 새면서 기도하는 것도 어려운 일이 아닙니다. 그러므로 능력기도는 허리기도라고 할 수 있습니다. 이 허리기도를 지도자반에서는 「기도훈련 전문반」에서 배운 것보다 더 구체적이고 체계적으로 배우고 있습니다.

그러면 이 글을 읽으시는 분들 중에 기도를 묵상이나 목소리, 영으로 하는 것이지 무슨 허리로 기도를 한다고 하는가 라고 생각하실지 모르겠습니다. 물론 평상시에는 그런 기도를 하지만 '특수부대식 능력기도'는 허리에서 나오는 소리로 합니다. 그렇게 하다보면 영의 세계에서 내 생각과 내 뜻이 아닌 하나님의 뜻에 따라 인도함을 받게 되고 내 계획이 아닌 주님의 계획 속에 내가 들어가서 내 목적과 내 방법이 아닌 깊은 영의 세계로 진입할 수 있습니다. 여기서 다 열거 할 수는 없지만 누구든지 자기가 체험하고 아는 것 만큼 말할 수 있습니다. 배워서 아는 것과 경험해서 아는 것은 많은 차이가 있기 때문입니다.

그동안 「기도훈련 전문반」에서는 앉아서 무릎을 꿇고 기도를 했으나 지도자반에서는 서서 기도하게 되는데 처음에는 동작도 어색하고 허리에 힘이 제대로 들어가지 않고 다리에 힘은 없고 온 몸이 땀으로 범벅이 되는 그야말로 맹훈련이었습니다.
언제 이렇게 땀이 범벅이 되도록 기도를 해 보았었는지 말 그대로 지도자반 훈련은 생전 처음 경험하는 그야말로 빡센(?) 훈련이었습니다. 〈성령사역연수원〉에서 행해지는 프로그램 가운데 특히 「기도훈련 지도자반」은 그 어떤 과정보다 엄격하고 강도가 높아 어지간한 의지와 정신력을 가지고는 감히 도전할 수 없는 과정이라고 생각됩니다.

지도자반 과정을 거쳐 지도자로 인정받는 자들을 통해 장차 온 세상에 특수부대식 능력기도가 전파될 것입니다. 가끔 가까운 산에 기도하려고 가보면 이미 능력기도를 하는 사람들이 많다는 것을 알 수 있습니다. 갈릴리의 작은 마을에서 시작된 예수님의 복음이 온 세상을 뒤덮었던 것처럼 능력 기도의 세계는 분명히 우리 〈성령사역연수원〉을 통해 온 세상에 전파될 것을 확신합니다. 지도자반에서 훈련을 받는 저희들은 '특수부대식 능력기도'가 우리를 통해 온 세상에 전파될 것이라는 비전을 가지고 오늘도 땀을 흘리며 강도 높은 훈련을 받고 있습니다.

지도자는 자기가 알고 있고 할 수 있는 것을 가르치고 훈련시키는 것입니다. 스포츠계의 지도자들도 거의 훈련받은 경험이 있는 선수 출신들이라 생각됩니다. 원래 원장 김재선 목사님은 운동선수였었고 태권도를 가르치는 관장님이셨는데 폐결핵으로 죽음 직전에 하나님께서 살려주시고 이 시대에 사명자들을 깨우는 사역을 하시는데 허리에 가죽 띠를 띠고 허리 기도를 먼저 체험하시고 또한 체험한 이 세계를 선수를 훈련시키는 방법으로 우리들에게 논리적이고 체계적이며 조직적으로 지도자반에서 가르쳐 주십니다.

저는 지도자반에서 훈련을 받으면서 많은 분야의 전문가들과 운동선수들의 고충을 이해할 수 있었고 어느 분야든지 지도자가 그냥 되는 것이 아니라 수많은 고통과 수고와 시간과 인내와 땀방울의 결정체라는 것을 알 수 있었습니다.

그리고 무엇이든지 기본기가 잘되어 있어야 한다는 것과 반복 또 반복을 거쳐 어떤 틀이 세워지고 실력이 향상되는 것처럼 우리 지도자반도 같은 맥락의 것이라고 봅니다. 특수부대식 능력기도는 목소리로만 하는 것이 아니라 몸도 같이해야 하는데 입으로, 영으로, 몸으로 리듬을 타며 그 동작 하나하나가 상상초월입니다. 능력기도의 세계에서 가장 기본적인 것이 치고 들어가고, 치고 나가고, 치고 올라가고, 영안을 여는 기도인데, 혼자 할 때는 집중만 되면 얼마든지 잘 되는 것처럼 느껴졌었는데 막상 지도자반에서 제대로 훈련을 받으려고 하니 기본기가 정확해야 한다는 것을 분명하게 깨닫게 되었습니다.
〈성령사역연수원〉은 이처럼 체계적이며 강도 높은 기도훈련을 통해 이 마지막 시대에 하나님의 군사로 세워가고 있기 때문에 세상 어디에도 이와 같은 기도훈련을 시키는 곳은 없다고 믿으며 자부심과 긍지를 가지고 있습니다.

어느 책에서 예수님이 겟세마네 동산에서 기도하실 때에 제자들에게 시험에 들지 않게 깨어 기도하라고 하셨는데 그들이 잠이 들어 기도하지 못했던 것처럼 기도하지 못하는 시대가 온다는 글을 읽은 적이 있습니다. 지금 이 시대는 과연 어떠합니까? 정말 믿는 사람들이 기도에 생명을 걸고 있을까요?
〈성령사역연수원〉에서 진행되는 모든 기도훈련 과정에서는 기도에 생명을 걸고 있다고 감히 말할 수 있습니다.

원장 김재선 목사님께서 하신 말씀이 생각납니다.
"시대가 우리를 부를 때가 반드시 온다."
"준비된 자를 하나님이 찾으신다."
그래서 저는 그 때를 위해서 오늘도 「특수부대식 기도훈련 지도자반」에서 땀을 뻘뻘 흘리며 있는 힘을 다하여 훈련을 받고 있습니다.
이렇게 기도할 수 있도록 건강을 주시고 모든 것에 은혜주신 하나님께 이 모든 영광 돌립니다. 할렐루야!

은사세미나

* 꿈해석 기본반 세미나
* 꿈해석 전문반
* 예언은사 세미나
* 방언 통역 세미나
* 영서 해독 세미나
* 환상 세미나
* 투시 세미나
* 영감 세미나

🧍 꿈해석 전문반

꿈 한편에 그 사람의 모든 정보가 들어있다

한 선 자 사모
(5기 효자교회/전주)

어느날 국민일보에서 「특수부대식 기도특공훈련 세미나」 광고를 보게 되었는데 제목이 특이하고 마음이 끌려서 관심을 가지고 오려서 수첩에 넣고 다니고 있었으나 선뜻 나서지 못하고 1년 정도를 망설이고 있었습니다.

잘 알고 지내던 어떤 사모님과 전화 통화를 하는 중에 요즈음 기도하는 곳을 다니고 있는데 그곳에서는 기도벨트를 메고 허리 능력기도를 한다는 것이었습니다.

그리고 얼마 뒤 국민일보 신문광고에 무료세미나 광고가 나왔고, 알고 보니 내가 신문에서 오려서 수첩에 넣어 두었던 바로 그 〈성령사역연수원〉 이었습니다.

마음에 결정하고 바로 상경하여 맨 앞자리에 앉아 참석하였는데 세미나 전에 유미경 사모님의 찬양인도가 너무나 은혜스러워 마치 천사가 내려와 있는 듯 자태가 아름답고 마음을 열기에 충분한 찬양이었습니다.

찬양 후 이윽고 연수원 원장이신 김재선 목사님의 첫 시간 강의가 시작되었는데 진행하는 동안 나는 속으로 감탄사를 멈출 수가 없었고 목사님의 강한 흡인력있는 말씀 때문에 감격과 충격에 사로잡혀 뜨거운 감사의 눈물을 흘렸습니다.
둘째날 벨트를 매고 기도 실기를 하게 되었는데 내가 원하고 있던 그런 강력한 기도를 하는 것이었습니다. 찾을 곳을 바로 찾아 왔구나 하는 생각으로 참석한 3일 동안의 세미나는 은혜가운데 순식간에 지나가 버렸습니다.

저는 그동안 산 기도 한답시고 지리산 첩첩산중도 아닌 전주시 외곽에 있는 야산에서 15년여 세월을 밤마다 목청껏 부르짖는 기도를 하다 보니 늘 목소리는 쉬어 있었고 전화하는 사람들마다 자다가 받는 줄 알 정도로 목이 잠겨 있었습니다. 그때는 목소리가 쉬어 있는 것이 기도를 많이 한 사람의 증표라는 생각 때문에 스스로 만족하며 자부심을 가지고 있었습니다.
그러나 연수원에 와서 체계적인 기도훈련을 받고 보니 그동안 기도의 분량을 채우려고 몸부림쳤던 것과 산에서 밤마다 밤이슬 맞고 해왔던 15여년 간의 기도가 별로 큰 의미가 없어진 듯 느껴져 더욱 겸손함으로 능력기도의 세계를 가슴으로 이해하고 몸으로 기도훈련에 새롭게 임하고 있습니다.

여러 세미나에 참석하면서 은혜받고 있는 중에 특별히 「꿈해석 세미나」에 관심이 크게 쏠렸습니다.
결혼 전 청년시절부터 매일 꿈을 잘 꾸는 편이었는데 왜 이렇게 꿈을 많이 꾸게 되는 것일까? 또 꿈의 내용을 어떻게 받아 들여야 하고 어떻게 해석을 해야 하는 것인지? 등등 많은 궁금증을 가지고 있었습니다.

그런 문제로 꾸준히 기도하고 있던 중에 언제부터인지 성도들이 꿈 얘기를 하면 해석이 되어지는 것이 아닌가? 그런데 문제는 이렇게 해석을 해 주긴 하지만 다분히 주관적인 것이라서 이것을 검증해 볼 방법이 없었기에 여전히 또 다른 염려를 안고 있었습니다.

그렇게 고민하고 있던 차에 연수원에서 「꿈해석 세미나」를 한다고 하니 귀가 번쩍 뜨일 수밖에 없었고 지대한 관심을 가지고 참석하게 되었습니다.

꿈이란 우리가 잠자는 동안에 하나님께로부터 뇌속에 받는 상징적 계시(단2:28,단4:10,단7:1)라고 그 정의를 말할 수 있습니다. 창세기 15장의 아브라함의 꿈에서부터 시작하여 아비멜렉, 야곱, 라반, 요셉, 바로왕, 솔로몬, 느부갓네살, 다니엘, 동방박사들, 베드로 등, 사도행전 22장의 사도바울의 꿈까지 성경은 꿈판이라고 해도 과언이 아닐 정도로 꿈에 대한 내용이 많이 기록되어 있습니다.

세미나를 듣는 중에 9가지 꿈의 종류와 어떤 요인으로 꿈을 꾸게 되는지, 꿈의 유형에는 어떤 것들이 있는지, 꿈을 주시는 이유는 무엇인지, 꿈 해석 은사자의 주의할 점 등에 대하여 너무 자세하고 깊이있게 설명해 나가는 강의는 지금껏 어느 누구도 감히 언급하지 못했던 그런 내용이었습니다.

더군다나 나로 하여금 너무 놀라워서 정신을 차리지 못하고 이 세미나에 푹 빠져 들게 했던 것은 이런 설명들이 일반적인 자료를 수집해 놓은 것이 아니라 김 목사님께서 여러 해 동안을 거쳐 임상을 통한 개인적 연구와 100% 성경의 원리를 가지고 풀어 나간다는 이 사실이 놀랍다 못해 경이로울 정도였습니다.

그러다가 2011년 4월부터 4개월 과정으로 「꿈해석 전문반」을 하게 되었는데, 이 전문반에서는 이론 강의가 아닌 실제 꿈의 내용들을 제출하도록 하여 참석자가 다같이 상징과 실체를 풀어내고 해석을 해보는 실기과정으로 되어 있습니다.
4개월이 다 마쳐가는 시점에서 꿈 해석 실력이 제법 갖추어졌고 그간 나름대로 고민해 왔던 꿈 해석에 대한 자신감이 붙게 되어 이제는 꿈 이야기를 듣게 되어도 주관적인 기준으로 해석을 하는 것이 아니라 성경적 원리에 의하여 상징과 실체를 풀어가며 어느 정도 객관적인 해석을 할 수 있게 되니 얼마나 감사한지 모릅니다.
꿈의 세계를 깊이있게 이해하지 못하였을 때는 막연하게 꿈속에 무슨 뜻이 있지 않을까 하는 정도로 큰 비중을 두지 않았는데 계시가 있는 영몽의 꿈 한편 속에는 그 사람의 성별, 성격, 재능, 영적상태 등 그 사람의 과거와 현재와 장래에 펼쳐질 일까지의 모든 정보를 담고 있다는 사실을 알고 난 다음부터는 꿈을 하나님이 주시는 가장 정확하고 확실한 응답이요 계시라고 믿게 되었습니다.

다른 은사들은 은사자들의 개인적 생각을 가미할 가능성이 있는 반면 꿈은 잠자는 동안 무의식상태에서 보여 지는 것이기에 거짓을 가미할 수 없는 예언 은사 중에 가장 정확한 은사라는 것 또한 알게 되었습니다.
저 뿐만 아니라 참석하고 있는 모든 분들이 「꿈해석 전문반」 강의시간 내내 입이 다물어지지 않은 채로 탄성과 함께 아멘! 아멘! 이 폭발하는 시간이 되었습니다.

「꿈해석 전문반」에서 해석을 받은 한편의 꿈을 소개하고자 합니다.
남편 목사님과 함께 기차를 타고 기관실에서 내가 운전을 하고 우리 목사님은 조수석에 타고 가다가 어느 역에서 열차를 멈추고 남편 목사님께 이제 당신이 운전 하세요 하면서 자리를 바꾸어 앉았습니다. 자리를 바꿔 앉으면서 뒤쪽 객차쪽을 바라보니 객차가 12칸이 붙어있고 그 중에 5칸이 커다랗게 클로즈업 되며 객차에 가득찬 승객의 얼굴들이 보였습니다. 이윽고 남편 목사님이 운전대를 잡고 운전을 시작하는 순간 창 앞에 있는 기차 화통에서 기차의 가는 방향 앞으로 빠알간 불을 쉭! 쉭! 내뿜으면서 힘차게 열차가 달리는 꿈을 꾸게 되었습니다.
김재선 목사님께서 해석을 해주시는데, "지금까지는 사모님이 교회의 일을 앞장서서 한 것 같은데 이제는 목사님과 속히 자리를 바꾸어 앉으세요. 그래야 기관실에서 불이 나가듯 능력있는 목회가 이루어 집니다. 그리고 객차의 칸수는 교회의 사이즈 곧 성도수를 말합니다. 5칸이 커다랗게 보인 것은 앞으로 5년 정도 사이에 그만큼 모인다는 것을 말하는 것이고 12칸이 붙어있다고 하는 것은 그만한 목회역량을 가지고 있으나 감당할 만한 영권이 생길 때 그 칸에도 사람들이 가득차는 모습으로 변해갈 것이므로 그렇게 부부간에 목회를 힘있게 잘 해 나가세요." 라고 하시는 것이었습니다.
너무 신기하고 놀라운 꿈 해석이었습니다. 이 내용을 붙잡고 소망 가운데 우리 부부는 쉬임없이 계속 능력기도를 하며 영권을 쌓아가고 있습니다.

이렇게 꿈을 통한 영적인 세계가 점점 환하게 보여지고, 알아지고, 열려지고 있음을 생각할 때, 한없이 부족한 사람을 〈성령사역연수원〉의 이런 과정 속에서 특별훈련을 받으므로 주어진 목회현장에서 성도들과 더불어 멋지고 힘 있는 사역을 감당해 나갈 수 있도록 인도해 주신 하나님께 큰 영광을 돌립니다.

또한 이 마지막 시대에 하나님께서 위대하게 사용하고 계시는 영적 거장 김재선 목사님이 한국 강산에 그것도 우리 곁에 멘토로 계셔서 많은 목회자들을 기도와 말씀과 은사와 치유로 훈련시켜 힘있게 사역을 감당하도록 세워 나가시는 그 헌신적인 열정에 뜨거운 박수를 보내며 머리 숙여 감사를 드립니다.

🧍 꿈해석 전문반

무거웠던 마음의 짐

윤 연 자 전도사
(5기 대전장로교회)

저는 47살에 신학교를 졸업하고 9년간 전도사 사역을 하는 중, 어느 때부터 인가 손가락하나 움직일 수 없을 정도로 몸에 피곤함이 밀려와 병원에 가면 만성피로이므로 좀 쉬면 좋아질 거라고 말해 줄 뿐 특별한 원인도 모른 채 신체적 고통을 안고 사역을 감당하고 있었습니다.

그러나 더 이상 사역을 할 수 없게 되어 사임을 하고 전남에 있는 어느 기도원을 가게 되었고 그 기도원에서 광주 모 교회에 다니는 권사님 한 분을 만나 대화를 하는 중에 〈성령사역연수원〉에 대한 소개를 받게 되었습니다.

그때 저는 영적으로 너무도 공허하고 갈급한 상태에 있었는데 저에게 주신 사명을 잘 감당하지 못함에 대한 죄스러운 마음과 기도를 해도 하나님이 너무 멀리 계시는 것 같은 공허감에 사로잡혀 있었습니다.

환경적으로 도저히 올 수 없는 상황이었으나 영육간의 모든 문제를 해결받을 수 있을 것 같은 기대감을 가지고 2009년 8월에 「특수부대식 기도특공훈련 무료세미나」에 참석하게 되었습니다.

허리에 기도 벨트를 메고 하는 능력기도가 한번도 해보지 않은 기도 방법이라서 처음엔 어색하기도 하였지만 하면 할수록 영권이 쌓이면서 영적인 힘이 오고 있음을 느끼게 되었습니다.

무료세미나 이후 지체없이 「기도훈련 전문반」 5기에 등록하여 지금까지 2년째 능력기도 훈련을 기쁨과 감사함으로 받고 있습니다.

그리고 연수원에서 행해지는 금식세미나, 은사세미나, 성경파노라마 등 여러 종류의 세미나에 참석하면서 너무 큰 은혜를 받게 되었습니다.

연수원 원장이신 김재선 목사님의 강의를 들을 때마다 이것을 배워서 하시는 세미나가 아닌 목사님 자신이 직접 기도하시며 하나님께서 주신 것들을 받고 깨달아서 하는 것임을 알고 나서 그 영성과 능력에 감탄할 수 밖에 없었습니다.

「기도훈련 전문반」에서 능력기도를 하면서 영적인 세력들과 조상 대대로 내려온 악한 영들을 하나님께서는 처리해 주셨으며 환경적인 부분까지도 정리해 주시면서 쉬지 않고 계속하여 세미나에 참석할 수 있는 여건으로 만들어 주셨습니다.

그동안 지쳐있고 공허하며 갈급했던 영적 상태가 호전되면서 얼굴에 생기가 돌기 시작을 했고 마음도 아주 평안하고 기쁨이 넘쳐나게 되었습니다.

이 마지막 시대에 보배처럼 쓰시는 귀하신 김재선 목사님을 만나게 해 주신 하나님께 감사를 드리지 않을 수 없습니다.

은사 부분에서도 막연하게 생각해 왔던 저에게 많은 부족한 부분들이 조금씩 체계적으로 정립이 되어 갔으며 그간 가지고 있던 고정관념이 무너지면서 미련없이 내려놓게 되었으며 내 인생의 목표와 사고와 생각이 바뀌어 지게 되었습니다.

그러던 중 2011년 4월에 「꿈해석 전문반」 세미나가 열렸습니다. 하지만 여러가지 상황으로 「꿈해석 전문반」은 참석하기가 쉽지 않을 것 같아 다음 기회로 미루며 등록하지 않았습니다.
그런데 하루는 구역예배가 끝나고 집사님 한분이 저에게 혹시 꿈 해석을 할 수 있느냐고 물어 왔으나 못한다고 짧게 대답하고 집으로 돌아오는데 하나님께서는 그 집사님의 질문이 자꾸 마음 쓰이게 하더니 「꿈해석 전문반」에 오지 않으면 안 되도록 인도하셔서 한 달 뒤 5월에 등록하게 되었습니다.
그렇게 「꿈해석 전문반」 과정을 하면서 꿈에 대한 인식도 새로워졌고 꿈해석에 대한 자신감도 점점 생겨나기 시작했습니다.
그런데 제 마음에 항상 지워지지 않는 한편의 꿈이 있었습니다. 중학교 1학년인 외손자가 다섯 살때인 2003년 5월 어느날 새벽에 꿈을 꾸게 되었습니다. 넓은 운동장에서 많은 아이들이 놀고 있었고 외손자가 제 옆에 서 있었으며 그 때 제가 하늘을 쳐다 보고 있는데 해가 쏙 빠져나와 빨간 불덩어리가 되어 5살짜리 외손자 가슴 속으로 들어가는 것이었습니다. 꿈에서도 저는 너무 놀라서 세상에 이런 일이 있는가, 이게 무슨 일일까 하면서 꿈을 깨었습니다.

그 무렵 제가 사역을 하고 있던 교회에서 부흥회를 하게 되었는데 강사로 오셨던 목사님이 은사가 강하신 분이라고 하기에 식사를 같이 할 수 있는 시간을 이용하여 외손자의 꿈을 조심스럽게 여쭈어 보았습니다.
그때 강사님의 꿈 해석은 "큰일 났네! 해가 사람속으로 들어가면 어떻게 살 수 있겠는가? 큰 사고가 나겠다"고 말씀해 주셨는데 그 불길한 해석 때문에 항상 불안하고 마음에 걸렸습니다.
딸에게는 그 이야기를 해 줄 수가 없었고 아이를 위해서 쉬지말고 기도하면서 믿음으로 잘 키워야겠다는 정도로 말할 수 밖에 없었습니다.
그러나 계속 그 강사 목사님의 꿈 해석이 제 뇌리에서 떠나지 않았고 8년의 세월이 지난 지금까지도 무거운 마음을 안고 살아 왔습니다.

그런데 김재선 목사님의 꿈 해석 방법은 성경속에 나타난 꿈 해석의 원리에 근거하여 확실하고 명쾌하게 꿈을 해석하는 방법을 강조 하셨습니다.
꿈 해석 실습시간이 되어 이 꿈에 대한 내용을 기록하여 올렸더니 그때 부흥회에 오셨던 강사 목사님과는 전혀 다른 해석을 해 주시는 것이었습니다.

이 꿈은 대단한 영몽으로 분류할 수 있다고 하시면서 이 아이에게 해가 들어가는 순간 하나님의 지혜가 임했으며 본인의 의지와는 상관없이 특별히 하나님의 인도하심이 있는 아이가 될 것이고 가문을 빛낼 영광스러운 아이가 될 것이며 생각하는 것보다 훨씬 더 큰 사람이 될 것이라는 해석을 해 주셨습니다.

이런 설명을 들으면서 김목사님의 새로운 해석에 대한 신뢰감과 함께 그동안 마음과 생각이 늘 불안과 초조함으로 묶였던 것에서 자유함을 얻게 되었습니다. 할렐루야!

이렇게 수학 공식처럼 정확하게 풀려가는 꿈 해석의 원리가 너무 놀라웠고 신기할 정도여서 세미나에 참석할 때마다 너무나 마음이 흡족했고 다음 달이 미리 기다려질 정도였습니다.

한 편의 꿈이 그 사람 인생의 과거, 현재, 미래를 알 수 있을 정도로 중요하며 이런 꿈을 정확하게 해석해야만 앞날을 대비할 수 있다는 것인데 그 해석의 방법도 마음의 감동으로 적당히 하는 것이 아니라 성경의 원리에 근거하여 명쾌하게 해석해 나가는 〈성령사역연수원〉의 「꿈해석 전문반」은 명실공히 세계 어느 곳에서도 찾아 볼 수 없는 유일한 것임을 자부합니다.

저와 같이 잘못된 꿈해석에 사로잡혀 불안하고 고통받는 분들이 계시다면 「꿈 해석 전문반」에 오셔서 그런 문제들을 해결

받으시고, 사역의 현장에서도 성도들이 많은 꿈들을 꾸게 되는데 그 성도들의 꿈 해석을 통하여 신앙과 인생을 바른 길로 인도할 수 있게 되리라 확신합니다.

부족한 사람을 〈성령사역연수원〉에 인도하셔서 많은 것을 배우게 하시고 인생의 무거웠던 마음의 짐까지도 벗어버리며 해결받게 하신 하나님께 영광을 돌리고 원장 김재선 목사님께 감사를 드립니다.

🧍 꿈해석 전문반

꿈을 통해 주시는 하나님의 계시

이 선 영 목사
(7기 빛과소금교회/서울)

3년전 제가 아는 집사님이 〈성령사역연수원〉을 소개하며 거기는 주의 종들이 많이 오시고 아주 강하게 훈련하는 곳이며 아주 특별난 곳이라고 하였습니다.

그 말을 들을 당시 저는 제 나름대로 하나님께 훈련을 잘 받고 있다는 생각을 가지고 있었기에 그 집사님의 말에 별다른 관심을 갖지 않았습니다. 그래서 건성으로 대답만 하고 지나쳤는데 그 이후 여러 가지 어려운 일들을 만나면서 기도는 한다고 했으나 마음 한 구석에는 여전히 사역에 대한 두려움과 염려가 있었습니다.

하나님의 약속을 붙들고 하나님의 때를 기다리며 순종하며 가는데 왜 이럴까? 하는 생각으로 남에게 말 못하는 저 혼자만의 고민을 안고 있었습니다.

그렇게 시간이 지나고 있던 어느 날, 평소 가까이 지내고 있던 어떤 목사님이 전화로 〈성령사역연수원〉 이야기를 하시면서 「돈과 재물의 영의 세계」 부흥회를 하는데 한번 와 보라고 하시는 것 이었습니다. 이전에 집사님이 말할 때는 그냥 스쳐 지나갔는데 이번에는 왠지 마음이 쏠리면서 나도 모르게 발길이 연수원으로 향하고 있었습니다

부흥회 첫날 저녁시간부터 김 목사님의 말씀이 꿀송이 같이 제 마음에 쏙쏙 들어왔습니다. 한 마디로 여름 더운 날씨에 시원한 냉수 한 대접 마신 것 같이 너무 흡족하고 좋았습니다. 그날부터 연수원과 인연이 되어 「기도훈련 전문반」 7기에 등록하여 매주 목요일마다 꾸준히 그리고 열심히 훈련에 임하게 되었습니다. 또한 「성경 파노라마 세미나」 등 여러 가지 세미나들에 참석하여 지금까지 깨닫지 못하고 알지 못했던 영의 세계에 대해 깊이있게 알아가게 되었고 또한 주의 종으로써 인격과 자질, 그리고 사역에 대한 모든 것을 더 확실하게 훈련받고 무장하게 되는 기회를 갖게 되어 고통스러웠던 심령속에 새 소망이 넘치게 되었습니다.

지금은 저의 모든 사역을 내려놓고 이곳에 온전히 집중하며 훈련을 받고 있는데 무엇이 더 귀한 것인지 알았기에 그렇게 할 수 있었습니다.

「기도훈련 전문반」 7기에 등록하여 열심히 기도훈련에 임하고 있던 중, 「16시간 집중기도훈련」 때에 있었던 일입니다. 그날은 집중기도 마지막 날로써 기도 시작한 지 5분 정도 되었을 때 갑자기 성전 공간 안에서 밀려오는 무언가가 저의 가슴을

누르며 답답해져 오는 것이었습니다. 이제 기도를 막 시작했는데 앞으로 몇 시간 동안 이렇게 이 안에 있으면 죽을 것 같은 압박감 속에 벨트도 벗어 던져 버리고 밖에 나가서 찬 공기를 마셔야 살겠다는 생각을 하며 제 자신과 싸우고 있었습니다.

그때 갑자기 앞에서 기도를 이끌어 주시던 김재선 원장 목사님이 강력하게 기도를 이끌어 주셔서 저는 그 순간 이때다 싶어 죽기 살기로 그 기도를 따라가며 집중하였는데 어디에서 그 힘이 났는지 죽으면 죽으리라는 각오로 기도를 했습니다. 그 순간 영의 눈이 열리며 제 오른쪽 어깨 뒤로 엄청나게 큰 흑곰이 버티고 서 있는 것이 보였습니다.

저는 목사님 기도를 계속 따라가며 그 사단의 정체를 보며 쳐서 부수고 박살내어 불로 태워 버렸습니다. 그 시간 이후 몇 시간 기도가 정말 순식간에 지나가고 승리하며 기도를 마치게 되었습니다. 그 후로 계속 영적인 더 큰 은혜를 받게 되었고 기도에 대한 참맛을 알아가며 기도에 집중하게 되었습니다.

이렇게 열심히 기도훈련과 연수원에서 매주 실시하는 여러 세미나에 참석하여 은혜를 받고 있던 중, 「꿈해석 기본반 세미나」를 두 번이나 참석을 하였으나 「꿈해석 전문반」에는 참석하지 않으려고 첫 달은 오지 않았습니다.

꿈에 대해서 실질적으로 인식은 하고 있었지만 깊이 있게 이해하지를 못했고 필요성과 중요성을 느끼지 못했기 때문이었습니다.

제가 아는 어느 목사님은 꿈을 통해 하나님의 메시지를 종종 받고 꿈 이야기를 많이 하곤 했습니다. 저도 훈련 초반에는 꿈을 많이 꾼 것 같은데 꿈에 대한 영의 원리를 몰라서 그랬는지 그냥 지나치고 무시해 버리고 대충 이해하고 다른 사람들이 꿈 이야기를 해도 깊이 생각하지 않았습니다.

김재선 목사님은 꿈 이야기를 하는 사람들이 대부분 자기 나름대로의 방법으로 해석하고 있다고 지적하면서 꿈 해석에 대한 영의 원리에 따라 상징과 실체를 풀어내야 하고 스토리를 보면서 해석을 해야 정확하고 틀림없이 해석된다고 하셨습니다.
이런 해석의 원리를 배우고 보니 정말 무식하면 용감하다는 세상 말과 같이 저와 제가 아는 사람들의 꿈 해석은 세상 사람들이 해몽하듯이 인간에게 초점을 맞추어 하고 있다는 것을 알게 되었습니다. 정말 위험하고 두려운 일이었습니다.
목사님께서 한 사람 한사람의 꿈의 내용을 소개하면서 저희들에게 먼저 상징과 실체를 분별해 보고 그것을 해석해 보라고 하시며 실질적인 훈련을 하게 하시는데 정말 생각처럼 쉽지가 않았습니다.

「꿈해석 기본반 세미나」 때에는 성경에 기록된 말씀대로 해석을 하며 기초단계라서 이해하기가 쉬웠는데 전문반에서는 실제 우리 삶 속에서 꾸고 있는 꿈을 해석하는 과정을 실습하다 보니 다양한 꿈의 유형도 파악을 해야 했으며 그 해석이 머리에서는 맴도는데 말로 표현하기가 어렵다는 생각을 하면서 꿈 해석의 훈련을 더 많이 받아야할 필요성을 느끼게 되었습니다.
꿈 한번 잘못 해석하므로 제대로 대처하지 못하여 어려움을 겪게 되기도 하고 또 해석이 잘 되어 대처를 잘하므로 어려움을 극복하게 된다는 것, 꿈 해석이 이처럼 우리 믿는 자들에게 정말 하나님이 주신 귀한 은혜요 축복임을 생각할 때에 감사드리지 않을 수 없습니다. 많은 기독교인들이 꿈은 세상 사람들이나 중요하게 생각하는 것으로 치부하면서 정작 꿈을 꾸고 궁금한 부분이 있으면서도 그냥 흘러 버리는 경우가 많은 듯 합니다.

「꿈해석 전문반」 과정을 하면서 김 목사님을 통해 꿈을 해석해 주실 때 기독교인들이 꿈을 통해 주시는 하나님의 계시를 사단에게 빼앗기지 말고 다 찾아 받아 누리므로 하나님 나라 복음을 위해 선한 도구와 의의 병기로 쓰임 받아야 되겠다고 생각하며 다짐을 하게 되었습니다.
이 과정까지 달려 오도록 인도하신 하나님께 그리고 김재선 목사님께 감사드립니다.

🍀 꿈해석 전문반

28년전 받은 환상 때문에

안 에스더 전도사
(7기 성령의 능력교회)

제가 〈성령사역연수원〉에 발을 딛게 된 것은 2010년 8월 15일 입니다. 성령님의 인도하심에 따라 오게 되었는데 연수원에 들어와 받은 충격은 엄청나게 큽니다. 그것은 인생으로선 도저히 해결할 수 없는 부분들을 성경말씀에 비춰서 확실하게 자세히 알려 주시고 깨닫게 해 주시며 주의 길을 똑바로 보고 갈 수 있게 하는 곳이기 때문입니다.

「꿈해석 기본반 세미나」를 수강하고 보니 내용이 너무 놀랍고 좋아서 더 깊이 알고자 하는 마음으로 2011년 4월부터 시작된 「꿈해석 전문반」에 등록하여 강의를 듣게 되었습니다.
꿈은 생각을 통해 올 수도 있지만 세분하여 본다면 영몽, 실몽, 심몽, 비몽사몽, 마몽, 태몽, 현몽, 잡몽, 주야사몽으로 꿈의 종류를 나누어 볼 수 있습니다.
하나님께서는 우리에게 꿈으로 쉴 새 없이 교훈하고 계십니다. 그러나 인생들은 그 꿈을 잘 해석하지 못함으로 어려움을 당해도 왜 당하는지 알지 못하고 고난을 당하고 있는 사람들이 수없이 많은 것을 주변에서 볼 수 있습니다.

저는 「꿈해석 전문반」을 통해서 꿈 해석이 얼마나 중요하고 또 얼마나 정확한지 확인하게 되었습니다. 말로서만이 아니고 전 세계 어느 곳에서도 〈성령사역연수원〉의 「꿈해석 전문반」 외에 성경의 원리대로 꿈을 해석하여 꿈을 전문적으로 훈련하는 곳이 없을 정도로 세계 유일의 꿈해석 세미나임을 확인할 수가 있었습니다. 참으로 김재선 원장 목사님의 강의에 감탄과 찬사를 보냅니다.

실제로 저는 한편의 환상 때문에 수많은 인생의 고비를 겪었습니다. 그러나 연수원에 오기 전까지는 그 누구도 그 문제를 해석해 줄 사람이 없었습니다.
제가 예수님을 만나게 된 것은 35년 전입니다. 뜨겁게 예수님을 만나 신학을 해야겠다는 주님의 감동과 사명감에 불타고 있을 때였습니다. 그 때 부모님께서는 결혼을 한다면 빚을 내서라도 보내주겠지만 신학교에 들어가면 일전 한 푼도 대 줄 수 없다는 단호한 반대에 부딪혀 기도하는 가운데 지방에서 서울로 상경하여 하나님께 앞길을 인도해 달라고 맡기고 신학교 기숙사에 들어가 생활하며 공부하게 되었습니다.
참으로 좋으신 하나님께서는 제가 알지 못하는 가운데 "여호와이레"로 이미 준비해 놓으셨고 넉넉지는 않지만 수업료, 생활비를 꼭 필요한 만큼씩 공급해 주셨습니다.

1984년 12월에 성지순례와 유럽여행을 다녀오게 하시더니 결혼을 놓고 간절하게 기도하게 하셨기에 10개월간 결혼을 놓고 아침 한 끼를 금식하면서 오직 하나님 마음에 합한 다윗과 같은 사람을 만나게 해 주셔서 주의 일을 아름답게 할 수 있게 해 달라고 작정 기도를 하는데 모 기도원 원장님이 그런 청년이 있다면서 소개하셨습니다.

그 청년을 만나고 집에 돌아와 자정에 무릎을 꿇고 "하나님! 그 청년이 나의 남편감 입니까?" 하고 기도하는데 환상이 열리더니 공중에서 큰 바위 덩어리가 내려와 저를 짓누르는 것이었습니다. 그 순간 내 혼이 빠져 나간 것 처럼 꼭 죽을 것 같았습니다. 그래서 "주님! 저 이 사람, 견딜 수가 없어요" 라고 하니까 "너도 십자가를 지기 싫으냐?" 하는 음성이 들렸습니다. "그럼 주님이 원하는 십자가입니까?" 하고 물으니 "내가 원한다" 하시기에 "그럼 제가 지겠습니다" 라고 답을 하면서 환상이 끝났습니다.

그렇게 하여 그 사람을 만난 지 25일 만에 약혼식을 하고 1달 반 만에 결혼식을 하게 되었는데 그때부터 예기치 않은 남편과 시댁과의 관계속에서 파생되는 여자로서 말할 수 없는 고통이 뒤따르는 결혼 생활이 시작되었습니다. 삶의 목적이 주의 일을 잘 하는 것이었으므로 남편 신학 뒷바라지를 하고 아이를 키우며 모교의 교목실에서 근무하면서 후배들의 신앙 관리를 하는 생활에 전력을 다하였습니다.

남편이 목사안수를 받고 4년간 중남미 선교사역을 하면서 선교지에서 발생한 교통사고 후유증으로 심장에 무리가 생겨 국내 입국 후 4년 반 동안 지방에서 교회 개척을 하였으나 건강이 악화되어 지금은 쉬고 있는 상태입니다.

저와 온 가족이 2001년 3월에 서울로 올라와 사역지에서 전도사로 봉사하다가 2010년 4월에 사임하게 되었고 청년이 된 아들은 희귀 난치병으로 나이가 들긴 하였으나 일을 하지 못하는 어려움이 가정에 잇따르게 되었습니다.

이러한 삶이 연속되다 보니 나의 삶은 지치고 곤고할 뿐이었습니다. 끝이 안 보이는 삶의 과정 속에서 도대체 이 십자가가 언제나 벗겨지고 영광의 날이 올 수 있을까를 생각하면서 고통의 나날이 진행되며 영적인 생기가 소진된 상태에서 사막의 오아시스를 만나게 되는 기회가 왔습니다.

〈성령사역연수원〉에 와서 기도훈련과 모든 세미나를 들으면서 내 영혼이 소생되고 있음을 느끼게 된 것입니다.

특히 「꿈해석 전문반」 과정을 통해서 그동안 풀리지 않았던 내 인생의 궁금증과 같은 28년 전 결혼을 앞두고 받았던 환상을 깨닫게 되었습니다.

그때 환상을 제대로 해석하지 못하고 결혼하게 되어 지금까지 고생한 것에 대해 알게 되었고 그 대처 방안은 엄청난 영권을 쌓아서 영의 세계에 들어가 기도해야 한다고 하셨습니다.

환상에 대한 내용을 깨달아 알게 되었을 때 처음에는 믿기지 않아 가슴이 떨리고 온 몸이 얼어 붙는 것 같았습니다.
돌이켜 생각해보니 그때는 제가 뜨거운 믿음만 가지고 있었을 뿐 영적 분별력이 약하여 여기까지 오게 된 것임을 인식하게 되었습니다.
28년간 결혼생활을 통하여 오로지 주님께 충성된 목회자로 쓰임 받기를 위해 기도하였고 그 환상이 주님의 응답으로 알고 어떤 일이 닥칠 때 마다 '내 십자가려니 후에 영광이 있겠지' 하며 눈물과 기도와 간구로 지내왔던 나날들이 〈성령사역연수원〉에 와서 풀어졌고 또 그 실체를 알게 하신 주님의 은혜에 감사할 뿐입니다.

환상에 대한 내용을 확실하게 이해하고 알게 된 이후로 선포하는 강력한 기도를 하고 있습니다.
전에는 남편의 하는 말과 행동에 섭섭한 부분이 많았었는데 이제는 그동안 억눌렸던 심령이 평안해졌고 기도의 영의 세계에 들어가서 능력기도를 하였더니 비판과 부정적인 언어를 사용하였던 남편이 많이 변해가고 있습니다.
또한 가정의 환경이 열어지고 있습니다.
15평의 집에서 장정 4식구가 살아가는 너무 답답하고 힘든 상황에서 서울의 전세 값이 엄청나게 치솟아 도저히 옮길 형편이 안 되었는데 하나님께서 연수원에서 영적훈련을 잘 받게 하시려고 연수원 가까이에 이사 오도록 길을 열어 주셨습니다.
그것도 현재 5800만원의 전세집에서 갑절이 넘는 1억 2천만원이 되는 방3개 짜리의 큰 집으로 필요한 가재도구도 다 준비해 놓으시고 한 달 뒤에 이사를 하게 하셨습니다.
이렇게 하나님께서는 지난 날의 환상을 제대로 분별하지 못함으로 인해 인생의 숱한 어려움을 겪어 왔지만 〈성령사역연수원〉까지 저를 인도하셔서 이제라도 빛을 보게 하셨습니다.
남은 생애를 바른 분별력과 판단력으로 서게 하고 계심을 생각할 때 마음이 뜨거워집니다.

이런 깊은 영적세계를 접하여 내 인생의 방향을 새롭게 잡아 나갈 수 있도록 새 삶을 허락하신 하나님께 감사를 드리고 이런 영의 세계를 지도해주시고 이끌어 주시는 원장 김재선 목사님께도 감사드립니다.
앞으로 훈련을 잘 받아 반드시 나와 같이 곤고한 자들이 와서 듣고 함께 웃음꽃을 활짝 피우게 되는 날이 오게 될 것을 소망합니다.

꿈해석 전문반

이유가 있기에 꿈을 주십니다

이 숙 경 사모
(7기 주사랑교회/용인)

사람은 어떤 사람을 만나느냐가 아주 중요합니다. 〈성령사역연수원〉 김재선 원장님을 만난 것은 하나님의 큰 은혜요 축복이었습니다. 하나님께 진정으로 감사드립니다.

신문광고에서 「특수부대식 기도특공훈련」이란 세미나 주제의 용어가 마음에 뜨겁게 와 닿아 지체하지 않고 바로 달려와 등록하게 되었습니다.

「특수부대식 기도특공훈련 세미나」와 「기도훈련 전문반」을 통하여 기도와 영적훈련을 받기 시작하면서 내 자신에게서 일어나는 놀라운 변화를 확인하면서 놀라지 않을 수 없었습니다.

연수원은 말씀과 영적인 모든 것을 갖춘 곳이라 해도 과언이 아닐 것입니다. 어디에서도 들어볼 수 없었던 성경의 말씀을 들으면서 "바로 이곳이다"라는 감탄을 했으며 모든 강의 내용들이 너무나 신기하고 놀라웠습니다.

어느 신학교에서도 배우지 못하는 엄청난 영의 세계, 많은 정보를 넘치도록 가르쳐 주시고 배울 수 있어서 감사할 뿐입니다.

「특수부대식 기도특공훈련」을 받는 이곳은 세계에서 유일한 곳이라 여겨집니다.

매주 목요일 하루씩 모여서 쉬지 않고 4시간 이상을 기도하며 한 겨울에도 에어컨과 선풍기를 모두 켜 놓고 반팔 옷을 입고 땀을 흘리며 기도하는 곳은 〈성령사역연수원〉뿐일 것입니다. 우리가 영적으로 배울 수 있는 마지막 장소이자 최고의 장소라고 감히 말하고 싶습니다. 연수원에 온 이후로 저는 정말 행복합니다.

「기도훈련 전문반」 7기에 등록하고 나름대로 최선을 다하여 기도훈련에 임하고 있을 때 매주마다 각양각색의 여러 세미나들이 있는 것을 알게 되었고 살펴보니 다 수강해야 할 중요한 내용들만 있어서 모든 세미나에 계속 거의 빠짐없이 참석하고 있습니다.

그 중에 특히 「꿈해석 기본반 세미나」를 받고 「꿈해석 전문반」에서의 강의는 입을 다물 수가 없을 정도로 감격과 감탄 그 자체입니다.

꿈은 잠자는 동안에 하나님께로부터 뇌 속에 받는 상징적 계시로써 사람의 뇌 속에 이상으로 하나님의 뜻을 알려 주시기 위한 계시라는 말입니다. 하나님은 지금도 꿈을 통해 우리들에게 수 없이 많은 말씀을 하십니다.

꿈은 예언 중에 가장 정확한 예언이라는 것도 이 「꿈해석 전문반」 강의를 받으면서 알게 되었습니다.

꿈의 종류로는 9가지가 있는데 꿈의 유형을 잘 알아야 꿈을 해석할 수 있고 하나님께서 꿈을 꾸게 하는 것이기에 꿈은 가장 정확한 예언이자 하나님의 응답이라는 것을 다시 한번 마음에 새기게 되었습니다
꿈에 나타난 상징과 실체를 찾는 법과 꿈의 스토리를 잘 보고 해석해야 정확한 해석이 됩니다. 무엇인가 하나님 편에서 이유가 있기 때문에 우리에게 꿈을 주십니다.

강의를 받고 꿈을 해석하다 보니 저희가 개척한 것에 대한 것도 깨달아 알게 되었습니다. 저희 어머님도, 남편도 장소는 계시를 받았는데 성도와 물질에 대한 계시는 받지 못하고 개척을 하게 되었습니다.
그래서 많은 어려움과 고통이 있었는데 여러 꿈들을 해석해 보니 계시가 반드시 있어야 하고 계시가 있어야 좋은 꿈이라는 것이고 또한 어려움도 당하지 않는다는 것이며 하나님은 정확하고 세밀하게 꿈을 통해 다 말씀하시기에 꿈이 이렇게 중요하다는 것을 알게 되었습니다.

성경에 수많은 꿈들이 나오지만 그냥 지나쳤고 자세히 풀 수도 없었고 가르쳐 주는 사람도 없었습니다. 그런데 성경에 나타난 아브라함, 요셉, 바로왕, 다니엘 등 다양한 사람들의 꿈에 대한

것들도 자세히 설명하고 풀어 주서서 제대로 이해하게 되었습니다. 성경적 원리로 꿈을 해석하니 정확하고 확실하게 하나님의 의도와 뜻을 알게 되는 것 같습니다.

저희 부부는 결혼을 할 때에도, 꿈을 통해서 하게 되었습니다. 남편이 꿈을 꾸었는데 제가 다니는 교회 담임목사님이 나타나고 장의자에서 아가씨가 일어나더니 남편 쪽으로 걸어왔답니다. 그리고 남편 품에 안겼다고 합니다. 그런데 하나님의 음성이 들리는데 "이 사람이 너희 배필이다" 라고 했다고 합니다. 그래서 제가 다니는 교회에 찾아와서 여러 여자 청년 중에서 저를 발견하고 꿈속에 보았던 아가씨와 똑 같다고 하며 담임목사님께 허락을 받고 부모님께도 말씀을 드린 후 결혼을 하게 된 것입니다. 이런 꿈을 현몽이라고 하는데 이럴 경우 해석은 따로 필요하지 않습니다.

「꿈해석 전문반」을 공부하면서 하나님께서 꿈을 통하여 우리들에게 필요한 계시를 정확하게 말씀하시는 것을 깨달아 알아가고 있습니다. 나쁜 꿈도 여러 번 꾸었는데 대처방법을 몰라서 어려움도 많이 당하였습니다. 예를 들면 지갑을 잃어버리는 꿈을 세 번이나 꾸었는데도 그냥 지나쳤습니다. 얼마 후에 교회에서 예배를 마치고 예배당에 가방을 놓고 잠시 자리를 비운 사이에 가방이 없어진 것이었습니다.

「꿈해석 전문반」을 하면서 알게 된 것인데 두세 번 같은 내용을 반복적으로 보여 주시는 것은 반드시 될 일 혹은 속히 될 일이라는 것도 알게 되었습니다. 이제는 꿈을 제대로 분별하지 못해서 당하는 어려운 일은 분명히 줄어 들 것입니다. 왜냐하면 대처방법을 배웠으니까요.
하나님께서 꿈을 통하여 계시해 주시는데 자신의 편협한 생각으로 그 꿈을 무시하면 나중에 더 큰 일을 당하게 될 것입니다. 꿈은 정말 중요합니다. 그냥 지나쳐서는 안 됩니다.

세계 유일의 「꿈해석 전문반」 뿐만 아니라 여러 가지 유익한 각종 세미나를 통하여 하나님께서 주시는 많은 것을 공부하고 훈련해 나갈 수 있게 된 것은 저에게 더할 나위없는 축복이고 행복입니다.
매 시간 기쁨과 감격과 감사가 넘치는 〈성령사역연수원〉으로 인도하신 하나님께 감사를 드립니다.

🏃 예언은사 세미나

내 주먹을 믿으라던 남편의 변화

한 춘 화 목사
(8기 기적의 교회/아산)

20여 년 동안 신앙생활을 해 오면서 특별히 기도에 대하여 관심이 많았던 저는 2011년 2월에 「특수부대식 기도 특공훈련 무료세미나」를 참석하게 되었고 연수원 원장이신 김재선 목사님의 강의를 들으면서 나름대로 많은 시간을 할애하며 해왔던 나의 기도가 밑도 끝도 없는 기도, 목적도 없고 반복적이며 시간을 채우기 위한 기도였음을 깨닫고 기도의 사람이라고 자부해 왔던 나의 모습이 얼마나 부끄러웠는지 모릅니다. 기도에 대하여 남다른 많은 관심을 갖고 기도해 왔지만 〈성령사역연수원〉에 와서 기도의 원리와 방법을 터득하고 나니 지나간 시간이 너무나 아깝기만 했으며 기도는 먼저 영의 원리를 알고 영의 세계가 열려야 제대로 할 수 있다는 것을 깨달았습니다. 그리고 기도에 대한 원리와 방법을 터득하게 되니 기도의 세계를 통하여 영의 세계도 열리고 투시와 환상 등 여러 가지 은사도 나타나게 되었습니다. 저는 기도는 해야 된다는 것은 알고 있었지만 지금까지 그 누구도 기도의 원리와 방법, 은사의 세계에 대해서 〈성령사역연수원〉 처럼 가르쳐 주고 지도해 주는 곳을 만나지 못했습니다. 모든 세미나마다 먼저 이론을 강의하시고 그 이론을 실제로 훈련시켜 주심으로 목회사역에서, 신앙현장에서 바로 적용할 수 있도록 해 주었습니다. 〈성령사역연수원〉은 이 시대에 가장 필요한 목회의 훈련장이요 교육장이라고 생각되며 연수원 원장 김재선 목사님은 이 시대의 깊이 잠든 영혼들을 깨우고 목회자들과 교회를 깨우기 위하여 하나님이 보내신 사자라고 생각됩니다.

저는 늦게 신학을 하여 5년 동안 목회를 했지만 신학교에서 배운 것만 가지고는 목회가 마음먹은 대로 되지 않아 전전긍긍하다가 결국에는 목회를 그만두고 쉬게 되었습니다.
목회를 쉬면서 영적으로 재충전하고 능력 받고 은혜받기 위해서 여러 곳을 찾아다녔지만 충족을 얻지 못하고 있던 때에 〈성령사역연수원〉에 오게 된 것입니다. 연수원에 온지 불과 몇 개월밖에 되지 않았지만 좀 더 일찍 이곳에 와서 훈련받지 못했던 지난 시간들이 너무나 아쉽고 안타까울 뿐입니다. 하지만 지금이라도 연수원에 와서 훈련을 받고 있다는 사실이 너무나 감사할 따름입니다.
"특수부대식 능력기도 훈련" 외에 매 주마다 실시하는 30여 가지가 넘는 각종 세미나는 제가 신학교에서 들어보지도 못했고 교육 받아 보지도 못했던 내용들이었으며 이 모든 과정들은 목회를 하거나 개척을 준비하는 사역자들이 반드시 들어야만 하는 필수 과정이라는 생각이 들었습니다.

요즘 나의 생활은 물고기가 물을 만난 기분으로 한 주간의 생활이 너무나 짧게만 느껴집니다. 월요일부터 목요일까지 3박4일 동안 연수원에서 숙식을 하면서 모든 세미나에 참석하여 훈련을 받고 있습니다. 내 나이가 70세가 되었지만 나이에 장애를 받지 않고 매주 온양에서 서울까지 기차로, 어떤 때는 전철로 또는 고속버스로 왕래하면서 연수원의 각종 세미나에 참석하여 최선을 다하면서 새로운 목회 준비에 바쁜 시간을 보내고 있습니다. 내 나이가 나의 가는 길에 장애물이 될 수는 없다는 각오와 신념으로 연수원 원장 김재선 목사님의 바른 교육과 지도를 잘 받아서 내 속에 있는 은사들을 불일 듯 일어나게 하여 목회자로서, 은사자로서 한 시대에 주님께 쓰임 받고자 불타는 마음으로 훈련에 임하고 있습니다.

제가 연수원의 여러 세미나에 참석하면서 많은 유익을 얻었지만 특별히 「예언은사 세미나」에 참석하면서 받았던 은혜를 소개하고자 합니다.

「예언은사 세미나」는 저에게 예언 은사의 세계를 체계적이며 조직적으로 배우고 터득할 수 있는 계기가 되었습니다. 예언에는 두 가지가 있는데 '성경 말씀의 예언'과 '은사적 예언'입니다. 한국 교회의 가장 큰 혼란을 가져왔던 은사가 바로 '예언의 은사'였으며 성경은 분명히 말세에 예언의 은사가 크게 나타날 것이라고 말씀합니다. 그래서 우리는 말세에 주시기로 언약된 예언의 은사를 사모해야 하고 자기 고정관념에 의해 은사적 예언을 절대 그릇되었다고 배척해서는 안 된다는 것입니다.

예언은사에서 첫 번째로 나타나는 것이 '감동 예언 은사'라고 합니다. 성령이 마음을 감동하면 그 감동대로 말하는 것이 예언이기 때문에 예언 은사가운데 가장 많이 나타나는 것이 감동 예언 은사라는 것입니다.
또 예언에는 예언, 환상, 투시, 꿈, 영감, 방언통역, 영서해독, 말씀 등 8 가지 종류가 있는데 이 모든 예언 은사들이 서로가 협력하여 보완적 관계로 일한다는 것을 알게 되었습니다.
김재선 목사님은 강의를 통하여 예수 믿는 우리에게 제일 먼저 나타나는 것이 '예언 은사'라고 말씀하셨는데 제 경험에 비추어 제가 예수 믿고 처음 받은 은사가 예언 은사였기 때문에 더욱 실감이 났습니다.
저는 이 예언의 은사를 받고 내 주먹을 믿으라고 큰 소리 치던 남편을 쉽게 전도하게 되었습니다. 공무원인 남편은 퇴근하여 집에 오면 바쁘고 피곤한 가운데서도 밤 12시부터 새벽 2,3시까지 제가 예언하는 대로 말씀을 기록했고 3개월 동안 그렇게 하자 다혈질이고 성급한 성품의 남편은 스스로 하나님 앞에 무릎을 꿇었고 하나님은 정말로 살아계시는 분이라며 할렐루야를 외치면서 자기의 입술로 시인하고 고백하게 되었습니다.
이씨 가문 9남매의 장손으로서 예수님을 영접한 남편은 그 시간 이후부터 이씨 가문의 전통이요 행사인 모든 제사에 불참하게 되었고 쉬운 일은 아니었지만 하나님께서 이 모든 일을 감당하게 하시고 통과하게 하셨습니다.

저는 5년이라는 짧은 기간 동안 목회를 하면서 여러 은사 가운데 무엇보다도 예언의 은사를 사모하며 예언 사역에 깊은 관심을 갖고 있었는데 「예언은사 세미나」는 이론과 사역에 대해 재정립하는 아주 귀한 시간이 되었습니다.

그동안 제가 사역했던 예언 사역은 원리나 방법을 알고 사역한 것이 아니라 20년 전에 예수님을 처음 영접하고 난후 제일 먼저 받은 은사가 지혜와 지식의 말씀과 예언 은사였기 때문에 자연스럽게 겁도 없이 예언 사역을 했던 것입니다.

예언의 종류는- 개인에 대하여, 무리에 대하여, 가정에 대하여, 민족에 대하여, 성(城)에 대하여, 말세에 대하여 하는 예언과, 예언의 유형으로는 경고성, 예고성, 계시성, 권면성, 교훈성, 위로성, 심판성, 약속성, 축복성 예언이 있음을 알게 되었습니다. 또한 실제적인 사역론까지 알게 됨으로 예언할 수 있는 원리와 방법을 체계적이고 조직적으로 터득하게 되었고 이제는 사역을 통하여 예언의 은사에 더욱 자신감을 갖고 영역을 넓혀 나갈 수 있게 되었으므로 큰 수확이 아닐 수 없습니다.

그뿐만 아니라 「예언 은사세미나」에서 가장 깊이 깨달은 것은 예언은 변할 수 있는가? 하는 부분이었습니다.

하나님의 말씀은 일점일획도 변하지 않지만 성령의 감동으로 예언한 그 예언은 변할 수가 있다는 것입니다. 나는 이 말씀에 다시 한번 눈을 뜨게 되었고 깊은 관심을 갖게 되었습니다.
예언은 변하지 않는 것이 대 전제이지만 다만 조건적 변화에 따라서 변할 수 있는데 멸망의 예언이 선포되었어도 하나님의 뜻 가운데로 돌아오면 하나님께서 선한 쪽으로 인도하시고 축복의 예언이 선포되었어도 악을 행하면 저주가 임하게 된다는 것입니다. 하지만 조건적 변화가 없으면 예언은 그대로 이루어진다는 것입니다.
또한 중보기도를 통해 예언이 변할 수 있는데 모세의 중보기도로 여호와께서 뜻을 돌이키사 말씀하신 화를 이스라엘 백성에게 내리지 않으셨던 것입니다. 그러므로 중보기도의 사명자들은 모세와 같이 나라와 민족의 문제를 갖고 기도해야 된다는 것을 다시 한번 각성하게 되었습니다.
〈성령사역연수원〉에서 기도의 세계를 통하여 영의 세계를 알게 하시고 깨닫게 하시며 보여주시고 은사의 원리와 방법까지 터득할 수 있도록 사역의 훈련장으로 인도하신 하나님께 감사와 찬양으로 영광을 돌립니다. 그리고 하나님 나라에 아름답고 풍성한 재목으로 쓰임 받을 수 있도록 지도해 주시고 세워주신 김재선 목사님께 감사를 드립니다.

치유세미나

* 치유 능력 세미나
* 대물림의 고통을 끊는 세미나
* 근성치유 세미나
* 상처치유 세미나
* 희한한 능력 세미나
* 금식기도 및 건강회복 세미나

치유능력 세미나

위장병이 고쳐지고 마귀가 떠나가다

엄 경 란 목사
(6기 샘솟는 예담교회/부천)

어느 날 동기 목사로부터 "내가 다니고 있는 〈성령사역연수원〉에서 은혜롭고 유익한 여러 세미나를 진행하고 있는데 이번에 「특수부대식 기도특공훈련 무료세미나」를 할 때 연락할 테니 같이 참석하여 기도의 영의 세계를 맛보지 않겠느냐?"는 권유를 받고 기도에 대한 필요성을 절실히 느끼고 있던 터라 잔뜩 기대하는 마음으로 〈성령사역연수원〉에 첫 발을 내딛게 되었습니다.

2박 3일간의 「특수부대식 기도특공훈련 무료세미나」 일정 중 첫날부터 뜨거운 성령의 역사로 연수원은 은혜가 풍성히 넘치는 현장이 되었고, 이어지는 목사님의 말씀은 입을 다물 수 없을 정도로 감탄을 자아 내기에 충분하였습니다. 한마디로 성령 충만한 감동 그 자체였습니다. 세미나를 마친 후 망설임 없이 그 다음 주부터 시작되는 「기도훈련 전문반」 6기로 등록하여 기도의 세계, 영의 세계에 대하여 말씀을 들으며 실제적인 기도 훈련을 받기 시작했습니다. 기도는 무릎만 꿇고 하는 것도, 소리만 지르는 것도 아니라는 것을 이해하게 되었고, 어디에서도 들을 수 없었던 허리에서 나오는 기도가 능력기도라는 것을 알게 되었습니다. 연수원 원장이신 김재선 목사님께서 생명을 걸고 사투를 벌이며 지리산에서 기도하셨던 간증의 말씀이 있었기에 더욱 더 큰 은혜로 다가왔습니다.

기도란 하나님과의 아름다운 교제이면서 하나님의 뜻을 깨닫게 되는 교통의 시간이며 더 나아가 하나님의 능력을 공급받아 그 능력을 사용하는 것이 기도라는 것을 깨닫게 되었습니다.
김재선 목사님께서 생명을 걸고 기도했던 과정을 통하여 체험되어진 능력기도의 세계를 확신 있게 말씀해 주셨을 때, "아! 그래 바로 이거야!"라는 큰 감명과 도전을 받았습니다.
「기도훈련 전문반」에서 배운 능력기도를 통하여 이제는 믿음의 배짱과 담대함, 영적 파워 등 놀라운 경험을 하게 되었고 영권이 조금씩 쌓여지는 것을 느끼고 깨닫는 기쁨 또한 맛보게 되었습니다.
능력기도 훈련을 하면서부터 목회의 방향 설정이 뚜렷해지고 자신감이 생겨나니 십자가만 자랑하며, 복음만을 위하여 모든 것을 쏟으셨던 사도 바울처럼 저 자신도 이전보다 더욱 확신있게 열정적으로 사역에 임할 수가 있게 되었습니다.

연수원에서 훈련받는 세미나 중에서 「치유능력 세미나」를 통하여 은혜받고 치유 받은 내용을 함께 나누고자 합니다.

「치유능력 세미나」에 참석하여 강의를 들으면서 병에 걸리는 이유와 질병의 유형, 약을 써야 되는지 안 써야 되는지, 병 고치는 방법, 치유 사역자가 갖추어야 할 자세, 질병으로 본 성격분석, 고침 받는 자에게 나타나는 현상, 질병을 진단하는 방법, 왜 병이 고쳐지지 않는가, 치유기도의 방법과 실기 등을 배우게 되었습니다.

특히 치유기도의 실기 시간을 가졌는데 두 명씩 짝을 지어 주의 이름으로 선포하면서 능력을 붓는 기도를 하고 실기에 임할 때 여기 저기에서 반응들이 일어나는 것을 볼 수 있었습니다. 이렇게 사역 방법론까지 구체적으로 알려 주시고 실습까지 해 봄으로써 자신감을 가지고 사역의 현장에 임할 수 있도록 해 주는 아주 유익한 세미나였습니다.

〈성령사역연연수원〉에서 실시한 「치유능력 세미나」 시간에 은사의 정확한 이론과 사역의 원리를 체계적으로 설명하시면서 강의가 진행되어지는 것을 보고, 은사에 대한 나의 잘못된 인식에 큰 변화를 가져다 주었으며 새롭게 정립하는 기회가 되었습니다.

성경적 바탕 위에 지·정·의가 갖추어진 은사 사역을 아름답게 한다면 짧은 시간 내에 예수님을 증거할 수 있는 장점 또한 크다는 것을 깨닫게 되었고, 예수님의 사역 가운데에도 전파하시고, 가르치시는 것 외에도 고치시는 치유사역이 있었다는 것을 재인식하게 되었습니다.

연수원에서의 세미나 기간에 도전을 받고 그동안 저를 괴롭혔던 위장병으로 여러 해 동안 힘들었던 터였기에 이번 기회에 고침 받고 하나님의 능력을 체험해 보자는 다짐이 생겼습니다.
강의 내용에서 고침받는 여러 가지 방법 중에 하나인 눈물의 기도의 응답으로 고침받은 히스기야의 기도가 강력하게 제 마음 속에 와 닿았습니다.
"히스기야가 낯을 벽으로 향하고 여호와께 기도하여 가로되 여호와여 구하오니 내가 진실과 전심으로 주 앞에 행하며 주의 보시기에 선하게 행한 것을 기억 하옵소서 하고 심히 통곡하더라.(왕하20:2~3)"
저는 이 말씀을 붙잡고 전심으로 간절히 눈물의 기도를 올리면서 연수원에서 배운 치유의 원리대로 자신에게 선포하는 기도를 매일 매일 드렸습니다. 그러자 놀라운 일들이 일어났습니다. 오랜 기간동안 괴롭혀 왔던 위장병을 치유 받게 된 것입니다. 온 몸이 뜨거워지면서 이전에 느끼지 못했던 평안과 이루 말할 수 없는 기쁨이 마음에 가득했습니다. 더욱 놀라운 것은 성도들 속에서 고질적으로 역사하며 고통을 주었던 질병이 고쳐지고 악한 영들이 쫓겨 나가는 것을 목격할 수 있었습니다.

김재선 목사님이 강의하실 때 "개척교회가 살아남을 수 있는 길은 치유능력을 통하여 나타나는 표적이 있을 때 가장 확실한 방법"이라는 말씀에 깊이 공감하였고, 저의 목회 속에 접목할 부분으로 연구하며 자리 잡아야겠다고 생각하면서 감사의 기도와 함께 결단했습니다.

모든 일에 기도와 말씀보다 앞서지 아니하고 말씀에 기초한 은사 사역을 하며 영혼을 뜨겁게 사랑하고, 사람을 크게 변화시켜 온전하게 세우는 사역자로 헌신하고자 합니다.

주님의 참된 진리의 말씀을 전하며 많은 목회자들에게 도전 의식과 새로운 인식의 변화를 일으키는 〈성령사역연수원〉의 사역이 성령님의 강력한 지원으로 영원히 건재하기를 간절히 기도합니다.

끝으로, 치유의 은사에 대해 명확하게 구별할 수 있도록 가르쳐 주시고 사역의 실제를 보여 주시며 치유의 능력의 세계로 이끌어 주신 김재선 목사님께 감사드립니다.

🚶 치유능력 세미나

절망의 끝자락에 일어난 치유의 역사

박 병 식 권사
(7기 성령의 능력교회)

지난 16년간 입안이 헐어서 음식을 자유롭게 먹지 못했고 특히 음식이 조금만 매워도 먹을 수 없었던 심각한 고통에서 깨끗이 고쳐주신 하나님께 감사와 영광을 올립니다.

제가 이 병을 얻게 된 것은 당뇨병이 발병할 시기였던 1995년 5월경이었습니다. 자동차를 운전할 때면 갈증 현상이 자주 나타나서 약국에서 '바이탈씨'를 사서 입안에 넣고 있으면 신맛으로 갈증이 사라졌습니다.

그렇게 몇 달에 걸쳐 '바이탈씨'를 입안에 달고 살았는데 어느 날 음식을 먹다가 입안에 따끔한 증세가 느껴져 살펴보니 약간 헐었기에 그날부터 '바이탈씨'를 끊었고, 이것을 먹지 않으면 곧 회복되려니 생각하고 병원에 가지를 않았습니다.

그런데 낫기는 커녕 점점 더 악화되면서 자극성 있는 음식은 전혀 먹을 수 없게 되었고 치약으로 양치질을 할 수 없을 지경까지 이르게 되어 어쩔 수 없이 병원을 찾아 치료를 받기 시작했으나 의외로 빨리 낫지 않았습니다.

매운 음식을 먹을 때 외에는 통증이 전혀 없고 불편함이 없었기에 '하나님께서 나를 사랑하셔서 혼자 사는 몸이니 음식을 함부로 먹지 말고 건강을 유지하라고 이런 병을 주셨나 보다' 고 생각했습니다. 저는 당뇨에 고혈압까지 겹쳐 계속 약을 복용했고 입안의 병도 그대로 계속되고 있었는데 설상가상으로 우울증까지 찾아와 그동안 앓았던 다른 병보다 우울증 상태가 더 심각했습니다.

저는 모태신앙이었고 중학교부터 대학까지 미션 스쿨만 다녔는데도 주일 낮예배만 드리면 다 되는 것으로 생각했고 직장생활을 할 때에는 믿지 않는 사람보다 술도 더 많이 먹고 담배도 더 많이 피우면서 하나님보다는 세상의 유혹에 더 매력을 느끼고 살았습니다.

그러다가 내가 하나님을 잘못 믿고 있음을 깨닫고 이젠 하나님을 잘 믿겠다고 결심하고 새벽기도회도 참석하고 말씀도 읽으면서 믿음을 얻기 위해 노력했습니다. 그러나 기도도 잘 나오지 않고 생각보다 믿음도 자라지 않아 방황하던 중에 2007년 11월 첫 주일에 〈성령의 능력교회〉로 옮겨 존경하는 김재선 목사님 밑에서 신앙생활을 하게 되었습니다.

〈성령의 능력교회〉에 와서 신앙생활을 하면서 저의 신앙관과 가치관에 많은 변화가 생겼습니다. 제가 이 교회에 올 당시엔 목사님이 주일 예배 후에 모든 성도들에게 일일이 안수기도를 해 주셨습니다. 저는 목사님께 안수기도를 받을 때마다 나의 기도 제목들이 분명히 응답될 것이라는 확신이 들었습니다.

이렇게 몇 달이 지난 후 어느 날부터인가 제게서 우울증 증세가 사라진 것을 깨닫게 되었습니다.

그리고 저의 막내딸이 기간제 교사에서 정교사로 채용되기를 7,8년 동안 계속 기도해도 응답이 없었는데, 〈성령의 능력교회〉에서 신앙생활을 한지 3개월 만에 이 기도가 응답되어 막내딸 경진이가 2008년 1월에 고등학교 교사 채용시험에 합격하게 되었습니다. 할렐루야!

그런 경험을 통하여 영적으로 우둔한 저는 영적파워와 권위가 있는 목사님 밑에서 신앙생활을 하면 목사님의 기도로 성도들의 기도가 쉽게 응답된다는 사실을 뒤늦게 알게 되었습니다.

우리 〈성령의 능력교회〉는 주일 낮예배를 마치고 점심식사를 하는데 제가 지금까지 다녔던 어느 교회보다도 식탁이 풍성하고 맛이 있습니다. 음식이 매우면 제가 먹지 못한다는 것을 알고 식사봉사로 섬기시는 권사님, 집사님들이 제가 먹을 음식을 맵지 않게 별도로 만들어 주시는 사랑을 받으며 교회생활을 하다가 2009년 10월경쯤 입안에 헐은 곳이 더 크게 번지면서 매운 음식은 물론 뜨거운 음식조차 먹을 수 없을 정도로 악화되었습니다.

아래 입술 안까지도 벌겋게 벗겨지고 아래 입술이 터져서 외모도 추하게 보여 병원에서 몇 가지 검사를 받으니 '유천포창'의 일종이라 하여 치료를 받았으나 여전히 나아질 기미가 보이지 않았습니다.

여러 병원을 다녀도 이 병은 낫지 않았고 병원에서는 이 병을 고칠 수도 없고 악화되는 것만 방지하는 것이 최선이라며 혹시 더 악화 되어 암으로 번질 수도 있으니 견딜 수 없이 악화되면 찾아오라고 할 뿐이었습니다. 그래서 병원 다니기를 포기하고 말았습니다.
"왜 내 병은 현대의학이 고칠 수 없을까" 하는 절망감을 안은 채 더 이상 번지지 않기만을 하나님께 기도드리고 있었습니다.

김재선 목사님께서는 저에게 〈성령사역연수원〉에 나와서 능력기도를 해 보면 어떻겠느냐고 말씀하시면서 권면하셨지만 70이 넘은 사람이 이제 기도훈련을 받아서 무엇을 할 것인가 하는 생각으로 귀담아 듣지 않았었습니다.
그러나 질병의 상태가 병원의 치료로서는 가망성이 거의 사라진 상태였고 이로 인해 초조하고 불안한 마음이 생겨 이렇게 안일하게 기도해서는 안되겠다는 생각이 들어 능력기도훈련에 참여해서 강력한 기도로 하나님께 간구하기로 마음을 먹었습니다.
그리고 2010년 8월 「특수부대식 기도특공훈련 무료세미나」를 거쳐 「기도훈련 전문반」 제 7기에 등록하게 되었고 몸이 힘들고 체력이 뒤따르지 않는 어려운 가운데서도 쉬지 않고 매주 목요일마다 연수원에 나와서 열심히 능력기도훈련을 받았습니다.
그러던 중 「치유능력 세미나」가 있었고 하나님께서 고침받을 수 있는 기회를 나에게 주시는구나 생각하고 기대하는 마음으로 참석하게 되었는데 목사님의 강의를 통해서 성경에서 말하는 병의 종류와 사람들이 병에 걸리는 이유와 병 고침 받은 사례들을 들으면서 믿음의 확신이 들었고 병에서 치료함을 받는 비결도 알게 되었습니다.

이론 강의를 듣고 난후에 실기 시간을 가졌는데 세미나에 참석한 사람들로 하여금 각자의 머리에 손을 얹게 하고 목사님께서 능력을 붓기 시작하셨습니다. 그러자 각 사람에게 능력이 부어지기 시작하면서 여기저기서 반응들이 일어났습니다. 저도 목사님의 기도 인도하심을 따라 제 머리에 손을 얹고 능력을 붓기 시작했습니다. 그리고 제 몸을 향하여 명령하기 시작했습니다. 그 날은 치유되어진 반응이 내 몸에서 뚜렷하게 일어나지는 않았지만 하나님께서 치유해 주신다는 확신을 강력히 주셔서 실망치 않고 더 기도하기로 마음을 굳게 하였습니다.

그렇게 2박 3일 동안의 세미나를 소망가운데 마치고 난 후에 저희 교회 금요철야 예배 때, 목사님의 "강한 손으로" 라는 제목의 말씀을 들으면서 큰 은혜를 받게 되었습니다. 하나님의 강한 손이 연약하고 아무 힘도 없는 내손을 강하게 해주셔서 잃었던 물질, 건강, 그 모든 것들을 다 빼앗아오게 해주신다는 말씀을 들을 때에는 큰 감동이 물결처럼 밀려 왔습니다.

그러나 그 때는 내 병이 치유되었다는 생각을 전혀 하지도 못하고, 영적인 감각이 둔하고 나이도 많아 느끼지도 못한 채 앞으로 하나님을 더 잘 믿어 영권과 영력을 쌓는데 노력하며 하나님께서 내 손도 강하게 해주시기를 열심히 기도해야겠다는 결심을 하게 되었습니다.

다음 날 저희 교회 최 집사님과 저녁식사를 하게 되었는데 그 날은 이상하게 김치를 먹고 싶은 생각이 들어 아무런 생각없이 김치를 먹었는데 아니, 이게 웬일입니까? 매운 김치를 먹었는데도 아무렇지 않았고 김치의 맛이 꿀맛처럼 그렇게 좋을 수가 없었습니다. 그제야 어제 저녁 철야예배시간에 하나님이 고쳐주셨구나 라는 생각을 하게 되었습니다.

하나님, 감사합니다.
내게도 이런 기적이 일어나게 하심을 감사합니다. 할렐루야!

병원에서도 절대 고칠 수 없다고 진단하였던 질병을 통한 절망의 끝자락에 있던 저에게 하나님은 살아계셔서 역사하셨습니다. 고쳐주신 하나님께 다시 한 번 감사와 영광을 올려드리며 이런 놀라운 치유의 역사가 일어나도록 능력기도의 세계로 인도해 주시고 치유의 축복을 받게 해 주신 김재선 목사님께 감사드립니다.

"저의 남아있는 생애동안 더 열심히 하나님을 찬양하며 살겠습니다."

대물림의 고통을 끊는 세미나

여기까지 인도하신 하나님

고 현 숙 사모
(2기 성신교회/안산)

남편의 목회사역을 돕다보니 많은 사람들이 인간의 힘으로 어찌 할 수 없는 일들을 만나기도 하고 또 고통을 당하면서도 해결할 길이 없어 애통하는 경우를 보게 됩니다.

저희 가정도 예외는 아니었습니다. 저는 자궁암에서 직장암까지 전이된 상태인 1979년 1월 19일에 교회로 인도를 받아 치유함을 받았고 남편은 신학교 3학년 때인 1982년 12월 14일에 충북 옥천의 모교회로 첫 부임을 하면서 목회를 시작하였지만 교회가 부흥이 되다가 무너지고 부흥이 되다가 무너지고 하면서 도무지 목회가 열리지 않았습니다.

영안이 열린 분들 가운데에는 조상들이 막고 있기 때문이라고 말씀하시는 분들도 계셨고 저 자신도 그렇게 생각하고는 있었지만 기도하는 일 외에는 뾰족한 방법이 없었습니다. 남편의 가문은 남자들이 50대 전후로 단명하는 내력이 있어 집안에서 장수하신 어른은 86세인 시아버님 뿐이셨고 남편과 같은 학렬의 형제들도 60이 넘는 분들이 몇 되지 않다보니 자연히 우상을 섬기며 자손들을 위해 복을 빌게 되었습니다.

저희 시아버님은 1981년도부터 약 27년 정도 교회는 다니셨지만 1년에 두세 번 참석하실 정도여서 세례도 받지 못하셨습니다. 1년 정도 몸져 누우셨는데 오래 사실 것 같지 않은 마음이 들어 아버님께 복음을 전하면서 구원의 확신을 갖게 하고 병석에서 세례를 받게 하여 1개월 후 2008년 1월 17일에 평안한 가운데 소천하셨습니다. 기독교식으로 장례를 마치고 삼일 만에 장지에 다녀 오면서 비가 오게 되어 둘째인 저희가 아버님 영정 사진을 가지고 왔는데 이때부터 저희 집에 환란이 오기 시작했습니다.

처음에는 몰랐는데 3일이 지나서 우연히 영정 사진을 보게 되었는데 사진속에서 눈동자가 움직이는 것을 보고 소름이 끼치고 섬뜩했습니다. 지금 같으면 〈성령사역연수원〉에서 배운 능력기도로 쳐 냈을 텐데 그때는 어떻게 할 줄을 몰랐기에 영정 사진을 창고에 두고 기도만 했습니다. 그리고 3일후 의료 선교회에서 남편의 침술 치료를 받고 귀가 하신 분이 일주일이 지나 집에서 주무시다가 뇌출혈로 숨진 일이 일어났습니다. 이일로 우리는 업무상 과실치사로 고소를 당했고 나중에 검찰에서 무혐의로 사건은 마무리가 되었지만 교회와 가정에 많은 어려움이 있었습니다.

이 무렵 저는 감당하기 어려운 교회문제와 가정문제와 영적인 여러 가지 문제로 기도가 절실히 필요했고 또 간절한 상황이었는데 기도가 잘되지 않았고 어찌할 바를 몰라 방황하던 힘든 시기였습니다.

그러던 중에 어느 사모님의 소개로 2008년 4월 「특수부대식 기도특공훈련 무료세미나」에 참석한 후 「특수부대식 기도훈련 전문반」 2기에 등록하게 되었고 기도 전문반에 등록한 후로는 할 수 있는 한 모든 세미나에 참석하려고 최선을 다했습니다. 이는 저의 유일한 탈출구요 소망과 힘을 얻는 곳 이었습니다.

특히 「대물림의 고통을 끊는 세미나」는 저에게는 아주 특별한 세미나였습니다. 이 무렵, 남편은 당뇨로 인한 지병과 심장 판막이 3개가 망가졌고 부정맥과 심부전증으로 병원에서는 심장이식만이 치료의 방법이라고 했습니다. 간수치도 높았고 폐에 물도 수시로 찼으며 식사는 목에서 넘어가질 않아 조금만 삼키면 다시 다 토해내는 반복된 생활 속에서 여섯 번이나 숨이 멎었다가 다시 돌아오는 지경까지 갔으므로 저는 옆에서 거의 뜬눈으로 밤을 새다시피 했습니다.

여섯 번째 숨이 끊어졌을 때에 남편은 천국에 갔는데 너무 너무 좋고 평안하고 아름다워서 거기에 머물려고 하니까 천사가 아직 때가 안 되었으니 빨리 나가라고 떠 밀어서 어쩔 수 없이 왔다고 간증을 했습니다.

한번은 세미나 시간에 김재선 목사님께서 남편에게 사망의 영이 따라 다닌다는 말씀을 하신 적이 있었습니다. 그 후로 저는 매일 남편의 손을 붙잡고 기도하면서 사망의 영을 쳐 냈습니다. 심장이식만이 치료의 길이라고 진단을 받았으나 길이 없어 주님만 의지하면서 길을 열어 달라고 「기도훈련 전문반」에서 부르짖어 기도하였는데, 환상 중에 온 몸에 거머리가 붙어 있어 온몸의 진액을 빨아 먹고 있었고 가슴에는 구더기가 있는 것이 보였고 이것을 어떻게 처리할까 생각하며 손으로 떼어 내는 것도 힘들고 잘 떨어지지도 않아 방법이 없었습니다. 그때 믿음으로 주님의 십자가에서 피를 받아 뿌렸더니 그제야 거머리가 우수수 떨어지고 구더기도 떨어져 나갔으며 어느덧 보혈은 강물이 되어 차고 흘러 넘쳤고 보혈의 강물에 다 떠내려가는 것이었습니다.

이렇게 영적인 처리를 하고 있는데 "하나님이 지금 심장병을 치료하신다"는 김재선 목사님의 멘트가 들려왔습니다. 기도를 마치고 집에 돌아와서 남편에게 제가 「기도훈련 전문반」에서 기도로 처리할 그 시간에 어떤 현상이 나타나지 않았느냐고 물었더니 남편은 가슴이 뜨거워서 견딜 수 없었으나 시원해졌다고 했습니다. 할렐루야! 하나님의 은혜에 감사드립니다.

「대물림의 고통을 끊는 세미나」 둘째 날 치유 시간에 김재선 목사님의 멘트를 따라서 십자가에서 주님의 보혈을 받아 마시고 기도하는데 환상 가운데 절간이 보였고 남편의 이름과 형제들의 이름이 기왓장과 연등에 쓰여 있어서 기왓장을 벗겨내서 망치로 완전히 깨뜨려 버렸고 연등은 태워 버렸습니다. 그리고 한참 기도하니 돌부처가 있고 고가(古家)가 있었는데 오래된 집은 부숴 버렸는데 돌부처는 잘 깨지지 않았으나 하늘에서 불이 내려와 집터에 붙어서 타기 시작했고 돌부처도 깨지기 시작했습니다.

또 성황당의 큰 나무에 깃발들이 걸려 있었는데 이 나무를 처리하려고 하니 나무가 뽑혀지지 않아 힘써 기도하는 중에 전기톱이 제 손에 쥐어져서 그것으로 나무를 잘라내어 불구덩이에 던졌습니다. 나무를 처리하기는 했는데 뿌리까지 완전히 제거해야 될 것 같아 힘을 달라고 기도하니 포크레인이 눈앞에 있어 저는 어느덧 포크레인의 기사가 되어 뿌리를 찍어내기 시작했습니다. 한참 파고 나니 뿌리가 다 뽑혀서 이 뿌리도 불 구덩이에 던지고 보니 작은 연못만한 크기의 구덩이가 되었습니다.

이것이 무당의 영임을 알게 되었고 시댁과 친정의 대물림이라는 것을 알 수 있었습니다.

시어머님은 저의 결혼 초까지만 해도 병점을 봐주는 무당이었으나 제가 예수 믿고 1년쯤 되었을 때 신이 안내려 집에 차려놓은 신당을 다 치웠고 후에 저희를 통해 주님을 영접하고 5년 후에 돌아가셨습니다. 또 친정 어머니도 무당을 하라고 했는데 친정 아버님이 반대하셔서 신당을 차리지는 못하셨으나 늘 사단에게 시달리며 젊은 시절을 보냈고 노년에 주님을 영접하고 권사로 지내다가 작년 성탄절에 소천 하셨습니다.

남편은 시어머님을 가장 많이 닮았는데 나이가 들면서 점점 아버지의 외형이나 생활 습관을 닮아가고 있는 것을 보면 어떤 때는 시아버지를 보는 것 같은 착각이 들 정도였습니다. 시어머님은 나이가 드시면서 1년에 두세 차례 부정맥과 심방세동으로 응급실의 집중치료실을 찾게 되었고 입원치료를 받았습니다. 시어머니가 먼저 입원하시면 남편도 따라 입원했고 어떤 때는 아들과 같은 병원에 같이 입원할 때도 있었습니다. 시어머님이 2009년 8월 14일 소천하셨는데 시어머님이 소천하시면 아들도 같이 갈 것 같은 불안한 마음을 지울 수가 없었습니다.

하지만 「대물림의 고통을 끊는 세미나」에 참석하여 집안의 대물림을 처리하였고 시어머니의 장례 후에 남편은 바로 입원해 부천 세종병원에서 이식이 아닌 판막 성형수술로 심방세동과 부정맥도 수술로 치료해 주셨습니다. 물론 수술 중에도, 회복 중에도 많은 고비가 있었지만 사망의 영을 물리치면서 많은 분들의 중보기도로 지금은 건강을 많이 되찾아 새롭게 목회를 준비하고 있습니다.

너무 부족하고 부족해서 다 표현하지 못했지만 이 간증집을 보시는 분들 가운데 저와 같이 어렵고 힘든 환경에 있는 분들이 〈성령사역연수원〉을 통해서 다시 한번 힘을 얻을 수 있기를 소망합니다. 새 생명 주시고 은혜 베풀어 주시며 치료의 물질까지도 놀랍게 채워주시며 여기까지 인도해 주신 하나님께 이 모든 영광을 돌립니다. 다시 한번 주님께 충성할 것을 다짐하면서 많은 사랑으로 훈련시켜 주신 김재선 목사님과 사모님께 진심으로 감사드립니다.

■ 대물림의 고통을 끊는 세미나

이제야 알 것 같습니다

한 상 현 선교사
(7기 성령의 능력교회)

오랫동안 참석하기를 소망하고 있다가 시간을 내어 참석한 「대물림의 고통을 끊는 세미나」는 제 신앙생활의 새로운 전환점이 되었습니다.

어머님은 제가 초등학교 6학년 때 부터 신이 내려 무당이 되셨고 20년 넘게 귀신을 섬기며 지내시다가 제가 전도사로 사역을 하고 있던 2004년, 어머님께서 출타하신 틈을 이용해 제 손으로 신당의 불상들을 부수고 모든 물건들을 치워 쓰레기 자루에 묶어서 버린 일을 계기로 그때부터 어머님께 점괘를 말해주던 귀신은 떠나고 무당 일을 그만 두게 되었습니다. 할렐루야!

그러나 그 오랜 시간 우상 숭배하던 환경으로 인해 우리 가정은 하나님의 보호하심을 경험하지 못한 채 많은 어려움과 갖가지 악한 영들의 영향력 속에서 살아야만 했습니다. 청년 시절에 하나님의 은혜로 주님을 영접하여 그 사랑에 흠뻑 젖어 신학을 공부하고 선교사까지 되었고 주의 종의 가정에서 자란 믿음의 자매와 축복의 결혼식을 올리고 너무나 예쁜 딸과 아들까지 낳았으니 우상과 귀신을 섬기던 저희 집안의 저주는 나의 세대부터는 끝이 났다고 생각을 하며 지내 왔습니다. 그러나 그것은 성경을 제대로 이해하지 못한 저의 착각이었습니다.

세미나를 통해 성경에서 말하는 대물림의 갖가지 다양한 사례들과 실제로 신앙인들 가운데 끝없이 경험되어지는 대물림 현상들을 들으니 저의 지난 삶과 사역의 현장에서 경험한 인생의 순간들이 주마등처럼 지나갔습니다. 예수님을 영접함으로 구원을 받고 저주의 사슬이 끊어진 것은 분명히 맞지만 조상 대대로 쌓아온 하나님의 진노하심을 확실히 해결했다는 증거도 없이 막연하게 나는 예수를 믿으니 저주는 나와 상관이 없다는 믿음으로 살아온 제 자신이 너무나 안일하고 미련하게 느껴졌습니다. 목사까지 된 자로서 성경을 낱낱이 연구하여 성경에서 말씀하시는 것을 바로 알고 순종해야 하는데 그러질 못했습니다.

어머님과의 관계에 있어서도 어머님을 전도하기 위해 마음을 열어 드릴 목적으로 제사상 차리는 일들에 대해 묵과했던 일들, 어머님의 자녀, 손자, 손녀의 이름을 가지고 귀신들에게 빌고 제사를 드리는 데도 사태의 심각성을 모르고 그런 일을 하지 말라며 그저 말로만 말씀드리고 그대로 방치한 일들에 대한 그 끔찍한 결과를 깨닫고 난 후 우리 가정에 쌓여있는 하나님의 진노를 생각하니 정말 하나님 앞에 죄송하고 자녀들에게 한 없이 미안한 마음이 들었습니다. 예수를 믿는다고 하면서도 성경을 모르고 우상숭배를 묵인한 부모 때문에 얼마나 큰 짐들을 아이들에게 떠넘기게 되었는지를 생각하니 너무나 부끄러웠습니다.

세미나 시간을 통해 절실히 깨달은 것은 목사의 신분으로 신앙생활을 한다고 하면서도 하나님의 말씀과는 전혀 상관도 없고 근거도 없이 내 생각과 느낌으로 멋대로 생각하고 살아왔음을 깨닫고 고백하게 되었습니다. 하나님께서 나의 범죄에 즉각 반응하시지 않는다고 그 하나님의 오래 참아주심을 저도 모르게 악용했고 말씀에 대한 믿음은 세상의 기준과 방법대로 살아 왔으며 하는 일이 잘되고 건강하면 내가 하나님 앞에 잘하고 있구나 하는 엄청난 착각 속에 살고 있었던 것입니다.

세미나를 통해 대물림에 관한 죄악들과 그 결과들을 낱낱이 듣고 그러한 삶의 결과가 나에게만 머무르지 않고 3,4대 후손들에게까지 하나님께서 말씀하신 그대로 나타나게 된다는 것을 깨닫게 되니 긴장하지 않을 수 없었습니다. 강의시간 내내 생생한 사례들을 들으며 그동안 성격상의 약점으로, 누구나 가지고 있는 단점이나 고난 정도로 인식했던 나의 모습 자체가 대물림으로 인한 저주로 계속 악순환되고 있는 양상이었음을 깨닫게 되었습니다. 이것은 제 인생을 바꾸어 놓은 엄청난 사건이며 깨달음이었습니다.

반드시 해야 될 일인줄 뻔히 알고 계획까지 세워 놓았지만 실행으로 옮기지 못한 무기력함, 게으름, 무책임 그리고 항상 하나님 앞에서 부끄러워했던 고집, 혈기, 음란한 생각 등 이러한 죄가 얼마나 하나님의 마음을 아프게 하고 무서운 결과를 가져오는지를 잊고 살던 영적 무감각한 모습들과 교재에 나온 대물림의 현상들이 모두 저의 이야기였습니다. 제 모습 중에는 근성과 연관된 부분도 있었지만 대물림의 세계를 들을수록 이러한 사실을 모르고 당했던 지난 날들이 안타깝고 비참하게 느껴졌습니다. 영혼에 철퇴를 맞은 것처럼 정신이 바짝 들었습니다.

세미나 내용 중에서 가장 마음깊이 새겨진 것은 저주에 대해 자세히 풀어주신 것이었습니다. 원어로 "아라르"라는 저주와 "아나데마"의 저주를 자세히 설명해 주셨습니다.

저는 선교사로서 1999년부터 필리핀과 인도 등지에서 사역을 하였고 2006년부터 3년간은 중국 북경에서 크리스천 학교를 운영하며 사역을 했습니다. 학교사역을 통해 많은 열매도 맺었으나 결국 재정적인 어려움을 이기지 못하고 학교를 정리하는 과정에서 많은 빚이 생기고 학생들과 학부모들과의 관계는 어려워지고 외국 땅에서 수치와 모욕을 당하는 많은 일들을 겪어야만 했습니다.

그런데 대물림 세미나를 들으며 저는 가슴을 치고 통탄했습니다. 학교를 운영하면서 학생들과 함께했던 숱한 기도의 시간들, 하나님께서 약속하신 수많은 축복과 응답들, 그 응답들을 붙잡고 기도했던 많은 날들, 그러나 결과는 최악으로 이어지고 말았고 하나님께서 좋은 경험을 하게 해 주신 것이라고 애써 이해하려 했지만 대물림 세미나를 듣고 난후에야 그 원인을 알게 되었습니다. '아라르'의 저주와 '아나데마'의 저주의 양상이 그대로 제 사역속에 나타났던 것이었습니다.

또한 거슬러 올라가 필리핀, 인도, 방글라데시 등 수년간 사역했던 곳에서 당했던 사건 사고와 어려움들이 하나님이 저를 훈련시키시려고 허락하신 이유도 있었겠지만 대물림의 문제를 해결하지 않고 살아가던 저의 삶과 사역속에 대물림의 결과가 정확하게 나타났다는 것을 깨닫게 된 것입니다.

「대물림 세미나」 마지막 시간이 되자 이제는 끝장을 보리라는 각오로 간절히 기도에 임했는데 기도 중에 마치 물개처럼 매끄러운 피부를 가진 짙은 곤색의 짐승이 보였습니다. 계속 기도하니 칼이 그 짐승을 갈기갈기 찌르고 베어버렸고 큰 검정색 쓰레기 봉투에 담기더니 단단히 봉해져서 버려지는 것이었습니다. 세미나가 끝난 후 이것이 대물림의 해결된 증거라는 확신을 들어 마음이 너무나 기뻤습니다.

3일간의 일정으로 끝내기엔 너무나 아쉬운 시간이었지만 하나님께서 세상을 어떠한 원리로 만드시고 다스려 나가시는지를 깊이 깨달을 수 있는 은혜의 시간이었습니다. 이제 배우고 깨달은 것을 삶에 적용하여 하나님 아버지께서 약속하신 넘치는 축복의 주인공이 되리라 각오하며 풀리지 않은 궁금증들이 풀렸으니 이제 더욱 담대하고 자신있는 믿음의 삶을 살아가리라는 확신이 섭니다.

이 귀한 대물림의 원리를 알려주신 하나님과 〈성령사역연수원〉 원장이신 김재선 목사님께 다시 한번 깊은 감사의 말씀을 드립니다.

🚶 대물림의 고통을 끊는 세미나

대물림의 영향에서 벗어나다

곽 형 오 목사
(8기 사랑마을교회/용인)

6. 25전쟁이 한창일 때 시골 마을에 땅을 진동하는 울음을 터트리고 한 사내아이가 이 세상에 태어났습니다. 그 아이의 아버지는 몇 달 전에 입대하여 전쟁터에서 한참 싸우고 있을 때였습니다. 결혼을 하고 몇 달 뒤에 군에 지원하여 전쟁터로 출정한 것입니다. 그가 전쟁터에서 싸우고 있는 동안 세상을 진동하고 태어난 아이가 바로 저입니다. 저는 아버지의 얼굴도 보지 못하고 성장하였고 결국 아버지는 6.25 전쟁 중에 백마고지에서 전사하였습니다.

저는 유치부 때부터 교회를 다녔습니다. 지금까지 살아오면서 세상으로 향했던 때는 단 한 번도 없었습니다. 그렇게 하나님께 충성하였습니다. 할아버지께서는 내가 어린 시절 아버지에 관한 이야기를 가끔 해 주셨습니다. 성격은 외향적이어서 남 앞에 나서기를 좋아하며 욕심이 많고 남에게 지기를 싫어하는 성격이라고 하셨습니다. 그러시면서 어쩌면 그렇게도 너는 아버지를 빼 닮았느냐고 말씀하시곤 하셨습니다.

저는 아버지를 닮아서인지 남에게 지기를 싫어하는 성격을 가졌으며 마음속에는 항상 명예욕, 물질에 대한 욕심들이 타오르고 있었습니다. 저는 고등학생 시절에 주의 종이 되겠다고 하나님께 헌신하였는데 세월이 흘러가면서 그 헌신의 약속은 희미하게 잊혀져갔고 세상의 출세에만 눈이 어두워 세상 사람과 다를 바 없는 그런 삶을 살았습니다. 대신에 교회에서는 손색없이 너무도 충성된 성도로서 열심히 활동을 하였습니다. 그러나 하나님은 그런 나를 가만히 놔 두시지 않으셨습니다.

가지고 있었던 모든 재산을 다 날리고 말았으며 몸은 병을 얻어 간경화가 왔습니다. 결국 직장에 사표를 낼 수 밖에 없었고 아들이 미국에서 공부를 하고 있었기에 우리 가족은 1997년에 미국으로 이민을 가게 되었습니다. 이제 생각해보면 한국에 살면서는 많은 친구들, 좋은 직장, 많은 물질, 세상적인 것들 때문에 도저히 신학교를 갈 생각을 하지 않기 때문에 하나님께서 그 모든 물질을 거두어가시고 몸에는 질병을 얻게 하시며 이민을 보내신 것입니다. 빈손으로 미국에 갔는데 하나님께서는 모든 조건들을 예비하여 주셨습니다. 좋은 의사를 만나게 하셔서 간경화도 치료해 주셨습니다. 어렵게 미국에서 신학 공부를 마치고 50세가 넘어서야 목사 안수를 받고 하나님과의 약속을 지키게 되었습니다.

이렇게 서두에 저의 지난 과거를 장구하게 전개하는 이유는

「대물림의 고통을 끊는 세미나」를 참석하고 은혜 받은 내용을 간증하고자 하기 때문입니다.

2009년 2월에 다시 한국으로 돌아오게 되었고, 2010년 9월에 교회를 개척하였습니다. 교회를 개척하라고 하나님께서 장소도 보여 주시고 인도하여 주셨습니다. 개척을 하고 나서 기도의 중요성과 필요성을 깨닫게 되어 날마다 주님께 무릎을 꿇고 기도하는 습관을 갖게 되었습니다. 그런데 한 두 시간 정도 기도하고 나면 그 이상 길게 기도를 하고 싶어도 할 수가 없었으며 그렇게 하다 보니 점차적으로 기도는 형식화, 의식화되어 가고 있었습니다. 그러면 그럴수록 영적으로 갈급함은 더하여 갔고 주님과 깊은 영적인 교제를 하고 싶은데 잘 되지 않았습니다.

그러다가 어느 날 잘 아는 집사님으로부터 〈성령사역연수원〉을 소개받게 되었고 「특수부대식 기도특공훈련 무료세미나」에 참석하였습니다. 제게는 정말 충격! 바로 그 자체였습니다. 그 동안 경험해 보지 못했던 영의 세계를 설명해 나가시는데 연수원은 한마디로 은혜의 도가니였습니다. 이 세미나를 통해서 기도의 영적 세계를 알게 되었고 그 이후 진행되어진 「성경파노라마 기본반 세미나」 「성경 파노라마 전문반」을 통해서는 하나님 영의 세계를 알게 되어 저절로 감사의 고백이 나왔습니다. 그동안 2년 가까이 다른 곳의 세미나에 참석하고 있었는데 〈성령사역연수원〉에 온 이후 그 모든 세미나를 과감히 포기하였습니다.

그렇게 열심히 거의 모든 세미나를 참석하고 있던 중 「대물림의 고통을 끊는 세미나」에 참석하게 되었습니다. 세미나를 통해서 대물림의 부분은 정신적, 육체적, 가정적, 물질적, 영적인 부분이 대물림 되며, 성격과 행동부분까지도 대물림 되는 경우가 많고, 좋은 면보다는 좋지 않은 면이 대물림 되는 경우가 더 많다는 사실을 배우게 되었습니다. 믿음의 사람이라 할지라도 대물림의 영향으로 괴로움을 당하는 경우가 많다는 사실도 알게 되었습니다. 이렇게 고통을 당하기 때문에 자기 자신을 고치려고 노력하는데도 고쳐지지 않는 성격이나 행동 때문에 날마다 괴로움에 시달리는 성도들이 많음을 알게 되었습니다.

둘째 날 오후 시간에 김재선 목사님의 인도에 따라 우리들에게 거의 다 있는 대물림을 끊는 기도시간을 가졌습니다. 한참을 기도하면서 영적세계로 들어가고 있는데 갑자기 향기가 내 코를 진동했습니다. 그 향기는 동양란 꽃에서 나오는 그런 향기였습니다. 계속해서 기도의 세계로 들어가다 보니 갑자기 내 앞에 인민군 복장을 한 사람이 나타났습니다. 그 사람은 인민군 복장에 인민군 훈장을 온 몸에 빈틈없이 달고 있었습니다. 자세히 보니 그 사람은 내가 사진에서 보았던 저의 아버지였습니다. 나에게로 한 걸음 한 걸음 다가오고 있었습니다. 그 얼굴은 일그러져 있었고 무엇인가 불만에 가득찬 얼굴로 나에게 다가왔습니다. 그 모습을 보고 아버지에게 있었던 좋지 못한 부분들이 환상으로 나타났음을 알게 되었습니다. 그 훈장은 명예욕이며 많은 훈장들은 아버지의 욕심을 나타내는 것이라는 것이 알아 졌습니다. 또한 그것들이 내게 대물림이 되었다는 사실도 깨닫게 되었습니다. 그래서 내게도 명예욕, 물질에 대한 욕심들로 가득 차 있다는 사실을 깨닫게 되었습니다.

그 물체는 나를 향하여 더욱 가까이 오고 있었는데 앞에서 기도를 인도하시는 김재선 목사님께서는 "여러분들에게 나타난 것들을 때려 부셔야 합니다" 하시는 말씀이 계속해서 들려 왔습니다. 저는 그 물체를 향하여 "꽉!꽉!꽉!" 소리 지르며 손으로 때려 부셨습니다. 그 물체는 좀처럼 부서지지 않고 나를 향하여 계속 다가 왔습니다. 가까이 왔을 때 저는 칼로 그 물체를 향하여 "나사렛 예수의 이름으로 명령하노니 내게서 떠나갈지어다" 하고 심장 부분을 찔렀습니다. 그때야 그 물체는 무너지기 시작했습니다. 계속해서 칼로 팔, 어깨부분을 내려 쳤습니다. 팔과 다리와 온몸을 손에 들려진 칼로 완전 산산조각을 냈더니 결국 그 물체는 눈앞에서 사라지고 말았습니다. 온 몸이 땀으로 뒤범벅이 된 상태였으나 마음에는 말로 형용할 수 없는 평안이 찾아 왔습니다. 그 이후 이제 대물림의 고통에서 해방 되었구나! 하는 확신을 가질 수 있었습니다. 하늘을 날아가는 기분이었습니다. 하나님의 은혜가 감사해서 한 없이 눈물을 흘렸습니다.

저는 제가 알지도 못하는 대물림의 고통인 명예욕, 물질에 대한 욕심에서 치유를 받았습니다. 이 세미나를 통하여 우리 가계에 흐르고 있는 대물림의 사슬이 이렇게 강하게 나를 억누르고 있었다는 사실을 알았습니다. 대물림의 고통의 문제를 해결하게 하신 하나님께 감사를 드립니다. 대물림을 끊어낸 후 저의 신앙에도 변화가 왔습니다. 교회 재정문제, 교회 이전 문제들이 나를 억압하고 있었는데 이제 자유하는 마음이 생겼습니다. 생활 가운데서도 재정적인 문제가 항상 나를 괴롭혔는데 그것으로부터도 자유함을 얻게 되었습니다. 이제 모든 것을 하나님께 맡기기로 하였습니다. 사실 대물림의 고통을 해결한 때가 몇 주일을 지났는데 지금도 제가 강대상에 서거나 기도를 하게 되면 계속해서 대물림 기도시간에 내게 풍겨 왔던 동양란의 향기가 아주 진하게 맡아집니다. 또 〈성령사역연수원〉에 가서 기도를 할 때도 그 향기가 맡아집니다. 그 향기를 맡을 때마다 하나님의 은혜에 더 감사하곤 합니다.

대물림의 고통에서 벗어날 수 있는 이렇게 좋은 세미나가 있는 줄 알지 못하고 대물림을 끊지 못하여 고통받고 있는 분들에게 이 세미나를 소개해 드리고 싶습니다.
그리하여 대물림의 고통에서 해결 받고 하나님께서 맡겨주신 사명에 온 힘을 다하시는 하나님의 사람들이 되시기를 소원하는 마음으로 이 글을 씁니다. 하나님의 평강과 축복이 모두 위에 함께 하시기를 기도합니다. 감사합니다.

👤 근성치유 세미나

저는 복 받은 사람입니다

장 우 상 청년
(8기 성령의 능력교회)

저는 29살의 청년입니다. 가끔 친구를 만나면 술도 한잔하고, 영화, 게임, 노는 것에 열광하는 세상의 여느 젊은이들과 다를 것이 없는 보통 청년이었습니다.

지금은 〈성령의 능력교회〉의 청년입니다. 이 교회에 나온 이후로 술은 하지 않지만, 영화, 게임, 노는 것들을 다 끊어 버린 것은 아닙니다. 그런데, 지금의 〈성령의 능력교회〉 청년이라는 타이틀이 너무 너무 기쁘고 자랑스럽습니다.

예수 믿고 첫번 교회를 출석한 때부터 벌써 20년이 넘는 시간을 교회에 '다니고(?)' 있습니다. 물론 그러는 중에도 사람들 눈에는 믿음 좋은 아이, 열심있는 청년으로 비추어져 칭찬을 받곤 했었지요. 제 속은 다 썩어서 도려내야 할 상태였는데 남의 속도 모르고 말이죠. 그런데도 제가 잘 믿지 않으면, 제가 전도한 친구들은 당연히 도미노 현상처럼 다 쓰러질 것을 알고 있었기에 티를 낼 수가 없었습니다. 그러면서도 그렇게 버티며 살아갈 수 있었던 것은 하나님과의 관계 때문이었습니다.

제가 기도하기만 하면 하나님은 기다렸다는 듯이 기도를 그렇게 잘 들어주실 수가 없었습니다.

〈성령사역연수원〉에서 몇 개월 동안 기도훈련을 받고, 세미나를 들으며 제가 생각했던 취업 시기를 조금 넘기고는 있지만, 지금은 먼저 참된 그리스도인이 되어야 겠다는 생각 하나로 기도훈련과 각종 세미나를 받는데 열중하고 있습니다.

저는 지난 8월1일부터 실시하였던 「근성치유 세미나」에 참여하게 되었는데 이번이 두 번째였습니다. 첫 번째 참석하였을 때는 지금 생각해도 복 받을, 치유 받을 자세가 안 되어 있었던 것 같습니다. 별 기대감없이 가벼운 마음으로 참여하였기에 이론 강의는 귀로 들어도 머릿속에 남는 것이 없었고, 앉아서 기도는 하되 "정말 내 속에 있는 근성을 끊을 수 있을까?" 하는 의심마저 들었습니다. 그렇게 3일간의 세미나 일정은 순식간에 지나가 버렸고, 아쉬움만 남는 시간이 되었었습니다.

그렇지만 두 번째 참석하는 이번 「근성치유 세미나」는 달랐습니다. 온 가족이 다같이 참석하는 세미나였기에 가슴이 설레였고, 전과 다른 기대감과 말씀을 듣는 기쁨, 그리고 근성을 치유함으로 주님께 더 가까이 갈 수 있을 것이라는 마음이 강력하게 들었습니다. 3일 동안 이론과 실습에 임할 때 오묘한 기분을 느꼈습니다. 전에 들었던 내용들인데 이렇게 한 번 더 배우게 되니 더 깊은 세계가 보여서 듣는 내내 흥분상태로 들었습니다. 김 목사님께서 영성에 대한 설명을 하시면서 성령 충만에 대한 구분, 곧 외적충만과 내적충만이 함께 일어난 마가의 다락방의 성령역사라든가 혹은 한쪽만 나타났을 경우에 대한 내용들을 통해 성령의 역사하심에 대해 더 깊이 알 수 있었습니다.

그리고 우리에게서 제거해야 할 근성들 중 합리화, 정당화의 근성을 설명하시다가 목사님께서 상담에 대한 문제점의 지적하셨는데 그 내용이 뼛속까지 와 닿았습니다. 다른 사람들보다 더 잘 들어주는 경향이 있어서 군에 있을 당시에 '병영 상담관' 과 같은 직책을 맡아 동료 병사들을 상담해주기도 했고, 직업으로 상담사를 생각하기도 했는데, '상담자가 하나님의 뜻과 길을 배제한 채 사람 편에서만 이야기를 하게 되면 하나님의 전지성에 도전하는 것이라 문제가 있다'는 목사님 말씀을 들으면서 '아뿔싸! 큰일났네. 지금까지 군에 있을 때 상담한다고 하면서 사람들 입장에서 편들어 준 것, 합리화 시키면서 그 사람들을 위로한 것들을 어떻게 하지?' 라는 생각이 들었습니다.

우리가 제거해야 할 근성 중에 공유의 근성을 시작하여, 혈기, 합리화, 정당화, 염려, 악한 말과 격한 말, 구습, 원망, 거역, 음란, 가난하게 하고 망하게 하는 근성 등 목사님께서 성경속의 내용을 근거로 하여 뽑아낸 580여 가지가 넘는 많은 근성들 중에 선별하여 열거한 20여가지 근성을 교재를 통하여 들으면서 우리 속에 못된 근성들의 종류가 한 두가지 아니라는 사실에 너무 놀랐습니다. 반면에 그 근성들을 하나 하나 뽑아내면 그리스도를 닮아 갈 수 있겠다는 생각도 커져 갔습니다.

드디어 둘째 날 오후에 근성을 치유하는 실기 기도시간이 왔고 근성을 뽑아내기 위해, 그 근성의 뿌리를 느끼기 위해 모두들 자리 잡고, 김재선 목사님께서 끌어주심을 따라 기도하기 시작했습니다. 자기 속에서 근성이 빠져 나갈 때에 그게 뭔지 느낄 수 있다는 말씀을 이해 못했지만, 기도를 따라 들어가는 동안 그것이 어떻게 역사했고, 무엇이었는지 느낄 수 있었습니다.

둘째 날에 제가 본 것은 크기가 저보다 약간 작은 말벌 이었습니다. 제 머리 위에서 사람이 누워서 쉬는 것처럼 누워있는데 참 기분이 묘했습니다. 제가 누군가하고 이야기 할 때마다 그 벌이 상대방을 쏘는 것을 보았습니다. 그 사람들을 보는 순간 "아, 내가 상담해준 사람들이었구나. 이것은 합리화, 정당화의 근성이구나!" 라고 알 수 있게 되었습니다.

배운지 얼마 되지 않았지만, 능력기도로 저 놈을 죽여야겠다는 마음의 감동을 따라 기도로 그놈을 쳐 내기 시작했습니다. 제가 칠 때마다 침으로 위협했지만, 하나님의 전신갑주를 입고 있기에 능히 저 놈을 이길 수 있다는 믿음으로 날개를 뜯고, 머리, 몸통, 배 이렇게 찢어 나눠 버렸습니다. 머리를 뜯어내도 얼마간은 움직였지만, 얼마 지나지 않아서 움직임을 멈췄고 완전히 죽었음을 확인할 수 있었습니다.

다음 날은, 어제 뽑아 낸 것이 있는데 또 뭐가 보일까? 생각하고 있었는데 이번에는 뭔가 익숙한 놈이 보였습니다. 첫 번째 근성

치유 받을 때 나타났었으나 제가 생각을 깊이하고 있어서 나타났던 것이라고 여겨져 무시하고 넘겼던 그 늑대가 다시 보인 것입니다. 그 놈이 이번에는 제 속에서 발로 드럼 치듯이 두들겨 댔습니다. 꼭 심장 있는 부분에 작은 강아지 한 마리가 식도 쪽으로 나오기 싫다고 버티는 것 같았습니다. 목사님께서 인도하는 대로 십자가에서 흘리신 주의 보혈을 마시고, 힘을 다해 토하는 순간 그 놈이 밖으로 쑥하고 빠져 나오는 것이었습니다. 그것이 혈기의 근성이라는 확신이 들었습니다. 별 일도 아닌데 작은 일에도 아킬레스건을 건드린 듯 화를 나게 하는 근성이 빠져 나왔다는 확신이 강하게 들었습니다.

기쁨의 눈물로 감사를 드렸고, 시간이 되어 마무리 지을 수 밖에 없었지만, 이제 하나씩 하나씩 발견되는 것들을 기도로서 제거할 수 있다는 자신감과 악한 것들을 제하고 주님의 능력과 권세로 나아가겠다는 강한 확신을 가질 수 있었습니다.

저는 매우 내성적이고 낯을 가리는 편입니다. 글 솜씨도 좋지 않아서 글을 쓰는 것도 그다지 좋아하지 않지만 이렇게 글을 쓰는 이유가 있습니다. 그것은 청년들이 더 많이 함께 했으면 좋겠다는 생각 때문입니다.

연수원에서 세미나에 참석했을 때, 목사님들과 사모님들께서 항상 저에게 하시는 말씀이 있습니다. "젊을 때 이렇게 나와서 훈련받으니 참으로 복 받았네. 복 받았어!" 그렇습니다. 저는 복 받은 사람입니다. 주님께서 저와 함께 하시고, 저를 인도하시고 세워 주시는 것을 온몸으로 느끼고 있는 사람이니까요.

이런 저에게 소망이 있습니다. 많은 젊은이들이 함께 나와서 예수를 알고 배우며 주님께서 쓰실 때를 예비해 가는 것입니다. 많은 청년들이 교회를 다니고는 있습니다. 하지만 천국의 상을 바라고 꿈꾸며 가는 청년들은 별로 없는 것 같습니다. 제가 이렇게 말 할 수 있는 이유는 제가 그랬었고, 제 주변의 청년들이 그랬었기 때문에 이렇게 말하는 것입니다.

나이를 떠나서 모든 사람들이 다 주님을 제대로 알며 나아가기를 원하지만 청년의 때에 예수를 알고 선포할 수 있는 이들이 더욱 많아지기를 소망하면서 이 글을 씁니다.

자신의 길이 헷갈리고 무엇이 옳은지 모를 때에 주님께 나오시라고 감히 말씀 드리고 싶습니다. 전지전능하시며 만물을 지으신 그분이 당신을 기다리고 계십니다.

마지막으로 제가 알지 못했던 세계를 알려 주시고, 궁금했던 일들을 하나씩 깨닫게 해 주시고, 훈련으로서 다듬어지게 하시는 김재선 목사님과 온 정성으로 섬기고 초대교회의 모습을 보여주는 우리 〈성령의 능력교회〉 모든 성도 분들과 〈성령사역연수원〉에서 섬김으로 봉사하시는 총괄 목사님들, 그리고 이 모든 것들 위에 함께 하시면서 저의 길을 예비하시고 도와주시는 하나님 아버지께 감사를 드립니다.

근성치유 세미나

이 일을 어찌할고?

임 순 희 사모
(7기 은석교회/서울)

지금 섬기고 있는 교회에 저희 남편 목사님이 담임으로 부임하여 섬긴지 13년이 되어 갑니다. 해를 거듭할수록 기도의 중요성과 필요를 절감하고 있었습니다.

잘 아는 사모님이 목회에 큰 힘과 자신감을 얻게 된 곳이 있다며 소개해주셨는데 관심이 쏠렸고 그곳이 어떠한 곳인지 너무 궁금하였습니다. 그 이후 얼마쯤 시간이 흘렀고 그 사모님으로부터 「특수부대식 기도특공훈련 무료세미나」가 있으니 참석해 보지 않겠느냐고 전화가 걸려 왔습니다.

저는 기도에 갈증을 느끼고 있던 터라 기대감에 주저함 없이 대답하고 〈성령사역연수원〉으로 발걸음을 옮겨 세미나에 참석하게 되었습니다.

사용하는 용어가 '특수부대'니, '특공훈련'이니, 또 '기도벨트' 등 이 모든 것들이 나에겐 생소했지만 거부감이 생기지 아니하였으며, 이 훈련 코스를 제대로 경험하고 싶은 마음이 생겼고, 그 동안의 갈급함과 마음의 소원함이 있었기에 "훈련"이란 단어가 저에겐 기대감과 소망으로 설레이게 하였습니다.

무료세미나를 마치고 「기도훈련 전문반」 7기에 등록하여 드디어 4개월간의 기도훈련과정이 시작되었습니다. 그곳엔 200여명이 족히 넘는 사람들로 꽉 차 있었고 기도에 대한 뜨거운 열기가 나에게 그대로 전달되어져 왔으며 그들과 함께 기도의 대열에 동참하였습니다.

제게는 육체의 연약한 부분이 있었는데 15년 전쯤에 거의 쓰러질 정도로 심한 허리와 어깨 통증으로 호흡하기조차 힘들었을 때가 있었습니다. 그 이후 몇 년 동안 호전된 듯 하였으나 한 번씩 통증이 찾아오면 생활이 마비될 정도였습니다. 고개를 숙여 세수도 못하고 앉지도 눕지도 못할 정도로 말로 표현 할 수도 없을 만큼 괴로웠습니다. 장시간 앉아 기도한다는 것은 더더구나 어려운 일이었고 집중하며 기도하기도 쉽지 않았습니다.

「기도훈련 전문반」 7기와 8기를 지나면서 많은 것들을 경험했지만 특별히 저는 기도의 바른 자세에 대해 새로운 것을 발견하게 되었습니다. 「특수부대식 특공기도」는 기도벨트를 허리와 골반 사이에 두르고 허리에서 소리를 내는 능력기도이며 이것은 능력이 바로 허리에서 나온다는 것을 의미합니다.

기도벨트를 하고 바른 자세와 허리기도를 하면서 목사님의 가르치심을 따라 훈련을 받은 후부터는 허리의 통증과 어깨의 통증이 사라졌고 기도 전문반에서 4시간 이상씩, 지리산 실전기도에서 6~7시간을 앉아 기도해도 허리에는 무리가 없게 되었습니다.

그 이후로 저의 몸은 너무 가벼워졌고 기도하는 것은 결코 어렵거나 힘든 것이 아니라는 것을 경험하게 되었으며 기도를 통해 자신감과 믿음의 확신과 담대함이 생겼습니다.

이외에도 16시간 집중기도 훈련, 꿈 해석, 천사론, 마귀론, 종교의 영의 세계, 성경 파노라마, 대물림의 고통을 끊는 세미나 등 다양한 세미나가 매주 월요일부터 수요일까지 진행되고 있는데, 지난 7월에 「거룩한 성품으로 가는 근성치유 세미나」에 참석하게 되었고 그 세미나를 통하여 새롭게 깨닫게 된 것과 받은 은혜가 너무 많았습니다.

예수 믿고 구원받은 사람이라면 누구나 소원하는 것이 있을 것인데 그것은 삶의 변화일 것입니다. 바로 나의 삶이 예수님 성품을 닮아가는 것입니다. 그분의 뜻대로 살고 말씀에 순종하며 주님을 기쁘시게 하는 믿음의 사람이 되기를 원할 것입니다. 아무리 오랫동안 대대로 믿음생활을 해왔고 기도도 많이 하고 성경도 많이 알고는 있지만 삶에서 열매를 맺지 못하는 경우를 보게 됩니다. 저 자신을 볼 때도 기도하고 믿음으로 살려고 애쓴 만큼 삶에 열매가 맺혀지지 않고 자신의 감정조차 다스리지 못하고 주님의 의를 가리울 때가 많음을 고백합니다. 되는 것 같다가도 또 원점으로 돌아가는 나의 모습에 절망과 낙심이 찾아올 때도 있었고요.

사람들은 이런 내 속도 모르고 나의 신앙생활을 칭찬하는 경우가 있었습니다. 그럴 땐 더욱 더 양심의 가책이 되어 '이건 정말 아닌데' 하는 마음을 여러 번 가졌습니다.

이번 주님의 거룩한 성품에 이르는 「근성치유 세미나」를 통해 은혜 받은 내용을 함께 나누려고 합니다.

우리 속에는 두 개의 성품이 있는데 선을 행하기 원하는 나에게 악이 함께 있다는 것입니다. 내 속사람으로는 하나님의 법을 즐거워하나 내 지체 속에 한 다른 법이 내 속사람과 싸워 그것을 행치 못하게 하는 것입니다. 그래서 우리는 믿음 생활 가운데 하나님의 자녀가 되어 주님의 말씀대로 살고 싶고 순종하고 싶고 주님을 따르고 싶은데 내 안에 주님의 성품과 악한 사단의 성품으로 인해 갈등하게 되는 것을 볼 수 있습니다.

나는 예수 믿는 사람이니까 참아야 하고, 화내지 말아야하고, 용서해야 되고, 사랑해야 한다는 것입니다. 그러나 이러한 것은 주님의 성품으로부터 온 것이 아닌 훈련에 의한 행위라고 할 수 있는 것입니다. 우리는 그렇게 수없이 들어왔고 훈련받아 왔기 때문이죠.

바리새인들은 행위로는 흠이 없을 정도로 완벽했으나 주님께서는 그 행위가 믿음에서 나왔다고 하지 않으시고 율법으로 훈련된 행위라며 그들의 속마음과 믿음의 행위가 아닌 것을 책망하셨습니다.

나의 모습이 바리새인과 다를 바가 없음을 보게 됩니다. 나는 목사 사모이고, 또 기도하는 사람이니까 하면서 속마음과 다르게 겉으로 드러난 말과 행동이 이중적이고 가식적이며 체면과 사람을 의식할 때가 얼마나 많았는지 모릅니다. 사람을 속일 수는 있겠으나 하나님 그분 앞에서는 내 마음이 거울 앞에 비춰진 모습처럼 환하게 보이니 숨길 수가 없었습니다. 지금의 나의 솔직한 심정은 '이 일을 어찌할꼬?' 입니다.

그러면 진정 주님의 성품을 닮으려면 어떻게 해야 하는 것일까요? 그것은 내속에 있는 악한 성품인 못된 근성을 다 뽑아내 버리면 선을 행하기 원하는 주님의 성품만 남아 그분의 뜻을 따라 행할 수 있게 된다는 것입니다. 우리의 육에서 악한 성품을 뽑아내 버리고 주님의 성품만이 남으면 우리의 겉과 속이 같아진다는 것입니다.

우리 안에는 악의 성품들이 있는데 부부가 악을 행하는데 합세하는 영인 공유의 근성, 혈기, 자기합리화, 정당화, 염려, 악한 말, 과격한 말, 원망, 불순종, 거역, 용서치 못하는 것, 음란, 당짓는 근성, 망하게 하는 근성 등 이러한 나쁜 근성을 제거함으로 주님의 거룩한 성품을 닮아갈 수 있다는 것입니다. 악의 근성을 뽑아내지 않으면 자신도 모르는 사이에 사단이 원하는 일을 하게 되며 사단의 지배를 받게 됩니다. 사단의 미혹을 받아 선악과를 따먹은 아담의 때부터 인간 속에 이런 근성이 있다는 것입니다. 근성의 내용들을 하나하나 열거해 나갈 때 제 안에도 무수한 악한 근성이 있는 것을 보게 되었습니다.

악의 근성이 우리 삶을 안 되게 하고 어려움에 빠뜨릴지라도 그것은 나 개인으로 끝나는 것이 아님을 생각할 때 얼마나 두렵고 무서운 일인지요. 영은 옆으로도 흐르고 위에서 아래로도 흐르며 또 전가되기도 한다는 것입니다. 부부로, 부모에게서 자녀에게로, 가족으로부터 사회에까지 마침내 나라 전체에 영향을 주게 되는 것을 봅니다. 호세아 선지자의 말씀처럼 여호와를 아는 지식이 없으므로 이 백성이 망하는 것과 같습니다.

저는 아직도 연약하고 모자란 모습입니다. 하지만 연수원에서의 1년은 저에게 너무나 귀하고 소중한 시간이었습니다.
세상의 그 무엇과도 비교할 수 없는 가치 있는 시간이었습니다. 목사님께서 가려진 저의 영안을 열어주셔서 깊은 영의 세계를 보게 하시고 영의 원리를 깨달아 알 수 있도록 해 주셨습니다. 너무나 행복했고 만족했습니다. 참 안식으로의 초대였습니다.
「근성치유 세미나」를 많은 분들이 접하셔서 내 안의 악의 근성들을 밝히 보고 그것들을 어떻게 처리하는지를 경험함으로 주님의 거룩한 성품을 닮아 깨끗한 믿음의 그릇들로 준비되어 마지막 시대에 쓰임 받기를 소망합니다.

〈성령사역연수원〉에서 행해지고 있는 다양한 세미나에 주님의 목자로 부름 받은 목회자들과 사역자들께서 꼭 참석하여 함께 은혜받기를 권하고 싶습니다.
김재선 목사님과의 만남을 허락하신 주님께 감사드립니다.

근성치유 세미나

삶이 뒤엉켰던 원인들

윤 보 숙 목사
(8기 기쁨의 교회/부천)

저는 "이스라엘의 행복자입니다." 라고 말씀 드리고 싶습니다. 왜냐하면 귀하신 영적 지도자를 주님께서 만나게 해 주셨기 때문입니다. 사역하던 교회를 사임하고 교회를 막상 개척하려고 하니 부족한 부분들이 한 두 가지가 아니었습니다. 교회 개척을 준비하면서 구체적인 하나님의 뜻을 알고자 고심하며 장기금식이나 철야기도를 할까 망설이고 있었습니다.

늘 기도회를 인도하고 몇 시간씩 철야기도를 해 보았지만 뚜렷한 하나님의 메시지를 듣지 못해서 안타깝게 애만 태우고 있었습니다. 또한 사역을 하면서 성도들을 상담해 보면 안타까운 일들이 한 두 가지가 아니었고 성도들의 문제와 사건들을 들으면서도 저의 능력의 한계에 부딪혀 어떻게 해결하지 못하는 안타까움이 많았습니다. 이럴 땐 목회자로서 쥐구멍이라도 찾고 싶은 심정이었고 그 답답함은 이루 말할 수가 없었습니다.

그러던 어느 날 평소에 잘 알고 지내던 권사님께서 자기가 다니고 있는 〈성령사역연수원〉에 한번 가 보라고 권하면서 목사님의 답답함이 해결될 것이라는 말까지 덧붙였습니다. 그 말을 듣는 순간 망설임 없이 연수원으로 달려 왔습니다. 그것을 계기로 「기도훈련 전문반」 8기에 등록하여 다니기 시작했습니다.
저는 이 세미나에서 한 마디로 엄청난 충격과 함께 기쁨과 감사가 절로 입에서 터져 나왔습니다. 김재선 목사님의 놀라운 영성에 저는 완전히 압도되어 버렸고 목사님께서 깨달은 영의 세계에 대한 그 어마어마한 지식에 놀랐습니다.

「기도훈련 전문반」을 통해 말씀을 들을 때 수학 공식을 알면 그 문제가 쉽게 풀어지듯이 기도의 방법과 원리가 성경 속에 다 있고 어떻게 해야 승리와 응답을 받을 수 있는 것인지 하나 하나 배우게 되었습니다. 능력 기도는 어떻게 하는 것이며, 기도는 어떻게 해야 응답이 오는 것이며 어떻게 해야 영의 깊은 세계를 들어가는 것인지 원장님의 말씀과 생생한 체험을 통해 듣게 되었고 이 세미나를 통해 영적 싸움을 하게 될 때 악한 사단의 궤계를 싸워 이길 수 있는 전략과 전술, 악한 세계를 이기는 방법을 알게 되어 정말이지 저는 천군만마를 얻은 것처럼 영적 힘이 생기기 시작하였고 이제는 사력을 다하고 전심으로 주의 길을 달려 갈 것입니다.

저는 그동안 치유 세미나, 꿈해석 전문반 , 대물림, 천사론, 마귀론, 근성 치유 세미나를 들었습니다. 특히 제가 가장 은혜를 많이 받은 세미나가 「근성치유 세미나」였습니다.

세미나를 들으면서 그동안 저희 가정이 왜 풀리지 않고 어려움을 당하고 있었는지 알게 되었습니다.

남편은 그동안 참으로 열심히 일하며 살아 왔고 일하는데 대한 열심이 남다른 것은 주위 사람들이 다 아는 바입니다. 하지만 연속적인 남편의 사업 실패로 가산은 탕진되고 하는 일마다 실패의 연속이었습니다.

그런데 연수원에서의 세미나와 기도훈련 과정을 거치게 되면서 그동안 우리 가정의 삶이 뒤엉켰던 원인들이 하나하나 알아지고 발견되고 있다는 사실에 놀라웠고 또한 원인을 알았으니 치료할 수 있는 방법이 있다는 것에 감사하지 않을 수 없었습니다. 내가 오랫동안 고민하고 궁금하고 답답했던 문제와 사건들의 해답을 연수원에 온 이후로 얻게 된 것입니다.

우리 가정의 문제들이 「대물림의 고통을 끊는 세미나」를 들으면서 조금씩 풀려지기 시작했고, 「근성치유 세미나」를 통해서 더 깊이 알게 되었으며 이렇게 되는 이유가 상상치도 못했던 깊은 영적 세계에서 악한 영들의 궤계에서 연유되었음을 발견하게 되었습니다.

사단이 영의 식물로 삼는 것은 다름 아닌 사람의 육의 행실, 육의 죄성, 육의 악성을 행하게 하여 그 죄의 열매를 먹는다는 것입니다. 육에서 이 악한 사단의 성품인 근성을 뽑아 내 버리면 주님의 성품만이 남게 된다는 사실을 알게 되었습니다.

우리는 흔히 "저 사람은 성격이 유별나서 그래." "저 사람은 본래 성격이 그래서 어쩔수 없어" 라고 하면서 오히려 그런 부분을 고치려고 하기 보다는 이해하고 수용해 버리며 좋지 않은 것을 알면서도 그냥 넘기며 살아가는데 그것이 악한 사단의 근성 때문이었다는 것을 알게 되었습니다. 저도 예외는 아니었습니다. 이번 「근성치유 세미나」를 통해서 유별난 성격 탓이 아니라 이 근성을 치유하지 않으면 육신이 사단에게 속해 있을 수밖에 없고, 사단의 일에 동조할 수밖에 없다는 것을 확실하고 명쾌하게 알 수 있었습니다.

원장 김재선 목사님께서는 사람들이 가지고 있는 근성의 종류가 무려 580여 가지나 된다고 하는데 우리의 상상을 초월한 엄청나게 많은 근성을 알게 되었고 우리 모두는 너나 할 것 없이 이 근성치유를 너나 할 것 없이 꼭 받아야 할 대상자들임을 자각하게 되었습니다.
 또한 혈기는 인격이 잘못 형성되어서 그러는 것으로 생각하나 사실은 성격이 잘못 형성된 것이 아니고 혈기의 근성이 있기 때문에 인격이 잘못 형성된 것이라는 것을 이번 세미나를 통해 알게 되었고 모세도 혈기를 낸 것 때문에 가나안에 들어가지 못했음을 알게 되었습니다.
성내는 근성, 분내는 근성, 혈기 내는 근성, 염려의 근성, 합리화 정당화 시키는 근성, 악한 말, 과격한 말의 근성, 구습을 쫓는 근성, 풍속을 따르는 근성, 원망하는 근성, 자신만 옳다고 하는 근성, 하나님의 뜻에 불순종하는 근성, 거역하는 근성, 부정적인 근성, 용서하지 못하는 근성, 음란의 근성, 가난하게 하는 근성, 망하게 하는 근성 등 이 외에도 헤아릴 수 없이 많은 근성들을 우리는 성령의 강한 능력으로 제거해야 된다는 것입니다.

이성적으로는 알고 있으나 망하게 하는 근성이 있으면 망하는 길을 따라 산다는 것입니다. 세상의 지식이 풍부하고 세상에서 지성인이라고 하는 교수, 의사, 법조인, 정치인까지도 청소년 성매매나 원조교제를 하게 되면 신상이 공개되고 사회에서 매장된다는 것을 알면서도 그들은 무서운 사단의 공격에 그들의 인생을 망치게 되는 일들을 거리낌없이 저지르는 것들이 전에는 이해가 되지 않았지만 이제는 그것이 망할 길, 죽을 길을 선택하는 그 악한 근성 때문이라는 것을 확실하게 알게 되었습니다.

「근성치유 세미나」 둘째 날과 셋째 날에 우리 속에 있는 근성을 빼내는 실기 시간을 가졌습니다. 기도하면서 근성을 빼내려고 할 때 환상이 열리면서 무당이 굿을 하는 모습이 나타났습니다. 그 무당을 치며 완전히 쓰러뜨리게 되었는데 그 순간 속에서 무엇인가가 나를 누르고 있어서 답답했다가 그것이 확 빠져나가면서 시원하게 느껴져 왔습니다. 「대물림의 고통을 끊는 세미나」 때에도 환상 중에 절에 있는 관음보살을 쳐부수니 그 뒤에 동자승들이 줄줄이 따라 나오는데 정신없이 그것들을 쳐 없앴더니 더 이상 나오지 않아 처리되었음을 확신한 적이 있었습니다. 그 시간에 저에게 투시가 되어지면서 제 속에 도사리고 있었던 악한 근성들이 빠져 나간 것을 알게 되었고 시간이 지나면서 제 생각과 사고와 행동이 바뀌어 가고 있음을 확실하게 깨닫게 되었습니다. 저에게는 어떤 일을 미루는 근성이, 어떤 때는 너무나 생각하지 않고 일을 진행하는 근성이, 어떤 일에는 자신감이 상실되고 불순종했던 근성들이 다 빠져 나간 것을 알 수 있었고 이제 주님 안에서 자유함과 기쁨과 감사와 평안함이 끊임없이 샘솟고 찬송이 나도 모르게 나오며 하루하루의 삶이 새로워지고 있습니다.
　이 승리의 감격과 기쁨을 지면을 통하여 많은 사람들에게 전할 수 있는 기회를 주신 하나님께 감사와 영광을 올립니다.

　저는 〈성령사역연수원〉의 다양한 커리큘럼과 김재선 목사님의 강력한 영적 리더십을 통하여 철저하게 말씀이 열려지고 「기도훈련 전문반」을 통하여 기도의 영력이 쌓여가면서 견고한 능력기도로 무장 되어가고 있습니다.
　김재선 목사님을 통하여 이 마지막 시대에 하나님께서 성령의 도구로 엄청난 일들을 이루어 나가실 것이 기대가 되며 목회 현장에서 사역의 많은 어려움을 안고 고민하고 있는 주의 종들에게 큰 힘과 능력을 불 붙여 세워 주시는 것을 생각할 때마다 깊은 감사가 나옵니다. 기도와 말씀으로 훈련시켜 주님의 사역에 합당하게 쓰시기 위해 〈성령사역연수원〉으로 인도해 주신 하나님께 이 모든 영광을 돌립니다. 주님 사랑합니다.

🧍 희한한 능력 세미나

내게도 이런 희한한 능력이

배 재 호 목사
(8기 늘푸른교회/부산)

저는 2011년 2월 28일 부터 있었던 「특수부대식 기도특공 훈련 무료세미나」를 통해 〈성령사역연수원〉에 처음 오게 되었습니다. 제가 이곳에 처음 왔을 때의 몸 상태는 당뇨병과 통풍과 고혈압 그리고 신장과 간에 이상이 있어서 1일 3회 인슐린을 맞아야 할 정도로 몹시 안 좋았습니다. 그러나 매주 목요일에 있는 「기도훈련 전문반」 8기에 등록하여 기도한 후로부터 제가 느낄 수 있을 정도로 몸의 상태에 변화가 일어났습니다.

한 학기를 거의 마칠 무렵인 2011년 6월 10일 제가 다니는 종합병원에서 피검사 결과가 나왔는데 당뇨는 평균 15정도 낮아졌고, 통풍은 정상 수치가 6 이하인데 8,4에서 4,7로 정상 수치로 돌아 왔으며, 고혈압은 평균 25 정도 낮아졌습니다. 특히 신장은 정상인은 10, 당뇨 환자는 20까지 정상으로 보는데, 저는 무려 73까지 나오는 당뇨 합병증 초기 증상처럼 신장이 망가진 상태였는데, 신장 치수가 13으로 나오자 담당 과장님이 흥분하시고 기뻐하면서 하시는 말씀이 이것은 획기적인 일이라고 하시면서 매우 좋아 하셨습니다.
하나님께서 〈성령사역연수원〉으로 저를 인도하시고 김재선 목사님을 만나게 하셔서 목사님을 통해 능력기도 훈련을 받게 하시고 그 기도를 통해 모든 것을 회복시키시고 병든 몸도 치유해 주신 은혜에 감사드립니다.

또한 「희한한 능력 세미나」를 통해 많은 은혜도 받고 체험도 하고 눈을 열어 주시고 실제로 저에게도 희한한 능력이 나타나게 해 주심을 감사드립니다.
저는 원래 능력 받기를 사모하여 94년도부터 산 기도를 많이 했지만 능력은 전혀 나타나지도 않고 능력에 대한 이해도 전무했습니다. 그래서 〈성령사역연수원〉에서 「희한한 능력 세미나」가 있다는 것을 알고 그때부터 사모하는 마음을 가지고 이 세미나를 통해 능력 받게 해 달라고 기도하기 시작했습니다. 「희한한 능력 세미나」를 6월 첫 주에 한다는 이야기를 듣고 설레는 마음으로 세미나에 참석했습니다. 다른 많은 사람들도 저처럼 능력받기를 사모하여 엄청 많은 분이 참석해서 혹시 자리가 없지는 않을까 염려하여 부산에서 전날 미리 올라와서 자고 일찍 참석을 하였습니다.

「희한한 능력 세미나」가 시작되고 하나씩 자세하게 설명하고 가르친 후에 실기시간을 가졌습니다. 먼저 자신에게 실습을 하는데 갑자기 무릎 아래로 힘이 빠지고 휘청거리며 넘어지려고 하는데 가까스로 참고 견뎠습니다. 다시 자신에게 실습하는데 똑같은 현상이 일어났습니다. 이번에는 힘이 빠지는 종아리에 힘을 주고 견뎠는데 그때부터 그날 마치는 시간까지 종아리가 아파서 혼이 났습니다. 그 다음부터 자신에게 능력이 임하면 거부하지 않고 받아들이기 시작하자 바로 뒤로 넘어지는 것 이었습니다. 그 이후로는 능력이 금방 나타났습니다. 서로가 짝을 이루어 실습을 했을 때도 나에게서 능력이 나가는 것이 느껴졌습니다.

또한 물이 포도주로 변하는 희한한 능력을 통해 직접 내 앞에서 물이 포도주로 변한 그 물을 마시고 취하여 몸을 가누지 못하는 희한한 일들과 물이 주님의 보혈로 변하여 그 물을 마신 내 몸속에서 이상한 반응과 희한한 일들이 일어남을 직접보고 경험하는 기회가 되었습니다. 이전에는 전혀 알지도 못한 주님의 능력의 세계를 「희한한 능력 세미나」와 김재선 목사님을 통해 체험하고 느끼고 알게 해 주심을 감사드립니다.

「희한한 능력 세미나」 이후 「기도훈련 전문반」에서 기도하면서 환상 가운데 내일 있을 금요기도회에서 제가 기도회를 인도하는 것을 보여주셨는데, 그 모습은 「희한한 능력 세미나」에서 배운 대로 기도를 하는 것이었습니다. 「희한한 능력 세미나」를 통해 배우고 체험한 것들을 기억하면서 환상가운데 열심히 기도하는데 능력이 그대로 임하는 것을 보았습니다. 신이 나서 열심히 기도했습니다.

그리고 실제로 금요기도회 시간에 「기도훈련 전문반」에서 보여준 환상 그대로 성도 한사람씩 강대상 앞으로 불러 세우고 기도하기 시작했는데 환상에서 본 그대로 희한한 능력이 나타나기 시작했습니다. 제게도 처음 나타나는 능력이라 먼저는 제가 놀랐고 다음에는 능력이 임한 성도들이 놀라기 시작했습니다. 하지만 제가 확실한 믿음을 가지고 한 기도가 아니라 능력이 조금 약하게 나타나서 다시 성도들을 강대상 앞에 불러 세우고 담대하게 기도하기 시작했습니다. 제게 능력이 임하는 것을 확실히 느끼면서 팔을 통해 손으로 능력이 나가는 것이 느껴졌습니다. 그러자 성도들에게 희한한 능력이 나타나기 시작했습니다. 희한한 능력이 제 손을 통해 확실하게 나간다는 사실을 알고 난 후에 6월 12일 성령강림주일 오전예배 설교 후에 전부 일어나서 오른손을 들라고 한 후 방언으로 희한한 능력이 임하기를 기도한 후에 각자의 손을 자기 머리에 올려 놓으라고 했는데 1/3 정도에게 희한한 능력이 임했습니다. 이렇게 희한한 능력기도를 받은 성도들에게 나타나고 느끼고 체험한 일들 중에 사례 몇 가지를 소개함으로 함께 은혜 나누기를 원합니다.

먼저 여 전도사님은 갑상선 이상으로 많은 피곤함을 느끼고 있었는데 전도사님에게 처음 기도할 때 알 수 없는 힘으로 인해 몸이 흔들거리면서 허브향 같은 향기가 나고 허리로 불이 들어왔고 두 번째 기도할 때는 몸이 흔들거리면서 왼손에 불이 들어오면서 왼손과 팔에 전류 같은 것이 흘렀다고 합니다.

장청기 성도님은 어깨와 목에 디스크가 있었는데 처음 기도 받고 3일 동안 어깨와 목이 많이 아팠고 목이 며칠 동안 뻣뻣하더니 나중에 그것이 풀리면서 목이 아주 부드러워졌습니다. 그 다음 기도할 때 우울증으로 5년 동안 약을 먹지 않으면 잠을 잘 수가 없는 상태였으나 30분씩 두 번이나 낮잠을 푹 자게 되었으며 지금은 약을 먹지 않고도 잠을 잘 이룰 정도가 되었습니다.
김태만 성도님은 연세가 80세인데 무릎이 너무 아파서 다리를 절고 다녔는데 기도 받은 후 다음 주일 날 아프지 않다고 말씀하시면서 고통없이 잘 걸어갔습니다.

엄해심 성도님은 심한 허리 디스크로 고생하고 있었는데 처음 기도 받을 때는 몸이 가벼워지면서 감사의 눈물이 울컥 쏟아졌고 두 번째 기도할 때는 붕 뜨는 느낌을 받았으며 상태가 호전되는 것을 확실하게 느끼고 있습니다.
김옥복 집사님은 척추 4,5번 디스크 환자인데, 처음 기도 받을 때 오른 팔이 심하게 흔들리고 뒤로 넘어지면서 눈물이 났고, 두 번째 기도 받을 때는 한 주 동안 하체가 스펀지에 물 먹은 것처럼 무겁고 힘이 들었다고 합니다. 세 번째 기도할 때는 목이 뻣뻣하게 되면서 뒤로 넘어지고 허리가 뜨거웠으며 디스크가 붙어서 수술을 할 수 없을 정도였는데 좋아지고 있음을 본인이 확신하고 있습니다.
김재홍 집사님은 호흡기 질환으로 가끔씩 휴대용 산소 호흡기를 해야 할 정도로 심각했는데 처음 기도할 때는 다리에 힘이 빠지면서 쓰러질 뻔 했고, 두 번째 기도할 때는 가슴에 뜨거운 기운이 들어오고 잠시 후에 가슴이 뻥 풀리면서 시원해지는 것을 느꼈다고 했습니다.

이처럼 「희한한 능력 세미나」를 참석하고 난 이후에 반응이 바로 나타났을 때 제가 먼저 놀랬고, 우리 교회 성도들은 더 놀랐습니다. 이렇게 귀하고 희한한 능력이 교회에서 나타날 수 있도록 지도해 주시고, 이끌어 주신 김재선 목사님께 깊은 감사를 드립니다.
맡겨주신 사명과 교회와 양들을 위해 애쓰는 저를 불쌍히 여기시고 〈성령사역연수원〉으로 인도해 주시고 능력 있는 사역을 할 수 있도록 도와주신 하나님께 모든 영광을 돌립니다.

희한한 능력 세미나

저는 지금 너무 행복해요!

채 주 은 목사
(8기 방주교회/안양)

김재선 목사님과의 만남의 축복을 주신 하나님께 감사드립니다. 저를 누구보다도 더 잘 알고 계시는 하나님께서 〈성령사역연수원〉으로 이끄셔서 김재선 목사님께 가르침을 받고 훈련받게 하신 그 은혜를 생각하면 저의 삶속에 가장 큰 축복의 기회였다고 말할 수 있겠습니다.

부끄러운 고백이지만 저는 고집스럽고 아집이 강한 사람이어서 제 주변에 있는 어느 누구도 저를 꺾을 수 없었고 훈련시킬 사람이 없었습니다. 하나님께서 보시기에 저의 고집과 아집 등의 불순물을 제거해야 할 부분이 있으셨는지 용광로 같은 삶의 시련속에 던져서 강한 훈련을 받게 하셨습니다.

그때 저의 환경은 죽을래야 죽을 수 없었고 살래야 살 수 없는 진퇴양난의 고통스런 삶이었습니다.

영적인 침체의 늪에서 쉽게 빠져나오지 못하고 있을 때에 한번은 하나님께서 감동을 주셨는데 알고 지내던 그 목사님이 다니는 그곳에 너도 가서 배우라는 것이었습니다. 하지만 저는 바로 전화를 하지 않았고 그러다보니 잊어버렸는데 다음날 성령님께서 생각나게 하시며 전화를 급하게 재촉하신 듯 했습니다. 전화를 걸어 그 목사님을 가까스로 설득하여 알아내기는 했는데 등록이 마감된 후라,「기도훈련 전문반」에 들어올 수 없었으나 유미경 사모님의 특별한 배려로 토요일에 기도훈련 기본 강의를 따로 받고 나서야 「기도훈련 전문반」 8기에 들어와 훈련을 받게 되었습니다.

그날 밤에 꿈을 꾸었는데 제가 잘 모르는 왜소한 남자분이 저를 음식 배우는 학원으로 데리고 가 등록을 시켜주었습니다. 그곳은 아주 넓은 곳이었으며 도마 위에 칼을 잡고 음식하는 것을 배우고 있는데 밖에는 그 모르는 남자분이 가지 않고 계속 서 있었습니다. 왜 저 남자는 가지 않고 나를 기다리고 있는 걸까? 생각하는데 제가 그 남자분의 마음을 읽을 수가 있었습니다.
이곳의 수업이 끝나면 다른 과목을 배우게 하려고 데리고 다니면서 등록시켜 주려고 기다리고 있었던 것입니다. 그래서 제가 꿈에 '나에게도 저런 스폰서가 있구나. 내 평생 사는 동안 저런 사람이 있었으면 좋겠다.' 하며 꿈을 깼는데, 연수원에 와서 보니 주님이 친히 여기까지 이끌어 오심을 알 수 있었습니다.
저는 강의를 들으면서 너무 감격하여 전율을 느끼기도 하고 눈물을 흘리기도 하며 주체할 수 없는 마음에 옆 자리에 앉은 목사님에게 "너무 좋아요" "너무 행복해요" "너무 기뻐요" 라고 말하기도 했습니다.
"팍!팍!팍!" 기도하면서 목사님이 이끌어 주시는 기도에 맞춰 리듬을 타며 사력을 다하는 기도는 엄청난 기도의 기둥이 되어 치고 올라가는데 그 기도 속에 제 기도가 있다는 것이 너무나 감사해서 눈물이 났습니다.

「희한한 능력 세미나」를 통해서 제가 받은 은혜를 나누고자 합니다. 오늘날 우리 목회자들에게서 희한한 능력이 나타나 하나님의 살아계심을 세상에 증거 해야만 되는데 「희한한 능력 세미나」는 실제적으로 그렇게 되도록 이론과 실습을 통해 하나님의 역사하심을 체험하도록 했습니다. 세미나는 이론 강의와 실기로 구성이 되는데 이론 강의를 마치고 실기 시간이 되어 세미나에 참석한 모든 분들이 줄을 맞추어 서고 김재선 목사님께서 먼저 기도하신 후 명령하시고 우리도 따라서 각자에게 명령하여 손에 능력을 붓는 기도를 하게 하시는데 그때 제 손이 묵직해지고 힘이 들어가는 것을 강하게 느낄 수 있었습니다.
그리고 예수님께서 물이 포도주로 변하게 하신 것처럼 컵에 물을 담아 우리 각자에게 주시고 김재선 목사님께서 기도하고 명령하시면서 그 명령을 따라하게 하셨습니다. 제 컵에 든 물을 들고 명령기도를 한 다음 냄새를 맡아보니 취할 것 같았고 또 맛을 느껴 보라고 하셔서 마셨는데, 몸에 힘이 쫙 풀리면서 술에 취해 비틀거리듯 다리가 후들거렸으며 이사람 저 사람한테 부딪힐 것 같고 쓰러질 것 같아 주저 앉아 버렸습니다.
세미나를 마치고 교회로 돌아와 그동안 임신이 안되어 기도에 힘쓰고 있던 45세의 집사님에게 수요밤예배, 주일예배 후에 기도를 해 줬는데 그 집사님이 "목사님, 손이 너무 뜨거웠어요" 라고 하는데 희한한 능력을 통해서 손에 능력이 부어졌음을 느낄 수 있었습니다. 그 집사님이 연수원 기도 자도자반에서 '지리산 실전기도 훈련'을 갈 때 주의 종들을 대접한다고 돼지 1마리 상당의 헌금을 기도제목과 함께 드렸는데 놀랍게도 지난 8월 첫 주에 지리산 실전기도훈련이 끝나고 돌아온 직후 산부인과에서 검사할 기회가 있어 임신했다는 의사의 검사 결과를 듣고 같이 얼마나 기뻐했는지 모릅니다. 할렐루야!

또 목요일 아침에 교통사고 후유증으로 고생하던 남편이 일어나면서 '아이고 허리야, 아이고 허리야' 라고 말하길래 「희한한 능력 세미나」를 받은 이후에 내 속에 뜨거운 불이 충만해져 있고 손에 강한 파워를 느낄 수 있어서 자신감과 담대함으로 남편의 허리에 손을 얹고 기도해 줬습니다. 그 이후 남편은 아프다는 소리를 한 번도 하지 않고 있습니다. 이는 「희한한능력 세미나」를 통해서 나타난 분명한 하나님의 역사이심을 믿습니다.

아무리 많이 가지고 넉넉해도 항상 허전함과 외로움을 느꼈던 지난 날이었는데 지금은 가진 것이 별로 없어도 문제가 되지 않고 〈성령사역연수원〉을 통하여 갈급함이 채워지고 영성이 회복되니 참으로 행복하고 기쁩니다.

또한 「기도훈련 전문반」과 「희한한 능력 세미나」를 통하여 하나님의 놀라운 능력을 체험하게 해주신 김재선 목사님께 머리 숙여 깊은 감사를 드리며 모든 영광을 하나님께 돌립니다.

🚶 희한한 능력 세미나

내 손에 하나님의 능력이

최 윤 정 사모
(8기 풍성한교회/서울)

2011년 1월 1일부터 우리교회는 하루 네 번씩 시간을 정해놓고 기도회를 시작하게 되었습니다. 그렇게 교회가 기도하는 분위기로 한해를 시작한 만큼 더 힘있게 기도하고자 소망하고 있는 가운데 하루는 신문을 보다가 한쪽 지면에 실린 광고가 눈에 크게 들어왔습니다. 나를 사로잡은 문구는 바로 이것이었습니다. '기도 줄을 타고 기도를 한다.' 그 외에도 '특수부대식 기도훈련'이라는 말이 신기하면서도 내게 도전을 주었습니다. 날짜를 손꼽아 기다렸다가 〈성령사역연수원〉으로 발걸음을 옮겨「특수부대식 기도특공훈련 무료세미나」에 참석하게 되었습니다.

이 세미나의 독특한 점은 우리가 평소 기도하는 것과 달리 허리에 가죽벨트를 매고 허리에 힘을 싣는 능력기도를 한다는 것이었습니다. 평상시 하던 기도가 아니었기에 둘째 날 실기시간에 벨트를 매고 능력기도를 하는데 허리에 제대로 힘이 들어가지도 않아서 목소리는 점점 잠기는 것 같았고 몸은 너무나 힘이 들어서 팔다리 안 아픈 곳이 없었습니다.

그러나 제가 〈성령사역연수원〉에 올 때에 좀 더 깊은 기도, 좀 더 영적으로 하나님과 깊은 교제를 하고 싶었었는데 바로 이거다 싶었습니다. 그래서 저는 망설임 없이 「기도훈련 전문반」 8기에 등록하게 되었습니다.

기도훈련에 임하는 가운데 지방에 내려갈 일이 생겨 한 번 빠지게 되었는데, 한 번 빠지고 나니까 이 핑계 저 핑계로 훈련에 임하질 않고 빠지게 될 일만 생기기 시작하는 것이었습니다.

그렇게 나태해져 있던 때에 연수원에서 「희한한 능력 세미나」를 한다는 안내문을 받고 이 기회에 다시 회복해 보자는 마음으로 참석하게 되었습니다.

첫째 날, 김재선 목사님께서 강의를 마치시고 희한한 능력을 체험해 보는 실기시간을 가졌는데 기도를 통해 손에 능력을 붓고 또 능력 받은 손으로 머리에 손을 얹고 육체 가운데 하나님의 능력이 임하길 기도드렸습니다. 이를테면, "예수님의 권세로 예수님의 능력으로 내가 내 손에 명령하노니 하나님의 능력이 강하게 임할지어다! 희한한 능력이 부어질 지어다! 희한한 능력이 내 손에 강하게 나타날지어다!" 이렇게 기도를 하는 것입니다. 즉, 영권있게 명령함으로 손에 능력이 부어지고 그 능력이 육체 가운데 부어지고 옷에 부어지는 신기한 하나님의 능력을 붓는 것입니다. 그런데 놀라운 일이 생겼습니다. 계속 기도를 하면서 하나님의 능력을 부으니 손에 힘이 강해지더니 손이 커

지면서 손가락이 오그라든 것처럼 되어 버렸습니다. 더구나 최근에 손이 아팠었기에 부어 오른 손과 통증으로 인해 걱정도 되었는데 갑자기 오른팔이 큰 원을 그리듯 돌아가기 시작했습니다. 성령님이 강하게 역사하시는 순간이었습니다. 그렇게 뜨겁게 기도를 하는데 어느 순간 팔에 뭔가 들어온 느낌도 들면서 더 아파 오기 시작했습니다. 뜨거운 불이 확 들어온 것입니다. 손에 강한 하나님의 능력이 부어진 것입니다. 그러면서 회개도 터지고 감사의 눈물도 나왔습니다. 김재선 목사님께선 그것은 너무나 좋은 현상이고 제게 하나님의 큰 능력이 부어졌다고 말씀하셨습니다. 너무나도 감사했습니다.

또 컵에 물을 담아 희한한 능력으로 기도를 시작했습니다. "보혈의 피로 변할지어다!" 라고 기도를 하고 그 물을 마시니 냄새는 그대로인데 잠시 후 속이 뒤틀리면서 내 속에 악한 것들이 빠져 나오는 것을 체험했습니다. 너무나 신기했습니다. 하나님의 놀라운 능력이었습니다.

집에 돌아와서도 제 기도는 멈추지 않았습니다. 계속 능력을 부으며 컵의 물을 마시니 내 속에 악한 것들이 계속 빠져 나왔습니다. 보혈의 피가 들어가니 제 안에 있던 악한 것들이 더 이상 견디지 못하고 떠나게 된 것입니다.

계속 능력을 부으며 기도하던 중에 평상시 어깨가 아파 한 쪽 팔이 잘 안 올라가는 남편 목사님을 위해 기도했습니다.

그런데 놀라운 하나님의 역사가 또 일어났습니다. 평상시 어깨가 아파서 한 쪽 팔이 잘 안 올라갔었는데 그 아픈 곳이 씻은 듯이 나은 것입니다. 할렐루야! 주님께 영광 돌립니다.

그런 일이 있은 후, 내 오른쪽 팔이 아파오기 시작하였는데 왜 이렇게 팔이 아플까 하면서 걱정을 하고 있었더니 남편 목사님은 "당신이 희한한 능력을 붓는 기도를 통하여 내 어깨도 팔도 이렇게 좋아졌는데 별 걱정을 다한다"고 하면서 자신에게 선포하여 아픈 팔을 고쳐 보라고 격려해 주는 것이었습니다.
아직 한 번도 남들 앞에서 어떤 능력을 행하거나 그렇게 자신있게 선포한 적이 없었는데 내 자신에게 일어난 체험을 통하여 성도들에게도 그렇게 선포하면서 희한한 능력을 행할 수 있도록 저에게 확신을 주시고자 하는 하나님의 뜻이 있지 않는가 하는 생각을 하게 되었습니다.
하나님의 능력은 특별히 선택받은 사람뿐만이 아니라 예수 믿는 모든 사람에게 역사하심을 믿습니다. 이번 「특수부대식 능력기도 훈련」과 「희한한 능력 세미나」를 통해서 하나님의 능력이 얼마나 위대하신지를 깨닫게 되었습니다.
앞으로 바쁘다는 핑계를 대지 않고 「기도훈련 전문반」에 잘 참석하여 훈련에 임하므로 영권을 더 쌓고 연수원의 각종 세미나에 기회가 되는 대로 참석하여 하나님께서 부어주신 능력을 통해 하나님께 영광 돌리기를 소망합니다.
이렇게 새로운 영적세계를 체험케 해주신 원장 김재선 목사님께도 감사를 드립니다.

금식기도 및 건강회복 세미나

쥬스 금식이라니?

변 경 복 목사
(6기 맑은물교회/구리)

주의 종의 반열에 세워 주시고 주의 종으로서 부족한 부분들을 훈련하기 위해서 때가 되매 2009년 11월초에 하나님의 인도하심으로 〈성령사역연수원〉에 오게 되었습니다.

지금은 많이 좋아졌지만 연수원에 처음 왔을 당시엔 부끄러운 고백이지만 저는 많이 부정적인 사고를 가졌었고, 교만하고, 무지하며, 자기 주장이 강했던 것 같습니다.

왜냐하면 연수원에 온지 얼마 안 되어 「금식기도 및 건강회복 세미나」가 있었는데, 주위 분들에게 이 세미나에 대해서 물었더니 쥬스와 소금물과 야채와 과일 등 생식을 먹으면서 하는 것이며, 너무 좋으니 꼭 들어보라고 권해 주었습니다.

그러나 저는 세미나 제목을 훑어보면서, "아니 금식에 대해서 따로 세미나까지 할 필요가 있나? 33년 예수 믿으면서 그동안 3일, 7일 금식을 수 없이 많이 해 왔는데, 뭘 더 배울 것이 있을까?" 또 "금식이면 금식이지, 쥬스 금식이라니? 금식이란 말 그대로 굶으면서 하는 것인데 뭘 먹으면서 금식한다고 하니 이해가 안되네! 아마도 쥬스 다이어트 프로그램 같은 것이 아닐까?"

하며 나름대로 궁금해 하면서도 먼저 이 세미나를 마치신 분들의 조언을 귀담아 듣지 않았습니다.

그리고 시간이 한주 두주 지나면서 다른 세미나를 하나씩 듣게 되었는데, 물론 이때도 저는 세미나의 제목을 보면서 제가 듣고 싶은 것만 취사 선택하여 들었습니다. 그러나 여러 다른 세미나를 접하면서 세미나마다 큰 은혜와 감동을 받게 되고 보니, 모든 세미나 하나하나가 다 평범한 것이 아닌 특별난 것임을 알게 되었습니다. 시간이 흐르는 동안 「금식기도 및 건강회복 세미나」를 들을 기회가 다시 왔고 이번엔 기대감을 가지고 놓치지 않고 등록하였습니다.

다른 세미나의 대부분이 영적인 면을 다루었다면 본 세미나는 육신의 건강에 관한 것이었으며 그 내용의 충실함과 방대함이 정말 경이로움 그 자체였습니다.

어떻게 여자도 아닌 남자 목사님께서 그렇게 건강에 대해서 식품과 식음료에 대해서 많은 연구와 임상을 하실 수 있었는지 그 노력에 존경심을 갖지 않을 수 없었습니다.

정해진 시간마다 아름다운 색깔의 쥬스를 받아 마시면서 그 맛과 색과 내용물에 감탄하였으며, 세미나 기간 동안 아침, 점심, 저녁, 또 그 사이 시간에 맞추어 소금물과 생식으로 다양한 재료들을 갈아서 준비해 주시는 그 정성과 수고에 너무나 감사했습니다. 저의 건강회복과 삶에 참으로 큰 유익과 대만족을 주는 세미나였습니다.

그리고 이 세미나가 더 귀중한 것은 20여년간 연마하신 능력기도를 우리에게 짧은 시간에 가르쳐 주시듯이 죽을 병에서 하나님께 고침을 받으시고 바로 건강을 회복하신 것이 아니라 20여년 동안 자신의 건강회복에 큰 관심을 가지고 연구한 것들을 통해서 자신의 건강을 완전히 회복하시고, 자신과 가족과 다수에게 임상을 거쳐 확인된 결과들을 지금 우리들에게 2박3일 이라는 짧은 기간 동안에 그 많은 건강회복의 방법들을 가르쳐 주시기 때문입니다.

세미나를 통해 받은 은혜가 너무 많지만, 지면상 저에게 꼭 필요하여 관심을 두었던 부분 몇 가지만을 소개하겠습니다.
그 한 가지는, 물입니다.
좋은 물은 어떤 물이며 어떤 온도에서 마셔야 몸에 좋은지를 알았습니다. 우리 몸의 70%가 물로 되어 있으며 하루에 1.5~2리터 정도 생수를 먹으면 좋다고 하였습니다. 저는 그동안 찬물대신 온수가 몸에 면역력이 있다고 하여서 마시고 있었는데 세미나를 듣고 보니 제가 마시는 물의 온도에 대한 상식이 잘못 되었음을 알게 되었습니다.
좋은 물은 알카리수로써 산소와 미네랄이 풍부하게 들어있는 물이며, 인체에 가장 좋은 물은 육각수인데 이 육각수는 100%가 영하 30~40℃에서 만들어 진다는 것입니다.
이 육각수가 오각수로 파괴되면서 암을 비롯한 각종 질병들이 생기게 된다고 하는 것 이었습니다. 상피내암으로 3년전에 수

술을 받고 나서 약을 먹고 있던 제게는 저의 무지함에 그야말로 온 몸에 전율이 느껴지는 시간이었습니다.

그리고 물속에 들어있는 미네랄이 부족하면 세포가 노화된다는 것도 알게 되었습니다. 그래서 지금은 세포의 노화를 막아서 젊고 건강하게 살기 위해서 산소와 미네랄이 풍부한 좋은 물인 알카리 수를 차게 해서 마시고 있습니다.

참고로 가정에서 사용하고 있는 정수기에 대한 정확한 이해를 하고 물을 마셔야 하는데 보통 사용하는 역삼투압방식 정수기는 멤브레인 필터를 장착하여 무기 미네랄을 다 걸러 내므로 산성물이 되어 버리고 이 멤브레인 필터를 제하여 버린 것이 중공사막 정수기인데 이것은 알칼리 물을 얻을 수 있다고 합니다.

제 친구도 역삼투압방식 정수기 물을 아침마다 복용하였다가 속이 쓰리고 아파서 고생한 적이 있었습니다. 산성수를 평상시에 마시면 괜찮지만 아침 공복시에는 위에 산이 가득 찬데다가 산성수를 마셨으니 속을 다 버릴 뻔 한 것이지요. 그 친구는 이 상식 하나만으로도 건강에 유익을 얻은 것입니다.

다음으로 금식 중에 일어나는 증상들과 대처방법, 그리고 쥬스 금식입니다. 먼저, 금식중에 일어나는 증상들과 대처방법은 금식할 때 냉수만 먹으면 몸이 차가워지므로 약간의 소금물을 먹어야 합니다, 구토가 날 때는 뜨거운 물에 소금을 타서 천천히 마시면 속이 가라앉습니다. 각혈, 호흡곤란, 심장이상, 시력저하, 정신착란, 맥박, 체온, 신장기능이 떨어질 때에는 금식을 당장 멈추어야 합니다. 경련, 복통이 일어날 때에는 따뜻한 물을 먹어야 하며 관장을 해야 합니다. 탈수증이 생길 때에는 생명과 직결되는 중요한 증상인데 몸에서 물이 받지 아니하여 탈수 증세가 나타났을 때 금식에 상식이 없는 의사가 링거를 놓는다든지 주사를 놓으면 급사하게 되므로 아주 주의를 해야 할 부분이라고 하였습니다.

그리고 쥬스금식에 대한 내용인데 병든 사람이 밥을 먹지 못해도 소량의 과일을 먹으며 견디는 것을 보셨을 텐데 이것이 바로 쥬스 금식인 것이며, 몸이 상하지 않기 때문에 참 좋은 금식이라는 것을 알게 되었습니다. 다니엘과 세 친구들이 했던 금식도 이 원리라고 하였습니다.

방법으로는 소금물과 쥬스를 하루에 몇 회씩 나누어 마시며 그 사이사이에 다양한 야채와 과일을 번갈아 먹는 것이며 이렇게 하면 전혀 배고프지 않아서 장기금식도 할 수 있겠다는 자신감도 생기는 금식법입니다. 실제로 〈성령사역연수원〉에서 「금식기도 및 건강회복 세미나」를 받고 쥬스 금식을 40일 이상을 하면서도 생활속에서 평소에 하던 모든 일을 무리없이 감당한 사례와 쥬스 금식을 통해 암을 치료받고 고혈압, 위장병, 두통, 당뇨병 등을 치료받은 분들이 많습니다.

마지막으로 식생활에 대혁명이 일어나야 한다는 것입니다.
주식은 백미에서 현미로 바꾸어야 현미가 가지고 있는 높은 영양소를 다 섭취하게 되므로 건강이 보장된다고 합니다.

고기위주의 식단이 채식, 생식, 과일 위주의 식단으로 바뀌어야 하며 식탁에서 사용하였던 모든 인스턴트 조미료를 천연 조미료로 바꿔야 한다고 강조 하였습니다.

저는 이 세미나를 듣고, 수개월 동안 좋은 물, 좋은 소금과 소금물, 현미식을 하며 천연조미료를 사용한 식단으로 개선한 결과, 그동안 앞만 보고 달려오느라 나도 모르게 망가졌던 몸이 조금씩 조금씩 그 기능들을 회복하는 것을 느끼고 있으며 또 체중도 5~6kg 정도 감량이 되었고, 주위에 있는 분들도 제가 많이 건강해졌다고 말씀하십니다.

저의 교만함과 무지함 때문에 처음 기회가 주어졌을 때 듣지 못했음을 얼마나 후회했는지 모릅니다. 왜냐하면, 수개월 더 일찍이 좋은 방법들을 알고 실천했더라면 지금보다 훨씬 더 건강하고 더 군살이 빠져 있는 멋쟁이 모습이었을 테니까요.

특별히 변비가 심하신 분들이나 목회자로서 성도들에게 바른 금식하는 법과 금식중에 일어나는 증상들에 대한 대처방법으로 도움을 주시고 싶으신 분들이 이 세미나를 들으신다면 자신의 건강과 목회에 큰 유익이 되실 줄 확신합니다.

끝으로, 영적으로 은사가 필요한 저에게 은사적인 많은 부분들을 열어주시고 또 「금식기도 및 건강회복 세미나」를 통해서는 육신의 연약한 부분까지도 강건할 수 있도록 도와주신 그야말로 영육간의 저의 스승이신 원장 목사님과 사모님 그리고 목사님의 사역을 도우시는 봉사자 여러분께 깊은 감사를 드립니다.

영의 세계 세미나

* 거룩한 영의 세계 천사론
* 사악한 영의 세계 마귀론
* 종교의 영의 세계 세미나

🚶 천사론 세미나

천사를 만나 보셨나요?

이 홍 준 목사
(8기 동성교회/서울)

김재선 목사님께서 강의 중에 이런 질문을 하셨습니다. "사랑하는 여러분! 주님을 만나보신 적 있지요?" 참석자 모든 분들의 대답은 "예" 라고 대답하였습니다. 이어서 "그러면 천사도 만나 보셨지요?" 이 질문에는 모든 분들이 말꼬리를 흐릴 수밖에 없었습니다. 저 또한 마찬가지였습니다. 이유는 천사를 만나 본적이 없었기 때문입니다. 성경에 나오는 수많은 천사들의 활동에 대한 지식도 부족했지만, 지금도 수없이 많은 일을 하는 천사는 더 더욱 만나 본적이 없었기 때문이었습니다. 원장님의 "천사를 만나보셨나요?"라는 질문에 「거룩한 영의세계 천사론 세미나」를 더욱 집중하여 강의를 듣게 되었습니다.

천사론 세미나를 통하여 깨닫고 은혜 받은 바를 함께 나누고자 합니다.
첫째로, 천사론을 배우면서 "창세 이전의 영의 세계"를 더 자세히 알게 되었습니다.
간략하게 소개하면, 하나님은 스스로 계신 분이시며 그 하나님은 전능하신 능력으로 자존하셨습니다. 스스로 계신 하나님은 영, 빛, 말씀으로 하늘 보좌에 계셨습니다. 그리고 빛이시고, 말씀이신 하나님이 성령으로 잉태되어 육신을 입고 세상에 오신 분이 예수 그리스도이십니다. 영의 세계를 창조하신 전능하신 하나님께서는 심판을 위하여 보좌를 예비하셨고, 독생하신 그리스도 안에서 우리를 택했습니다. 이것이 바로 영의 세계에서 창조된 심판의 세계와 선택의 세계입니다. 은혜와 긍휼, 용서와 사랑의 영의 세계와 저주와 형벌, 죽음의 영의 세계를 창조하신 것입니다. 하나님은 영의 세계에서 혼의 세계인 마음도 지으셨습니다. 바로 이 영의 세계에서 천사를 창조하신 것이었습니다. 창세 이전 영의 세계에서 있었던 일이라는 것입니다.

「창세 이전의 영의 세계」를 모르면 천사의 세계를 모르기 때문에 아주 많이 강조하신 부분입니다. 저는 이 강의를 통해 하나님께서 영의 세계를 조직적, 체계적, 논리적으로 만드셨다는 것도 깨달았고 영의 세계와 피조된 천사를 알아가는 강의가 참으로 놀라웠으며 감탄과 감사가 넘치는 시간이었습니다.
김재선 목사님께서 「창세 이전의 영의 세계」가 중요하다고 그렇게 강조하시는 이유를 알게 되었습니다.

둘째로, "천사들의 활동"을 구체적으로 알게 되었습니다.
「천사론 세미나」 강의를 들으면서 창조이전의 영의 세계에 대한 깨달음은 저 자신의 신앙을 더욱 견고하게 하는 계기가 되었을 뿐만 아니라 지금도 천사는 영의 세계와 육신의 세계를 자유롭게 넘나들며 활동하고 있다는 것에 대한 재인식을 하게 되었습니다. 실제로 목회현장에서 겪었던 일과 체험했던 영적전쟁들이 정리가 되었습니다.

예를 들면, 목회현장에서 겪었던 귀신들린 자들과의 대화에서 죽은 자의 목소리를 내고, 행동도 똑같이 하는 그 이유에 대하여 천사론을 배우면서 알게 된 것입니다.

천사는 피조된 영물이기 때문에 창조의 능력은 없습니다. 그러나 천사도 대단한 능력을 행사합니다. 하늘의 별도 떨어뜨릴 수도 있고, 폭풍도 일으킬 수 있습니다. 그러므로 타락한 천사가 무슨 일을 말세에 하는지를 알게 되었고, 타락한 천사가 활동하는 마지막 시대에 성도들이 표적을 따라가는 이유를 알게 됩니다. 거기에는 예수 그리스도도 없고, 복음도 없고, 오직 표적만을 구하고 따라간다는 것입니다. 악한 시대, 진리의 사랑을 잃어버린 시대, 예수 그리스도의 이름으로 병을 고치는지, 사단이 병을 고치는 것인지 분별이 안 되는 이 시대에 천사론을 배우면 주의 영인지 사단의 영인지를 구분할 수 있게 됩니다.

이렇게 천사론 강의는 표적을 따라가지 말라는 주님의 말씀을 분명하게 깨닫는 시간이 되었으며, 예수 그리스도와 복음에 대하여 더욱 견고하게 설 수 있도록 해 주었습니다.

셋째로, "여호와의 사자"의 세계와 "가변하는 천사"의 세계를 알게 되었습니다.

가브리엘, 미가엘, 루시엘 천사장의 세계는 알고 있었습니다. 그러나 성경을 읽으면서 여호와의 사자에 대한 의문을 갖고 있었는데, 그 의문이 해결되었습니다. "여호와의 사자"는 하나님의 특파원, 특사와 같이 특별한 일에 파송 받아 하나님을 대신하는 역할을 하는 천사입니다. 근본적으로 일반적인 천사와 활동의 범위가 다르고, 성경에 가장 많이 나타나는 여호와의 사자의 세계를 새롭게 알게 되었습니다. 여호와의 사자의 세계를 알고는 성경을 읽는 관점이 많이 넓어졌습니다.

「천사론 세미나」를 배우면서 처음으로 "가변하는 천사"의 세계가 있음을 알았습니다. 하나님의 사자인데 거짓말하는 영으로 가변되어 나타나는 천사를 파송하는 것은 상당히 난해한 부분이었는데 아주 명쾌하게 해결되었습니다.

그 반면에 사단도 광명한 천사로 가변한다는 것도 알게 되었습니다. 기도할 때 마귀도 응답을 줄 수 있다는 것입니다. 그러니 자기 혼자 열심히 믿는다고 되는 것이 아닙니다. 가변되어 나타나는 천사의 영의 세계를 알고 있을 때 분별하는 것입니다.

이 영의 세계를 알게 되었으니 얼마나 감사한지 모르겠습니다. 정말 감사가 절로 나오는 세미나였습니다. 천사론을 배우지 않았다면 그동안 성경을 보면서 난해했던 천사와 관련하여 답을 얻을 길이 없었을 것입니다.

넷째로, 천사들의 활동 중에 "그의 천사"의 활동을 구체적으로 알았습니다.

'천사와 심판' 이란 주제를 배우면서, 심판 때에 예수께서 천사들 앞에서 시인한다고 했습니다(계3:5). 사람 앞에서 예수 그리스도를 믿는 것을 시인하면 심판의 현장에서 천사들 앞에서 "너는 나를 믿었다"고 선언, 선포한다는 것입니다. 또한 책들에 기록된 자기 행위대로 심판을 받습니다. 그런데 그 심판을 "그의 천사(행12:15)"가 기록한 그대로 한다는 것입니다. 그동안 설교했던 심판에 대한 지식에 또 하나의 지식이 구체적으로 더하여지는 감동의 시간이었습니다.

"그의 천사"가 성도들의 행실을 행위 책에 기록하는 영의 세계가 있음을 천사론을 배우면서 알았으니 얼마나 감사한 일인지요. 더욱 하나님 앞에 충성된 자로 세워지게 하는 것이 천사론을 배우는 목적이라는 생각이 들었습니다.

여러분은 주님을 만나셨습니까? 그렇다면 천사는 더 쉽게 만나보아야 하지 않을까요? 천사론을 배우게 되면 천사를 만날 수 있습니다. 천사의 활동을 모르면 실제로 영적인 세계를 알지 못하면서 신앙생활 하는 것과 같습니다. 지금도 영의 세계와 육신의 세계를 넘나들며 믿음의 사람을 돕는 천사들이 활동하고 있음을 믿습니다.

까마득하게 오래 전의 일이지만, 너무도 생생한 사건이 기억속에 남아 있어 천사의 활동과 관련하여 소개합니다.
초등학교 6학년 때 친구와 함께 어깨동무하고 길에 서 있었습니다. 그때 갑자기 영업용 택시가 돌진하여 길에 서 있던 한 사람의 허벅지를 치고 우리에게 덮쳐 왔습니다. 순간적인 일이라 정신을 잃고 말았는데 깨어보니 어깨동무하고 있었던 친구는 멈춰 선 택시 밑으로 들어가 누워 있었고 나는 왼발이 택시 타이어에 깔린 채로 있었습니다. 그러나 털끝하나 상하지 않았고 지금까지 발의 뼈나 근육에 아무런 이상이 없이 무사합니다.

또 고 2학년 시절 버스통학을 하고 있을 때입니다. 버스에서 내려서 길을 건너기 위해 내렸던 버스 앞으로 지나려고 하는데 나도 모르게 갑자기 발걸음이 멈춰 서게 되었습니다.
그 순간 버스 옆으로 트럭이 휙 지나가는데 내가 쓰고 있던 학생모자 채양을 툭 치고 지나가는 것이었습니다. 그때 한 발자욱만 더 나아 갔더라면 어찌 되었을지 지금 생각해도 아찔한 순간이었습니다.
그 당시에는 우연인 것처럼 천만다행한 일로만 생각하였으나 이번에 천사론을 배우는 동안 새롭게 그때 일이 떠오르면서 이미 그때에도 천사가 내 곁에 함께 있으면서 지키고 보호하는 군사로 활동하고 있었다는 사실을 깨닫게 되었습니다.

천사론을 배우게 하신 하나님의 인도하심에 감사를 드립니다. 오직 하나님 한분만을 높이며, 오직 하나님의 영광을 위해 사역을 하시는 김재선 목사님께 지면을 통해 감사를 드립니다.

👤 천사론 세마나

나를 섬기고 있는 수호천사

백 혜 자 전도사
(7기 한신교회/분당)

2010년 여름, 저는 신앙의 순례의 길에서 큰 결단과 갈림 길에 놓여 있었습니다. 오랜 시간 갈등하며 고민하던 것은 과연 주님께서는 '나의 사역과 나의 모습을 바라보시며 기뻐하시고 흐뭇하시겠는가?' 의 질문이었습니다. 그래서 먼저, 하나님 앞에서 진실하고 바른 사역자가 되기를 원하던 중에 국민일보에서 눈에 띄는 광고를 보게 되었습니다. 그것은 「특수부대식 기도특공훈련 무료세미나」였습니다.

나에게 부족한 것이 기도라는 사실을 알고는 있었기에 기도훈련으로 영력을 쌓고 진정 주님이 원하시는 영적전사가 되기를 원하여 〈성령사역연수원〉에 오게 되었습니다.
연수원에 들어와 보니 실내가 아주 쾌적한 편이었고 그 안에 흐르는 영적인 분위기가 신선함을 느낄 수 있어서 마음이 평안했습니다. 더욱이 불꽃같은 눈빛과 강력한 말씀의 검을 가지신 김재선 원장 목사님께 영적으로 압도되어 연수원을 오가는 생활이 시작되었습니다.

「기도특공훈련 무료세미나」를 통해 기도는 무조건 한다고 되는 것이 아니라 영의 세계를 볼 수 있는 눈이 먼저 열려져야 하고, 문제를 진단하고 파악할 수 있는 영의 지식이 있어야 하는 것을 알게 되었습니다. 또한 진단한 문제를 제거할 수 있는 영권이 있어야 하고, 영적인 문제를 해결하고 적용할 수 있는 지혜가 있어야만 기도의 능력을 발휘할 수 있다는 것을 배웠습니다.

이어 「기도훈련 전문반」에 등록하게 되었고 바닥난 나의 영적 토양은 말씀과 기도 가운데 살아나고 다져지게 되었습니다. 매 주마다 새로운 내용으로 진행되는 각종 세미나에도 여건이 허락 되는 대로 참석해서 큰 깨달음과 은혜를 받았습니다.

그중에 「거룩한 영의 세계 천사론」 세미나에서 받은 은혜를 같이 나누고자 합니다.

믿음의 사람이 영의 세계를 알기 위해서는 먼저 성령론을 알아야 하고 하나님의 거룩한 영인 천사에 대하여 알아야 한다는 것입니다. 천사는 하나님의 거룩한 영물입니다. 하나님의 명하심으로 지음을 받고 여호와께서 다스리시는 모든 곳에 존재하도록 지음 받은 것이 천사입니다.

천사는 하나님의 영의 세계에서 여호와의 말씀을 듣고 여호와께 봉사하여 여호와의 일을 이룰 수 있는 능력이 있는 존재입니다. 그렇기에 천사는 지금도 영의 세계와 육의 세계를 넘나들며 활동하고 하나님의 뜻을 이루고 있습니다. 그러므로 시공간을 초월해서 영육의 세계를 넘나드는 천사는 우리의 믿음의 삶과 아주 밀접한 관계가 있습니다. 우리가 천사의 세계를 바로 알기 위해서는 영의 세계의 출발부터 자세히 알아야 거룩한 하나님의 영물인 천사의 세계를 명쾌하게 알 수 있게 됩니다.

천사의 세계는 천지창조 이전의 세계이며 육신의 세계가 아니고 하나님의 영의 세계에서 활동하며 육신의 세계에 영향을 미치고 있기 때문에 천지창조 이전의 세계를 먼저 이해해야 합니다. 천지창조의 사건은 영의 세계에서 엄청난 일들이 일어나고 난 후의 일입니다. 이 부분은 「성경 파노라마 기본반 세미나」를 참석 하시어 '창세이전 영의세계' 강의를 들으시면 더 명쾌하게 알게 됩니다.

하나님께서 천사를 창조하신 목적이 무엇일까요?

하나님을 찬양하고 경배하며 하나님의 말씀을 듣고 순종하므로 그 말씀을 이루기 위함입니다. 또한 하나님이 다스리시는 모든 곳에서 하나님의 뜻을 따라 봉사하고 하나님의 율법을 인간에게 전달하며 하나님께 영광을 돌리지 않는 자는 죽이기도 합니다. 천사가 성도를 위해서 하는 일도 다양한데 무엇보다 천사는 구원 얻을 하나님의 자녀들을 섬기기 위해서 만드셨다는 것입니다. 우리가 무엇이길래 택하여 주시고 구원해 주시며 수종드는 천사를 보내셔서 섬김을 받게 하시는지 그 은혜가 놀랍고 감사할 뿐입니다.

성경에 나타난 천사의 이름은 다양합니다. 가브리엘, 미가엘, 루시엘 세 천사장과 많은 천사가 있다고만 생각했는데 천사들의 역할에 따라 다양한 이름이 있다는 것을 알게 되었습니다. 그중 가장 많이 능력있게 쓰임 받는 천사는 "여호와의 사자"라고 합니다.(창16:7~12). "여호와의 사자"는 일반 천사와는 활동 범위가 다릅니다. 하나님 나라의 특파원 같은 자이고 특사와 같이 특별한 일에 파송 받아 하나님을 대신하여 일을 행하는 천사이기에 때로는 사람의 모습으로 나타나기도 합니다. 중요한 것은 하나님의 영의 세계에서 타락한 천사의 세계는 곧 사단의 세계입니다.

 이번 「천사론 세미나」를 통해 더 깊이 깨닫게 된 것은 요한계시록에 나타난 천사의 활동이 매우 크다는 것을 알게 되었습니다. 반드시 속히 될 일들을 그 종들에게 보이시려고 천사를 요한에게 보내어 지시하여서 요한계시록을 기록하게 했습니다. 마지막 때가 될수록 천사의 활동은 더 바빠집니다.
땅의 사방의 바람을 붙잡아 불지 못하게 하며, 하나님의 종들의 이마에 하나님의 인을 치고 날카로운 낫을 가지고 익은 곡식을 추수합니다. 장차 예수께서 재림하실 때에도, 호령과 천사장의 소리와 하나님의 나팔로 친히 하늘로 좇아 강림하실 것입니다. 또 재앙을 위해 일곱 나팔을 가진 일곱 천사와 하나님의 진노를 가득 담은 금대접 일곱을 받은 일곱 천사들의 활동이 있습니다. 마지막 심판의 때엔 불법을 행하는 자들을 모아 풀무 불에 던져

넣기도 합니다.

 분명한 것은 주님의 심판 때에 책에 기록된 자기의 행위대로 심판을 받게 됩니다.
이 행위를 기록한 책은 곧 천사가 기록한 것입니다.
우리의 삶 전체를 매 순간마다 기록하여 심판 받는 날 예수님께서 천사들 앞에서 증거를 삼아 시인하게 하며 선포하는 것입니다. 지금 이 순간에도 우리 곁에서 우리의 행위 뿐 아니라 마음에 품은 뜻까지 낱낱이 기록하여 주님 앞에 서는 그날에 증거자료가 되도록 활동하는 천사가 있다는 사실에 두렵고 떨리는 마음이 들기도 합니다.
「거룩한 영물의 세계 천사론」 세미나를 통하여 창세기에서 요한계시록까지 나타나 활동하는 천사를 보는 눈이 새롭게 열려 졌습니다. 영의 세계에서 육의 세계까지 넘나들며 활동하는 천사의 세계에 대한 영적 깨달음과 이론적인 지식이 체계화되고, 확실하게 정립되는 귀한 시간이 되었습니다.

 가장 가슴에 와 닿는 말씀은 "그의 천사"의 세계에 관한 부분이었습니다. 초대교회 때 베드로는 옥에 갇혔고, 교회 성도들은 베드로의 석방을 위해 기도할 때에 하나님께서 천사를 보내어 쇠사슬에 매여 있던 베드로를 석방시켰습니다. 베드로가 대문을 두드리자, 로데라 하는 계집아이가 베드로의 목소리를 듣고 베드로가 왔다고 말하자 기도하는 사람들이 그러면 "그의 천사"

라고 하였습니다. 구원 얻을 후사들을 섬기라고 보냄을 받은 천사가 "그의 천사"인 것입니다. 그런데 구원 얻을 후사들을 섬기라고 보낸 천사는 자신이 섬기는 사람의 목소리를 그대로 낸다고 합니다. 그래서 베드로의 석방을 위해 기도했던 사람들이 베드로가 왔다는 말에 그러면 "그의 천사"라고 했던 것입니다

"아! 그렇구나!" 내게도 수십 년 나를 수호하며 함께하여 나의 목소리까지 낼 수 있는 나의 천사가 있다는 사실을 다시금 깨닫는 귀중한 시간 이었습니다.

나를 수종드는 천사! 요즘 저는 눈에 보이지 않지만 부쩍 나를 수종드는 천사를 의식하며 생활하고 있습니다. 예전에는 그저 우연이라고 생각 되었던 사소한 일들도 나를 섬기라고 보낸 천사의 도움이었다는 생각이 들어서 입으로 시인하며, 우리 가족과 내가 아는 이들에게 천사를 의식할 수 있도록 일깨워 주고 있습니다. 작은 일 하나에서 부터 큰일에 이르기 까지, 성령님의 내주 역사하심과 천사의 보호하심이 없이는 한 순간도 승리하며 살아 갈 수 없음을 고백합니다.

이후 천국에 입성하는 그날까지 늘 동행하심으로, 승리의 개가를 부르게 하실 주님을 찬양하며 경배 드립니다.

아울러 이 시대 하나님의 손에 붙들려 존귀하게 쓰임 받는 김재선 목사님께 하나님의 도우심과 축복이 가득하길 바라며 〈성령사역연수원〉의 무궁한 발전을 기원 드립니다.

▲ 천사론 세마나

새로운 시작

배 재 호 목사
(8기 늘푸른 교회/부산)

2011년 2월 27일 주일날 교회의 모든 일정을 마치고 목양실에서 쉬고 있는데 동기 목사님이 찾아 왔습니다. 그리고 하는 얘기가 2011년 2월 28일부터 2박 3일 동안 특수 부대식 기도하는 곳이 서울에 있는데 같이 가자고 하였습니다. 갑작스러운 제안에 약간 당황스러워 가지 못할 것 같다는 의사 표시를 했습니다. 하지만 동기 목사님이 무조건 같이 가자고 밀어부치는 바람에 어쩔 수 없이 하루만 참석해 보는 것으로 하고 서울에 함께 가겠다고 약속했습니다.
이렇게 마음에도 없이 〈성령사역연수원〉에서 행하는 제17차 「특수부대식 기도특공훈련 무료세미나」에 참석하게 되었습니다.
그런데 제 감정과는 관계없이 연수원에 도착해서 세미나 첫 시간에 기도드리는 순간부터 마음에 감동을 주시기 시작했습니다. 그리고 김재선 목사님이 강의를 시작하시는데 첫 말씀이 "여기오신 분들은 다들 기도 꽤나 하셨지요?" 라고 질문하시는 것이었습니다. 그 순간 나는 속으로 웃으며 "어찌 그리 잘 압니까?" 라고 반문했습니다. 그러면서 "여기 온 분들은 대부분 기도를 많이 하신 분들이 오셨을 것입니다. 그런데 지금은 기도가 잘 안되지요?" 하면서 기도가 막힌 이유에 대해 설명을 하시는데 정말 기가 막혔습니다. 이유인즉 여러분들이 사실 기도를 많이 해서 은혜도 많이 받고 영적으로 충만한 것 같았지만, 사실은 영계를 열지 못하고 문만 두드리다 말았기 때문에 세월이 지나면서 기도의 공황기에 들어가서 그렇다는 말씀을 듣고 지금 내가 기도는 하고 싶은데 내 뜻대로 되지 않았던 이유를 정확하게 알게 되었습니다.

계속해서 하시는 말씀들 전부가 지금 내게 가장 필요하고 절실한 말씀들만 하기 시작했습니다. 그때 속으로 〈성령사역연수원〉에서 행하는 모든 세미나를 다 들어야겠다는 생각을 하게 되었습니다. 그리고 하나님께서 동기 목사님을 통해 나를 이곳으로 불러주셨다는 생각이 들면서 하나님께 감사하기 시작했습니다.

처음 올 때는 하루만 참석하고 가려던 계획을 바꾸어 2박 3일 동안 열심히 참석하고 기도하면서 많은 은혜를 받았고, 더 큰 은혜는 내 마음속에 잃어버렸던 열정과 소망이 생기기 시작했다는 것이었습니다.

이후에 성령님께서 마음에 감동 주신대로 연수원에서 진행하는 여러 세미나에 참석했지만 특별히 「거룩한 영의 세계 천사론 세미나」를 통해 은혜 받은 것을 소개하려고 합니다.

먼저 저는 천사를 막연하게 그냥 천사 정도로만 생각하고 있었는데, 하나님이 천사를 창조하신 목적이 여호와의 말씀을 이루기 위해, 여호와의 뜻을 행하기 위해, 여호와를 찬양하기 위해, 구원얻을 후사들을 섬기기 위해 만들었다는 분명한 창조 목적이 있었다는 것을 알고 천사론을 더 집중해서 듣기 시작했습니다.

김재선 목사님께서 천사론을 강의할 때마다 제가 천사에 대해 너무 무지했다는 것과 내가 생각한 것 이상으로 성경에는 많은 천사를 다루고 있고, 그들의 능력이 대단한 것을 알고 천사에 대해 다시 생각을 하게 되었습니다.

강의 중에 김재선 목사님께서 우리에게 "여러분! 주님을 만난 적이 있지요?" 라는 질문에 많은 분들이 "예" 라고 대답을 했습니다. "그러면 천사를 만난 사람이 있느냐?"고 물어 보시는데 아무도 대답을 못하고 있었습니다. 본 사람이 없었기 때문이었습니다. 지극히 만나기 힘든 주님도 본적이 있는데 주님보다 훨씬 못한 천사를 왜 만난 적이 없느냐고 하시는데 다들 꿀 먹은 벙어리가 되었습니다.

그러면서 '여러분들이 천사의 세계를 제대로 이해를 못해서 천사를 본적이 없다'고 하시면서 본격적으로 천사론을 강의하시는데 천사가 어떻게 나타나고 어떤 모습을 하고 있는지를 알고 나서 부터 천사에 대한 안목이 넓어지기 시작했습니다.

또한 천사는 우리에게 다 유익한 줄로만 알았는데 광명한 천사를 가장한 사단이 있어서 천사와 사단을 구분하는 분별력이 없으면 광명한 천사로 가장한 사단을 알 수가 없고 오히려 속아서 사단의 일도 할 수 있다는 것과 가변하는 천사가 있어서 천사는 분명하지만 거짓말 하는 영으로 가변해서 우리에게 찾아와서 하나님의 뜻이 아닌 내가 원하는 말을 줌으로 나를 망하게 하는 천사가 있다는 사실을 알고「천사론 세미나」에 참석하여 영의 세계를 구분하고 분별할 수 있도록 눈을 열어 주신 김재선 목사님께 다시 한 번 감사를 드리게 되었습니다.

또한 천사는 단순하게 천사가 아니라 천사의 역할에 따라 천사의 이름도 많고 하는 일도 굉장히 다양하다는 것도 알게 되었습니다. 무엇보다 천사들의 특징을 통해 천사들이 어떤 능력을 가지고 어떤 일을 하는지를 말씀하시면서 타락한 천사 곧 사단도 이전에는 천사였기 때문에 천사들이 하는 일들을 그대로 한다는 이야기를 듣는 순간 마귀가 활동하는 일들이 알아지기 시작했고 이전에는 이해하지 못하고 알지 못했던 무당이나 점쟁이들이 행하던 일들이 이해되기 시작했습니다.

사실 무당이나 점쟁이들은 우상을 섬기는 자들이라고 무시했었는데 실상은 그들이 영의 세계를 다루고 있다는 사실을 알고 너무 놀랐습니다. 이 상태로는 성도들을 지킬 수가 없고, 그들을 이길 수도 없다는 사실에 절망했고 그들을 이기기 위해서는 정말 죽을 힘을 다해 기도하고 노력해서 능력을 받아야겠다는 생각이 간절하게 들었습니다.

「천사론 세미나」에 참석하기 전에는 도저히 알 수 없었던 일들을 이 세미나를 통해 영의 세계를 이해하고 천사들이 어떤 일들을 하는지 분명히 알고, 또한 타락한 천사 곧 사단은 어떤 존재이고 어떤 일들을 하고 있는지 분명히 알 수 있도록 영안을 열어 주심을 감사드립니다. 영안이 열리면서 보는 안목도 이전과는 비교할 수 없을 정도로 넓어졌습니다.

영안이 열리고 안목이 넓어졌기 때문에 이제는 마귀들이 행하는 영의 일들이 알아짐으로 인해 두렵지 않고 그들을 능히 이길 수 있다는 믿음도 생겨서 너무 감사합니다. 하지만 그들이 하는 일들이 알아졌다고 이기는 것이 아니라 그들보다 영적으로 더욱 무장하고 능력이 있어야 승리할 수 있다는 것도 알았습니다. 뿐만 아니라 "그의 천사"의 세계를 통해 무당들이 굿을 할 때 산 사람 입을 통해 죽은 사람의 목소리로 말하는 것도 어떤 영의 원리를 통해 그런 일들이 일어나는지 분명히 알게 되었고, 제가 중학교 2학년 때 하루에 두 번 죽을 뻔 했는데, 살아난 것도 우연이나 재수가 아니라 영의 세계에서 활동하는 "그의 천사"가 보호했다는 것을 확실히 알았습니다.

「천사론 세미나」를 통해 하나님께서 나에게 주신 사명과 교회 그리고 맡겨주신 양들을 위해 노력하면 하나님께서 천사들을 통해 힘을 더한다는 사실도 알았으니 힘들고 어려운 일이 있더라도 실망하거나 포기하지 않고 끝까지 최선을 다할 수 있는 힘도 얻었습니다.

그리고 동기 목사님이 하는 얘기가 김재선 목사님과 제가 코드가 잘 맞는다고 하는 것이었습니다. 사실 지병인 당뇨병과 통풍과 고혈압 그리고 간과 신장의 기능에도 문제가 있어서 육체적으로는 굉장히 피곤하지만 제 영이 너무 기쁘고 즐거워서 육신을 이기고 부산에서 서울까지 매주 3박 4일 한 주도 쉬지 않고 참석해서 훈련받고 있습니다.
혹시나 몸이 아파서 〈성령사역연수원〉에 참석하지 못하는 일이 없도록 열심히 기도하면서 다니고 있습니다.

또한 목회를 하면서 지치고 힘들어 나도 모르게 잃어버렸던 열정에 불을 붙여주시고 다시 일할 수 있도록 기도도 회복시켜 주셨으며 다시 소망을 품고 새로운 시작을 할 수 있도록 도와주신 김재선 목사님께 감사드립니다. 그리고 〈성령사역연수원〉으로 인도해 주신 하나님께 영광을 돌립니다.

■ 천사론 세마나

영혼의 갈증을 해소할 샘

문 석 환 목사
(8기 신성교회/서울)

성령사역연수원과 원장 김재선 목사님을 만나게 된 것은 나의 신앙과 삶과 사역에 혁명적 변화를 주는 일생일대의 큰 복이요 기회요 영광이었습니다.

3년 전인 2008년 〈성령사역연수원〉 입구에 까지 왔다가 안으로 발을 들여 놓지 않고 그냥 돌아 간 적이 있습니다. 그때는 〈성령사역연수원〉에 대해 잘 몰랐기 때문이었습니다.

2010년 2월 신문광고를 다시 보고 그곳에 무엇인가 있는 것 같고, 꼭 가야할 것 같은 생각이 강력하게 들어 즉시 전화로 등록하고 「특수부대식 기도특공훈련 무료세미나」에 참석하였습니다. 정말 놀라운 상황이 제 눈앞에 펼쳐지고 있었습니다.

천하에 하나 밖에 없는 최고의 상품, 찾고 찾던 값진 보석을 손에 쥔 것 같은 기분이었습니다. 내 영혼의 갈증을 해소할 샘을 찾았고 이제는 더 이상의 그런 샘을 찾는 수고를 하지 않아도 되겠다는 판단이 섰습니다. 모든 목회자, 특히 영적 리더들에게 요구되는 것들, 세계 어디에도 없는 유일하고 독특한, 그러면서도 지극히 성경적이고 영적인 너무 소중한 것이 그곳에 있었습니다. 그러나 저에겐 후회와 안도가 교차하는 시간이었습니다. 3년전 입구까지 왔을 때 왜 그때를 놓치고 이제야 오게 되었는지 3년은 너무나 귀중하고 아까운 긴 시간이었습니다.
그때 왔었더라면 지금의 나는 너무 다른 모습이었을 것 같았습니다. 그러나 이제라도 〈성령사역연수원〉에 온 것은 미래가 보이는 일이기에 너무 잘한 일이요, 감사한 일이었습니다.
지난 신앙생활의 긴 기간에 비하면 〈성령사역연수원〉을 만난 짧은 4개월은 나를 다른 나로 변화시키는데 결코 짧지 않은 기간이었습니다. 영의 세계와 성경에 대한 새롭고 깊이 있는 내용을 통하여 지식까지도 새롭게 되고 하나님의 비밀인 그리스도와 영의 말씀인 성경이 열리고 영이 새로워지고 믿음과 소망과 담대함과 영권이 생겨나고 주님께 더 가까이 가고 있음을 분명히 느끼고 있습니다. 이러한 현상은 〈성령사역연수원〉 세미나에 참석하는 모든 분들에게 공통적으로 나타난다고 볼 수 있는데 그것은 〈성령사역연수원〉에는 기독교 역사상 누구도 말하지 않고 가르쳐 주지 않는 비밀과 능력이 있기 때문입니다.

원장 김재선 목사님은 극렬한 풀무불 같은 시험을 통해 정련된 정금이요, 영의 깊은 세계에 대한 풍부한 지식과 체험, 각양은사와 강력한 영력과 영권으로 무장된 성령사역자로써 탁월하고 독특한 실전훈련을 통해 참 그리스도의 종, 권능있는 영적군사를 양성하는데 생명을 다하고 있음을 볼 수 있었습니다.

사람이란 보고, 듣고, 이해하고 경험한 것을 초월하지 못하는 한계를 가지므로 스승이 필요하고, 특히 진리의 말씀을 따라 영생을 소망하면서 사는 그리스도인에게 스승은 생사와 영원세계까지 영향을 주기 때문에 훌륭한 영적스승을 만나는 것은 복 중의 복이라 하겠습니다.

〈성령사역연수원〉에서 행하여지는 다양한 여러 세미나중 「거룩한 영의 세계 천사론」을 듣게 되었습니다. 성령론과 마귀론에 대해서는 관심도 많고 많은 것을 배울 수 있었으나 천사론은 비교적 소홀히 여기고 중요성에 대한 인식도 부족했는데 이런 보편적 생각을 뒤바꿔 놓는 기회가 되었습니다.
만물을 창조하신 하나님은 자존하신 영이시며 물질세계를 창조하시기 이전에 먼저 영계를 창조하셨고 천사를 창조하여 봉사케 함으로 영계를 다스렸고 물질세계를 창조하신 후에는 영계와 물질세계를 이 천사를 통하여 하나님의 뜻을 이루어 갑니다. 이는 천사와 사람의 관계의 중요성을 시사하는 것으로 성경에는 천사에 대한 많은 기록이 있습니다.

그 동안에는 천사론에 대해서는 별로 만족할 만한 자료를 찾아볼 수 없었는데 금번 「천사론 세미나」를 통해 천사의 세계를 완전히 섭렵했을 정도로 많은 것을 알 수 있었습니다.
지금까지 마귀론에는 관심이 많고 천사론에는 관심이 적었는데 마치 적군만 알고 아군을 모르는 격이었습니다.

순서로 보면 천사론을 마귀론에 앞서 알아야 하지 않는가 하는 조심스러운 생각을 해 봅니다.

성경을 정확히 이해하는 데는 필히 창세 이전의 영의 세계를 알아야 하고 영의 세계를 알기 위해서는 천사론 또한 알아야 합니다. 「성경파노라마 기본반 세미나」에서도 다룬 내용이지만 「천사론 세미나」를 통해서 확실하게 창세 이전의 영의 세계와 난제 중의 난제인 삼위일체 하나님을 바로 정립할 수 있었고 천지창조의 목적과 선악과에 대한 정확한 이해를 통해 성경을 보고 이해하는 시각과 깊이가 달라지는 큰 유익을 얻게 되었습니다.

「천사론 세미나」를 통해 "마음의 세계"에 대한 이해를 갖게 된 것도 매우 귀중한 소득이었습니다.

하나님은 천지창조 이전 세계에서 마음의 세계를 창조하셨고 천사에게 사유의지가 주어졌고 율법이 없는 무법한 세게이지만 양심의 법이 있었는데 사단이 된 루시엘의 불의가 드러나 양심의 법에 따라 하나님께 정죄 받고 쫓겨남을 당했습니다.

영의 세계에서는 불의한 마음만 먹어도 그것은 죄를 범함이요 물질세계인 이 세상에 있는 인간도 동일하게 불의한 마음만 먹는 것도 곧 죄가 성립 된다는 것입니다. 타락한 천사는 영원히 회개할 기회가 없어 예외없이 영원한 불못에 처하게 되나 사람에게 육이 있는 동안 회개할 기회를 주신 것은 하나님의 구원에 대한 열심과 한량없는 사랑 그리고 인간 존재의 존귀성을 말해

주는 것입니다.

예수님께서 여자를 보고 음욕을 품는 자마다 이미 간음하였느니라(마5.28)고 하셨고 형제를 미워하는 자마다 살인하는 자(요일3:15) 라고 하였으며 무릇 지킬만한 것보다 더욱 네 마음을 지키라 생명의 근원이 이에서 남이라(잠4:23)고 하였습니다. 또 마음을 다스리는 자는 성을 빼앗은 자보다 낫다(잠16:32)고 했습니다. 그러므로 중심을 보시고 마음을 감찰하시는 하나님 앞에서 드러나는 행위에 앞서 마음을 잘 다스려 스스로 양심의 법에서 자유할 수 있어야 하겠고 이러한 사람이 진정 자유자임을 더욱 확실케 하는 좋은 기회가 되었습니다.

사단은 창조의 능력이 없고 영의 세계를 만들지 못하기에 하나님의 것을 도적질해다 자기 것 같이 하는데 세상 종교의 배후의 영인 사단은 하나님이 창조하신 영의 세계를 도적질하여 사용하고 있습니다. 기독교는 그것을 빼앗기고도 자기 것이 아닌 듯 우리의 권리와 능력을 사용치 못함으로 주객이 전도되고 사람들의 마음이 세상종교에 빼앗기는 안타까운 현실을 천사론을 통해 절감할 수 있었으며 교회는 보다 깊이 있게 영의 세계를 다루어야 할 필요성을 느꼈습니다.

천사는 하나님의 부리는 영으로 하나님께서 계획하고 명령하신 많은 일들이 천사를 통해 행해짐을 알 수 있습니다.

천사는 하나님의 지으심을 받고 땅에 있는 모든 것을 다 아는 지식과 능력으로 하나님께 절대순종 봉사하며 구원 얻은 자를 돕고 살피며 하나님의 뜻을 행합니다.
천사없는 하나님 나라!
하나님의 통치와 사역을 생각할 수 없음은 신하와 백성 없는 왕국과 나라가 성립될 수 없음과 같으며 천사의 역할도 실로 지대하고 중요함으로 천사론에 대한 관심을 더욱 환기 시켜야 할 것입니다. 천사는 하나님의 역사 특히 구속사에서 역사의 면면에, 수많은 사건들 가운데 다양한 사람들 가운데 역사함으로 우리를 구원케 하고, 종말에는 추수꾼으로 또 7인 7나팔 7 대접으로 하나님의 뜻을 성취할 것입니다. 사람은 영이 있는 존재요 영들과 더불어 사는 존재로 천사와 우리 그리스도인은 불가분의 관계에 있습니다.
천사는 은밀한 수행자요, 경호원이요, 인도자요, 구출자요, 구원자요, 메신저요, 공급자요, 힘을 돕는 자요, 지혜와 총명을 주는 자 등의 모습으로 우리와 늘 함께하고 있는 천사의 세계를 잘 이해하고 천사의 도움을 삶속에서 체험하고 누리는 하나님의 사람이 되어야 하겠습니다.

「천사론 세미나」는 참으로 많은 것을 알게 하고 유익을 주었습니다. 많은 사람들이 〈성령사역연수원〉을 통해 영적 리더, 영적 거장으로 성장하여 주님께 크게 쓰임 받을 수 있기를 소망하며 저의 발걸음을 인도하여 훈련받게 하신 하나님께 영광을 돌리며 혼신을 다해 지도하시는 원장 김재선 목사님께 깊은 감사를 드립니다.

🚶 마귀론 세미나

적을 알고 대처해야 승리한다

손 영 미 집사
(승산교회/순천)

저의 발걸음을 〈성령사역연수원〉으로 인도하신 하나님께 먼저 감사드립니다.

하나님께서 세상적으로 활동하기 좋아하던 저에게 몇 년 전, 직장을 그만 두게 하시고 신앙생활에 집중할 수 있도록 저의 삶을 인도하기 시작하셨습니다.

삶의 초점을 주님께 맞추려고 노력하면서 내안에 내재되어 있던 남을 향한 비판, 정죄, 판단, 원망, 비난, 용서하지 못한 마음, 음란 등을 제거하기 위해 3일 금식을 작정하며 기도하는 가운데 평소 알고 지내던 사모님을 통하여 기도해서 되는 것이 있고 그렇지 않은 것이 있다는 애기를 듣고 어떻게 해야 하나 고민하던 끝에 "○○치유센타"라는 곳을 가게 되었습니다.

그곳에서 가계에 흐르는 영향이 나의 삶의 지대한 영향을 미친다는 사실을 알게 되었으며 그곳에서 가르쳐 준 방법대로 1년 동안 몸부림치며 사단을 대적하고 뽑아내는 작업을 했는데도 이제는 다 되었는가 싶으면 또 올라오는 더러운 죄악들로 인해 더 큰 고민을 안고 있을 때였습니다.

그 사모님의 소개로 〈성령사역연수원〉을 알게 되었고, 2011년 2월 「특수부대식 기도특공훈련 무료세미나」에 참석하게 되었습니다. 김재선 목사님을 통하여 능력기도에 대한 여러 가지의 말씀을 들으면서 내가 알지 못하고 듣지 못하던 기도의 세계에 대해서 많은 부분들을 깨닫게 되었습니다.

무료세미나 이후 시간이 될 때마다 연수원의 세미나에 참석하며 많은 은혜를 받게 되었는데 여러 세미나를 통하여 신앙의 관점을 바꿔 나가는 획기적인 기회가 되었고 신앙이 더욱 견고해진 느낌이 듭니다.
 그러던 중, 연수원에서 실시하는 「대물림의 고통을 끊는 세미나」를 참석하여 우리의 조상들로부터 대물림된 뿌리가 얼마나 깊고 영향력이 큰 것인지를 알게 되었으며 지금 이 땅에 살아가는 것이 나 혼자만의 국한된 문제가 아니라는 생각을 확실히 인식하게 되었습니다. 한 번도 얼굴을 보지 못한 우리의 조상들이 지었던 우상숭배나 음란 등 여러 가지의 죄악으로 인하여 현실을 살아가는 우리 후손들에게까지 그 죄악의 영향이 나타나고 있는 것을 이해하게 되면서 나 한 사람의 죄악으로 자손 3,4대까지 막대한 영향을 끼치게 되는 대물림에 대해 깊이 생각해 보지 않을 수 없었습니다.
세미나를 열심히 듣고 나니 전에 참석하였던 "ㅇㅇ치유센타"는 대물림의 가지를 치는 곳이라면 〈성령사역연수원〉은 대물림의 뿌리를 뽑는 곳이라는 판단이 섰습니다.

대물림의 저주를 끊어내야만 삶이 풀리고 놀라운 변화가 온다는 김재선 목사님의 말씀에 따라 세미나 이후 지금까지 얼마 되지 않았지만 대물림의 고통에서 벗어나려고 주님의 보혈을 생각하면서 기도하고 있습니다.

하나님께서 이렇게 한없이 부족한 자신의 모습을 돌아보게 하시니 어리석고 교만하고 영의 세계의 무지함을 새삼 깨닫게 되었고 더 나은 신앙의 발전을 위해 시간이 허락하는 대로 연수원에 달려오고 있습니다.

성령의 역사와 마귀의 역사를 분별하며 승리의 삶을 살고 싶은 마음으로 「거룩한 영의 세계 천사론」 세미나를 참석하였고, 얼마 뒤에 이어진 「사악한 영의 세계 마귀론」 세미나에도 참석하게 되었습니다.

「마귀론 세미나」는 우리의 최대의 적인 "사단의 세계"에 대해 정확하게 알게 해주는 세미나로서 사단, 마귀, 귀신의 근원이 어디에서부터 왔는지, 사단, 마귀, 귀신들의 직책과 하는 일과 특징이 무엇인지, 귀신이 주는 질병들과 성령이 지배하는 마음과 악한 영이 지배하는 마음이 어떻게 다른지를 비교해 봄으로 정확하게 이해할 수 있었고, 귀신의 침입과 사로잡힘의 과정을 배우면서 귀신이 들어간다고 당장 미치는 것이 아니며 어느 일정기간의 시간이 지난 후에 귀신 들림 현상이 드러난다고 합니다.

그 과정은 침입단계, 잠복단계, 활동기를 거쳐 점령기에 이르게 되는데 점령기는 귀신의 능력에 지배되어 자신의 의지나 감정으로는 어떤 것도 할 수 없을 만큼 완전히 점령이 되어버린 상태가 되며, 이 상태는 사단이나 귀신에게 완전히 사로잡힌 상태로써 병으로 말한다면 사형선고를 받은 것과 같으며 실제적으로는 고침받기가 어려운 상태라는 것입니다.

귀신의 침입되는 과정과 그때마다 나타나는 현상들을 자세히 살펴보는 가운데 나 자신에게도 부인할 수 없는 요소들이 어느 정도 있음을 깨닫게 되었습니다.
그런 사단 마귀의 영향 속에 있으면서도 기도하는 자인 척, 하나님을 사랑하는 자인 척, 성령 충만한 자인 척 하였고, 교회가 이렇고 저렇다, 어느 성도가 어떻다 지적하고 비난하며 나의 눈의 들보는 보지 못하고 남의 눈의 티만 바라보는 어리석은 자의 삶을 살아 왔습니다. 기도는 늘 한다고 하였지만 기도의 응답에 대한 확신이 없었고 두 가지의 응답이 올 때가 있었는데 그것이 양신 역사라는 사실과 사악한 영의 세계를 잘 알지 못하여 사단, 마귀, 귀신의 더러운 것들에게 조종당하며 살았다는 것이 인식되면서 너무나 분한 마음이 내속에서 일어났습니다.

둘째 날 오후 시간에 두 사람씩 짝을 지어 하는 사역 실습 시간에 귀신이 우리 몸에 집을 짓고 살고 있는데 어떻게 그 집을 찾을 수 있는지, 또 어떻게 그 귀신을 내 보낼 수 있는지 사역의 현장에서 필요한 내용들을 김재선 목사님께서 하나하나 자세히 이해하기 쉽게 설명하시면서 이끌어 주셨고 예수 그리스도의 권세로 귀신을 쫓아내는 사역 실습을 하고 나니 몸과 마음이 한결 가벼워짐을 느꼈습니다.

그동안 저는 너무나 영적 세계와 어둠의 세계에 대해 무지했으나 이 세미나를 통하여 사단, 마귀의 세계를 깊이 있게 이해하게 되었고 하룻밤 사이에 키가 쑥쑥 자라나는 아이들처럼 저도 영적인 키를 한 자나 더한 것 같습니다.

많은 성도들이 적을 알고 대처하며 주님과 함께 승리의 삶을 살아갈 수 있도록 이끌어 주기 위하여 전국 각처에서 이렇게 목사님들이 깨어있어 가까이는 서울, 경기에서 멀리는 부산, 울산, 거제, 여수, 순천, 목포에서도 먼 거리를 멀다하지 않으시고 참석하시는 열정적인 모습을 바라보며 한국 교회의 미래에 희망을 가져 봅니다.

부족함을 가지고 있던 무지한 저를 〈성령사역연수원〉으로 인도하셔서 영적인 많은 부분들을 깨달아 알게 하시고 교회에서 더 힘 있는 봉사와 사역을 감당하도록 해주신 하나님께 감사드리며 열정적으로 강의해 주시고 가르쳐 주신 김재선 목사님께도 감사드립니다.

🧍 마귀론 세미나

21세기를 대비하는 사역

김 해 순 목사
(8기 예수사랑교회/서울)

비전과 꿈을 안고 97년 4월에 '예수사랑교회'를 개척하여 성령님의 인도하심을 따라 사역을 하고 있었습니다.
그러던 중 교회를 이전하게 되면서 1,000일 작정기도를 시작하였고 이웃의 어른들을 매주 5,60명 정도 모셔서 예배와 점심대접 그리고 침술 사역을 성도들과 부교역자들과 함께 하게 되었습니다. 작정기도는 3년이 넘어서 거의 끝마칠 때가 되었고 어르신들 사역은 2년 정도 하고 있을 때였습니다. 그 무렵 교회에 어려움이 오기 시작하였고 말도 없이 부교역자가 그만 둔다고 하고 성도들도 떠나는 일들이 생겼습니다.
떠나갔던 부교역자와 성도들에게서 아픔을 더하는 배신의 소문이 계속 들려왔고 그들을 향한 분노가 불쑥불쑥 일어나 용서하기가 힘든 시간들을 보내고 있었습니다. 이 모든 것들이 보이지 않는 사단의 계략에 의해 일어난 일임을 알고 분하여서 견딜 수 없는 고통의 시간들을 보내고 있었는데, 설상가상으로 어느 날 남편이 "나는 당신과 함께 이런 교회에서 신앙생활을 같이 하기 싫다"며 집을 나가는 아픔까지 겪게 되었습니다. 제 인생과 목회에 엄청난 위기가 찾아 왔고 경제적인 수입조차도 끊기게 되었으며 몸에는 당뇨가 있어 약해질 대로 약해진 모습으로 2,3년을 지내왔으나 그런 일들이 나에게 일어났다는 사실을 현실로 받아들이기가 너무 힘들었습니다. 아이들도 방황하고 저도 방황하고 통곡의 기도로 보냈던 지난 날들이 이제와 생각해 보니 나를 망하게 하는 시간들이 아니라 엄청난 축복을 위해 예비된 시간들이었음을 깨닫게 되었습니다.

너무 철없이 열정과 열심으로만 목회하려고 했던 14년의 시간들과 50이 넘도록 정신없이 앞만 보고 달려왔던 삶을 돌아보게 되었고 최근 2,3년 사이에 일어난 큰 일들을 겪으며 죽을 만큼이나 힘든 과정들을 통과하면서 나의 인생관, 신앙관, 목회관을 하나님께서 많이 바꾸어 주셨습니다.

그러던 어느 날 우연히 아는 목사님과 소식을 나누다가 〈성령사역연수원〉을 소개받게 되었고 두 번의 무료세미나를 거쳐 「기도훈련 전문반」 8기에 등록하였습니다. 김재선 목사님이 직접 체험하셨던 기도의 영의 세계를 이론과 함께 실기로 하나하나 접목시켜 주실 때 그동안 풀리지 않았고 궁금했던 부분들과 목회하면서도 잘 알 수 없었던 많은 부분들에 대하여 확실하게 정리할 수 있어서 너무 좋았습니다.

교회와 가정에 닥쳐온 갑작스런 어려움으로 힘든 환경이었지만 이 과정들을 꼭 이수하고 싶어 하나님께 떼를 써야 했고 여기에서 마지막으로 다시 일어서야겠다는 각오와 다짐으로 세미나에 임했습니다.
연수원에서는 「기도훈련 전문반」 외에 은사 세미나, 치유 세미나, 영의 세계 세미나와 성경 및 설교 세미나도 같이 운영되어 엄청난 유익을 얻게 되었고 주어진 세미나들을 사모하며 열심히 듣고 있는 가운데 영의 세계에 대해 관심이 많아 「사악한 영의 세계 마귀론」 세미나에 참석하게 되었습니다.

구체적인 강의를 통해 우리 믿음의 사람들이 성령론과 하나님의 거룩한 세계에서 활동하는 거룩한 영물인 천사론과 또 그 반대편에 서 있는 사악한 영의 세계인 마귀론을 알아야 영의 세계를 제대로 이해할 수 있다는 것을 알게 되었습니다.
사단과 마귀는 같은 말로써 사단 마귀의 근원, 뜻과 특징, 직책과 하는 일, 하나님이 부리신 악신의 세계, 성령의 지배하는 마음과 악령이 지배하는 마음, 귀신이 주는 질병, 귀신의 침입과 사로잡힘의 과정, 귀신이 침입하는 영역, 언제 귀신이 들어가는지, 사단·마귀·귀신을 이기는 방법에 대한 내용을 설명해 주셨으며 귀신의 집을 찾는 법, 귀신이 떠날 때 나타나는 현상, 사단 마귀가 성도들에게 노리는 것과 시험하는 방법, 양신 역사란 무엇이며 양신 역사 분별하는 법, 귀신 추방시 알아 두어야 할 것과 귀신이 추방되지 아니하는 경우, 귀신이 가장 싫어하는 것은 무엇인지에 대한 설명과 함께 자신과 타인 속에 내재하고 있는 귀신을 추방하는 방법, 사물에 붙어 있는 귀신을 추방하는 방법, 귀신 추방 사역의 기본적인 과정 등의 내용으로 강의가 진행되었고 둘째 날과 셋째 날에는 두 명씩 짝을 지어 귀신 추방 사역의 기본적 과정과 추방하는 실기시간을 가졌는데 실기시간이 짧아 아쉬웠지만 아주 유익한 시간이었습니다.

특별히 사단이 침범한 상태의 〈침투기〉와 귀신이 내재하고 있는 〈잠복기〉의 현상과 잠복기를 거쳐 이미 활동기에 접어들어 구체적인 현상으로 나타나는 〈활동기〉와 사단이 완전히 점령한 자의 〈점령기〉에 대하여 아주 세밀하고 자세한 설명을 통해 귀신들린 상태의 단계별 현상을 바로 이해할 수 있어서 너무나 좋았습니다.

그간 목회를 하면서 잘 이해할 수 없었던 의문점이 있었는데 귀신이 내재하여 있는 자의 구체적으로 나타나는 현상과 믿는 자들에게 끊임없이 나타나는 현상인 양신역사하는 경우를 만날 때였습니다.

97년도 초반기에 교회를 개척하려는 생각으로 기도하고 있던 어느 날, 평소 가깝게 지내던 집사님 부부와 하룻밤을 같이 보내게 되었는데 그 남편이 하는 말이 요즈음 아내가 조금 이상해졌다고 말하는 것이었습니다. 그 아내된 집사님을 보니 활동기의 귀신들림 현상과 양신역사의 모습이 병행해서 나타나는 것을 볼 수 있었습니다. 어느 집회에 참석했다가 기도하고 있는데 어떤 강한 힘을 느끼게 되었고 그 이후부터 이상한 현상과 눈에 뭔가 보이기 시작하고 환청이 들리기 시작했다는 것입니다.

그 여집사님 속에 역사하는 귀신과 씨름하는 열흘 동안에 어느 때에는 성령이 역사하고 또 어느 때에는 악한 영이 역사하는 것을 알게 되었고, 천신만고 끝에 정체를 드러내 보따리를 싸주며 추방을 하긴 했는데 완전히 나갔는지 아직 있는지 알지 못한 상태로 지나왔었는데, 연수원에 와서 실습하면서 보니 그때에는 어떻게 해야 할지 방법을 잘 몰랐고, 두려웠고, 당황되어 실수와 시행착오를 겪을 수 밖에 없었던 자신을 돌아보며 사역에 대해 더욱 무장하게 되었습니다.

사단은 우리가 알다시피 피조물입니다. 창조자가 아니기에 제 스스로 아무것도 만들 수 없습니다. 그러나 하늘에서 하나님과 동등되려고 하다 땅에 찍혀 버렸기 때문에 땅에서도 계속 하나님과 동등되려고 하나님의 것을 도둑질해 제 것 인양 아주 교묘하게 모방하여 사람들을 속이고 있는 것입니다.

사단의 세계에도 직급이 있는데 이 귀신은 사단의 가장 하급인 졸개로서 사단의 하수인으로 활동하는 사단의 무리들인데 종교성을 띠지 않고 접근하기에 종교인이든지 비 종교인이든지 신자든지 비신자든지 그 속에 들어가 집을 짓고 일하고 있어도 발견되기 쉽지 않다는 것입니다. 그러한 특성 때문에 신자들이 속수무책으로 당하면서도 쩔쩔맨다는 사실이고 뿐만 아니라 세상신인 마귀는 세상 문화의 옷을 입고 스포츠나 예술, 패션, 인터넷, 방송, 상거래, 건축 등을 통해 보이지 않도록 역사하여 세상 문화를 주도하고, 세상 유행을 만들어 내어도 종교성을 띠지 않기에 믿는 자들도 속아 마귀의 사상을 따라 살게 된다는 것입니다. 그리하여 원하지 않더라도 알게 모르게 양신역사의 현장 속에서 신앙생활을 하는 경우도 많다는 충격적인 사실도 더 구체적으로 알게 되었습니다.

우리 신자들에게 있어 귀신의 세계를 아는 것은 영적인 싸움을 잘 싸울 수 있는 중요한 영적 지식임에도 불구하고 귀신하면 먼저 두려운 마음이 들어 피하려고 하는 데 일반 성도뿐 아니라 사역자들조차도 꺼려하게 되고 더더욱 퇴출 사역을 껄끄럽게 여기고 거부하는 것은 결국 귀신의 사주를 받기 때문이라는 것입니다. 특히 21세기에는 육적인 병이 문제가 아니라 정신적인 질환이 문제인 시대이기에 귀신 들림이 더 많아 질 것이므로 대비를 해야 한다고 강조하셨습니다.

〈성령사역연수원〉에 와서 김재선 목사님을 통하여 사단 마귀의 세계를 더 깊이 알게 되었고 힘을 얻게 되었으며 앞으로 더욱 전진하는 목회의 원동력이 되었음을 감사드립니다. 가장 적절한 때에 가장 적절한 방법으로 인도하시고 아주 좋은 보너스를 주신 하나님께 영광 돌립니다. 할렐루야!!!

🚶 종교의 영의 세계 세미나

그들이 종교의 영의 세계를 알았더라면

강 성 대 목사
(7기 말씀능력교회/광명)

종교는 다 같은 것이 아니냐? 라는 종교다원주의 사상이 만연하고 있는 세대에서 종교의 영의 세계를 꿰뚫어 안다는 것은 인생을 좌우할 뿐만 아니라 개인의 신앙과 더 나아가서 내세와 영생을 좌우하는 아주 중요한 문제라고 생각됩니다. 지리적인 장소를 찾아가는 방법은 다양합니다. 비행기를 타고 가거나, 배를 타고 가거나, 기차나 자동차를 타고 가거나 혹은 걸어서도 갈 수가 있을 것입니다. 그래서 모로 가도 서울만 가면 된다는 말이 나왔을 것입니다. 이 말은 믿지 않는 세상 사람들에게나 통하는 것이지 영의 세계에서는 절대로 있을 수 없는 것입니다.

에덴동산에서 하와를 속여 죄를 짓게 함으로 멸망을 주었던 사단은 하나님의 영의 세계와 비슷한 방법으로 종교를 만들어 계속해서 사람들을 멸망으로 이끌어 가고 있습니다. 그런데도 사람들은 여기에 그대로 속고 있습니다. 사단의 전술은 종교의 영의 세계의 방법을 모방하여 적용시키고 있기 때문입니다.

안타깝게도 목회 현장에서 주변에 있는 사람들 가운데 타종교로 개종하였다는 이야기를 한두 번은 다 들었을 것입니다. 그런 이야기를 들을 때마다 참으로 안타깝고 가슴 아픈 일이 아닐 수 없습니다. 만일 그들이 종교의 영의 세계를 알았더라면 과연 그러한 선택을 했을까요? 그것은 다 종교의 영의 세계를 모르는 데서 나오는 무지의 소치인 것입니다.

하나님께서 세상을 창조하시고 사람을 만드시고 하나님을 섬기도록 하셨습니다. 하나님을 섬기는 것이 종교인데 하나님은 하나님을 섬기는 종교를 통해서 세상을 다스리고 계시며 계명과 율례와 법도를 통하여 인간의 생사화복을 다 주관하고 계시며 찬양과 경배를 받으시고 계십니다.
하나님께서 이렇게 하시니 사단도 하나님의 영의 세계를 도적질하여 종교를 만들어 그 종교를 통해서, 그들의 법령과 경전을 통해서 신처럼 행세하며 세상 나라를 다스리고 있습니다.
"대저 이방인의 제사하는 것은 귀신에게 하는 것이요 하나님께 제사하는 것이 아니니 나는 너희가 귀신과 교제하는 자 되기를 원치 아니하노라.(고전10:20)"

종교의 영의 세계를 알게 되면 모든 영적 세계를 알 수 있습니다. 종교의 영의 세계 속에서 성경의 모든 말씀의 비밀이 풀어집니다. 사단은 하나님께서 하신 일들을 항상 거짓으로 속여 자신이 행한 것처럼 말하고 보여주고 있습니다. 우리는 성경을 볼 때 종교의 영의 경지에서 보아야 성경을 바로 보고 이해할 수 있습니다. 하나님의 종교의 영적 세계를 이용하여 자신의 영적 세계인 것처럼 속이는 사단의 궤계를 알아야 성경을 바로 볼 수 있습니다.

종교의 영의 세계는 그 분야가 너무 광대함으로 짧은 지면을 통해서는 다 소개할 수 없음을 너무나 아쉽게 생각하지만 원장님의 강의를 통해서 알게 된 중요한 일부분만 간략하게 소개하려고 합니다.

하나님만이 유일한 창조주이십니다. 하나님이 만드신 영의 세계에서 천사의 반역사건이 일어났고 그 후 땅을 만드시고 그 곳에 던져 찍어 버리심으로 하늘에서 추방하였습니다. 이때부터 이 땅에 사단의 나라가 시작되었습니다.

사단의 기본 사상은 자신이 하나님처럼 되는 것입니다. 그래서 하와를 유혹해서 하나님께 범죄하게 했고 그 결과 자신의 왕국을 이 세상에 만들 수 있었습니다.

하나님께서는 아담과 하와에게 선악과를 먹으면 "정녕 죽으리라" 말씀하셨음에도 불구하고 사단은 "너희가 결코 죽지 아니하리라" 고 하면서 하나님을 대적합니다. 하나님의 말씀에 순종하지 아니해도 인간은 결코 죽지 않고 하나님을 섬기지 아니해도 인간은 절대 죽지 않는다는 것이 사단이 인간에게 한 첫 번째 거짓말이었습니다. 이 거짓말을 합리화시키기 위해서 사단이 만든 것이 바로 종교입니다.

사단은 지금도 인간은 절대 죽지 않고 영원히 산다는 것을 주장하며 수많은 종교를 만들어내고 있습니다. 불교, 힌두교, 자이나교 등 수많은 종교들은 사단이 그 주체가 되어 사람을 이용하여 만든 종교들입니다. 이런 종교를 만든 사람들은 영적인 차원에서 보면 대단한 경지에 이른 사람이라고 할 수 있습니다. 사단에게 직접 지시를 받고 논리를 세우고 교리를 체계화 시켰기 때문입니다.

더 나아가 사단은 기독교에까지 들어와 각종 이단들을 만들어 내어 그 영향력을 행사합니다. 이들의 기본사상에는 "너희가 결코 죽지 아니하리라"는 사단의 거짓말이 들어 있습니다.

이단들은 자신들이 가르치는 교리를 믿으면 죽지 않고 영원히 산다고 말하지만 그것은 사람들을 하나님과 영원히 단절시켜서 죽음(지옥)에 이르게 하는 술수임을 알아야 합니다.

사단은 자신이 만든 종교를 통해서 자신이 한 거짓말을 감추고 자신이 의도한 대로 인간을 영원한 죽음에 이르게 하고 있습니다. 그래서 영적인 세계의 끝은 '종교의 영' 이라고 하는 것입니다.

종교의 영의 세계를 알게 되면 세상 종교는 물론이고 세상이 보이게 되고 사람이 보이게 됩니다. 이 종교가 옳은 종교인가? 참으로 진리인가? 내 인생의 확실한 미래와 내세를 책임지는 것인가를 알게 됩니다.

사람들은 자기가 섬기는 종교를 통해서 내세에 이르려고 노력합니다. 이것이 종교가 가지고 있는 가장 근본적인 길이고 원리입니다. 그러므로 모든 종교의 정점에는 자기가 섬기는 신의 경지가 있는 것이고 그 신을 만나게 되는 것입니다. 영의 세계를 뚫었다, 영의 세계가 열렸다고 하는 것은 종교의 영의 세계의 최종 결론을 알게 되었다는 뜻이고 그 신을 만났다는 것을 의미하기도 합니다.

인생의 모든 물음의 결론은 종교에서 대답하고 그 해답을 찾아야 하는 것입니다. 그래서 세상 철학과 세상 초등학문과 세상 과학이 대답해 줄 수 없는 인생의 문제들을 종교에서 다루고 대답하는 것입니다. 그러므로 종교의 영의 세계를 통달하는 것은 본인에게 너무나 중요하고 성도들에게 혹은 믿지 않는 사람들에게 확실한 인생의 근본을 깨우쳐 주고 나아가서 영생의 길의 결론을 확신시켜 줄 수 있는 것입니다.

김재선 목사님을 통하여 듣게 되는 「종교의 영의 세계 세미나」는 우리에게 하나님의 세계와 마귀의 세계를 동시에 볼 수 있게 하는 눈을 갖도록 도움을 줍니다. 그뿐만 아니라 성경의 영적인 원리와 성경의 맥을 관통하는 놀라운 경험을 하게 만들어 줍니다.

종교의 영의 세계를 알지 못하면 분별의 눈을 뜰 수가 없습니다. 종교의 영의 세계를 알고 하나님의 영의 세계와 천사론과 마귀론을 통하여 영의 세계를 알게 되면 세상의 이방 종교와 그들의 영적 세계와 세상의 흐름을 알 수가 있습니다.

그러므로 〈성령사역연수원〉에서 행해지는 세미나들 가운데

「종교의 영의 세계 세미나」「성경 파노라마 세미나」「거룩한 영의 세계 천사론」「사악한 영의 세계 마귀론」이 네 가지는 우리를 영적인 세계의 최고의 경지로 안내할 것입니다.

내용이 2000 가지 이상이나 되는 종교의 영의 세계를 이 글에서 다 다룬다고 하는 것은 불가능합니다. 종교의 영의 세계를 다룬다는 것은 곧 성경전체와 세상에 나타나 있는 모든 종교와 상징, 문양, 색깔, 춤, 노래, 향, 돌, 나무, 꽃, 탑, 이름의 세계, 악기의 세계 등등, 모든 문화와 전통속에 나타나 있는 사단의 실체를 다 다루어야 하기 때문입니다. 이런 분야에 더 알고 싶고 궁금하시다면 〈성령사역연수원〉 원장 김재선 목사님의「종교의 영의 세계 세미나」를 비롯해서 더 깊은 영의 경지를 다루는 세미나에 참석하셔서 강의를 들으시면 도움이 될 것입니다.

저의 영적인 시야를 한 단계 업그레이드 시켜주었고, 성경에서 하나님의 세계와 사단의 세계를 비교하며 폭넓게 바라볼 수 있는 영적인 눈을 가지게 만들어준 「종교의 영의 세계 세미나」에 꼭 참석해 보시기를 적극 추천합니다.
최고의 영의 경지인 종교의 영의 세계를 알게 되므로 우리 주변에 사단의 미혹에 빠져 영원한 죽음의 길로 가는 무지몽매한 사람들을 생명의 길로 바르게 인도하는 사역자가 되시길 소망합니다.

🚶 종교의 영의 세계 세마나

영적 세계의 최고의 경지

박 예 은 목사
(6기 임마누엘교회/서울)

저는 공부에 대한 욕심도 있고 목회자는 죽을 때까지 공부하고 기도하며 사명을 감당해야 한다고 생각하여 대학원에 들어가 좀 더 공부하고 싶어서 하나님께 기도드리고 있을 무렵, 우연히 2010년 2월에 국민일보를 보다가 「특수부대식 기도특공훈련 무료세미나」 광고가 제 눈에 들어왔습니다.
'특수부대식 기도특공훈련'이란 단어가 자꾸만 떠올라 몇몇 동기 목회자들과 함께 무료세미나에 참석하게 되었습니다.

그 동안 목회를 하면서 말씀과 기도에 대해 내 자신이 너무나 답답할 때가 많아 여러 세미나에 참석하면서 나름대로 공부도 해보았지만 명쾌한 답을 찾을 수 없었는데 「특수부대식 기도특공훈련 무료세미나」에 참석하여 말씀을 듣고 훈련을 받고 보니 하나님의 말씀과 기도에 대해 다른 세미나와는 달리 아주 특이하고 강하고 담대함이 생겨나며 웅장한 영의 세계가 새롭게 열려지는 듯한 영적 파워가 느껴져 왔습니다.
교회로 가서 깊은 기도를 하나님께 드렸더니 '거기가 바로 마지막 코스다' 라는 주님의 음성이 들렸습니다. 응답을 받고 나를 왜 여기까지 오게 하셨는지 주님의 뜻을 깨달을 수 있었습니다. 〈성령사역연수원〉 입구에 들어서니 기도세미나, 은사세미나, 치유세미나, 영의 세계 세미나, 성경 세미나 등 많은 세미나 과목들이 안내되어 있었는데 과목 자체가 궁금하였고 도전이 되었습니다. 1년 반이 넘은 지금은 각종 세미나 프로그램에 참석하여 많은 은혜를 받고 있으며 자신감을 가지게 되었습니다.

그 중에서 「종교의 영의 세계 세미나」를 통해 종교의 형성과 근본 뿌리를 알게 되었으며 엄청난 영의 경지를 알게 되었습니다. 김재선 목사님은 강의를 통하여 영적 세계, 은사의 세계를 나타내는 것과 그 영의 세계를 아는 것은 분명히 다르다고 하셨고 영의 세계를 알고 은사를 받아야 사단의 전략을 알 수 있는 분별력을 가질 수 있다고 하셨습니다. 강의를 듣고 보니 제가 알고 있는 영의 세계는 초보에 불과했습니다.
"종교의 영의 세계"를 알게 되면 모든 영적 세계를 알 수 있으며 종교의 영의 세계 속에서 하나님의 모든 말씀의 비밀이 풀어집니다. 사단은 하나님께서 하신 일들을 항상 거짓으로 속여 자신이 행한 것처럼 말하고 보여주고 있습니다. 우리는 성경을 볼 때 종교의 영의 경지에서 보아야 성경을 바로 볼 수 있습니다. 하나님의 종교의 영의 세계를 이용하여 자신의 영적 세계인 것처럼 속이는 사단의 영적 세계를 보아야 성경을 바로 볼 수 있습니다. 성경은 육의 이야기가 아니고 영의 놀라운 세계를 말씀하고 있기 때문입니다.
사단의 전술은 종교의 영의 세계에서 나오는 것이며 지금도 사단은 종교의 영의 세계의 방법을 그대로 적용하고 있습니다. 종교의 영의 세계까지 이르지 아니하면 최고의 영적인 깊이를 안다는 것은 불가능합니다. 영적인 세계도 끝이 있고 영적인 세계도 최고의 경지가 있는데 영적인 세계의 최고의 경지는 바로 "종교의 영의 세계"입니다.

저는 「종교의 영의 세계 세미나」를 들으면서 그동안 저에게 일어났던 일들을 이해할 수 있었습니다. 2007년, 하나님의 응답을 받고 교회를 이전하기 위해 집과 가까운 곳을 찾아보다가 1년 후에 목동에서 강동으로 교회를 옮기게 되었는데 그곳은 집과는 거리가 좀 먼 곳이었습니다. 교회에서 기도할 때마다 저는 강한 영적인 세력들의 공격을 느꼈고 하루에 두 번씩 오후 3시와 9시에 교회에서 예배를 드렸습니다.
하루는 이웃 교회의 어떤 사모님이 저희 교회를 방문하였는데 그 사모님이 이 교회는 터가 강하고 쎈 곳이라며 그 동안에 있었던 일을 이야기해 주시는 것이었습니다. 3,4년 전에 어떤 목사님이 이곳에서 교인 2~30 여명과 함께 목회를 하였는데 사모님이 유방암에 걸리게 되자 교인들은 기도하는 사모님이 왜 암에 걸리느냐고 하면서 다 나갔다고 합니다. 목사님과 사모님은 교회에 기거하면서 하나님께 기도했는데 4개월 후에 병원에 가서 진찰을 하니 유방암이 깨끗이 사라져 고침을 받았다는 것입니다. 그 후에 여자 목사님이 교회를 인수하여 비싼 돈을 들여 리모델링을 하고 1년 동안 사역하였지만 어려움만 당하다가 영권이 없어서 결국에는 그만 두고 나갔다는 것입니다. 한 사람은 승리했고 한 사람은 실패한 장소였습니다.

저는 그 이야기를 듣고 교회에서 기도하며 충실히 사역을 감당하고 있었는데 2009년 3월쯤 되자 평소에 건강하였던 남편 장로님이 갑자기 심장에 이상이 생겨 숨도 제대로 쉬지 못하는 응급 상황이 발생하여 병원으로 실려 가는 일이 일어났고 나중에 알고 보니 '심방세동'이란 병이었습니다. 장로님이 병원에 입원하자 저는 교회에서 하루에 두 번씩 해오던 예배를 드릴 수 없게 되었고 중환자실에서 그리고 모니터가 달려있는 특별 입원실에서 아침마다 커텐을 치고 장로님과 예배를 드렸습니다. 하나님께서는 장로님에게 은혜를 베푸셔서 퇴원하게 되었으며 그 동안 교회에 별로 관심을 가지지 않았던 남편 장로님이 그 후로 지금까지 크고 작은 일을 많이 도와주고 있습니다.
하나님께 감사와 영광을 돌립니다.
저는 「종교의 영의세계 세미나」를 들으면서 저희 교회의 "터"를 장악하고 있던 악한 영의 세력을 알 수 있게 되었습니다. 유방암에 걸렸던 사모님은 기도하여 그 악한 영을 이겼고, 그 후에 들어온 여 목사님은 그 악한 영의 공격을 이기지 못하고 쫓겨난 것입니다. 그리고 그 악한 영이 남편인 장로님을 공격하였는데 저는 〈성령사역연수원〉에서 훈련받은 능력기도를 통해서 그 악한 영을 물리침으로 장로님의 건강은 회복이 되었던 것입니다.

최근에 저희 장로님이 꿈을 꾸었는데 길이 훤히 트이고 대로가 보이는데 살진 황소 일곱 마리가 길가로 뛰어가고 있었습니다. 중간에 있던 황소 한 마리가 도로로 튀어 나와 차에 치여 죽었는데 도로에는 피만 보일 뿐 죽은 황소의 흔적도 보이지 않았고 나머지 여섯 마리의 황소는 계속 길가로 뛰어갔다는 것입니다. 「꿈 해석 전문반」 시간에 김재선 목사님께서 그 꿈을 해석해 주셨는데 황소 일곱 마리는 교회의 "터"를 장악하고 있는 악한 영들을 의미하고 차는 교회를 의미하며 교회에서 영권있는 기도를 하므로 악한 영들이 쫓겨나갔다는 것입니다. 일곱 마리를 다 죽였으면 좋았겠지만 한 마리만 죽였기 때문에 나머지는 언제든지 다시 공격할 수 있으니 항상 깨어 기도하라고 말씀해 주셨습니다. 저는 그 꿈 해석을 듣고 깜짝 놀랐습니다.

주님께서 왜 집과 가까운 곳보다는 거리가 먼 곳으로 교회를 허락하셨는지 그때는 몰랐지만 지금은 잘 알 것 같습니다. 하나님께서는 장로님을 통해 그리고 〈성령사역연수원〉을 통하여 나의 목회를 새롭게 무장시켜 주셨으며 더욱 강하고 담대하게 영적 세계를 알게 하시고 사명을 감당할 수 있게 해 주셨습니다. 하나님께 모든 영광과 감사를 돌려 드리며 원장 김재선 목사님께도 감사드립니다.

성경 및 설교 세미나

* 성경해석학 세미나
* 설교학 세미나
* 스피치론 세미나
* 성경 파노라마 기본반 세미나
* 성경 파노라마 전문반

♟ 성경파노라마 기본반 세미나

망원경과 현미경

김 영 순 전도사
(5기 축복교회/일산)

어두운 세상에 한 줄기 생명의 빛과 같은 〈성령사역연수원〉 세미나와 원장 김재선 목사님을 만나게 해 주신 하나님께 감사 또 감사드립니다.

2008년이 다 저물어 갈 즈음에 오랫만에 친구 목사님을 방문하여 〈성령사역연수원〉에 대한 소개를 받았고 2009년 8월, 「특수부대식 기도특공훈련 무료세미나」에 참석하게 되었는데 기도의 영의 세계에서는 짧은 시간에 응답이 이루어지고 문제가 해결되고 처리되는 능력기도를 가르쳐 주는 것이었습니다.

지금까지는 문제를 해결하기 위해서 금식, 철야, 작정기도 등 기도를 많이 해야 되는 줄로만 생각하였는데 무료 세미나에 참석하면서 기도에 대한 인식의 변화를 가져오게 되었습니다.

〈성령사역연수원〉의 30여 가지가 넘는 세미나를 듣는 가운데 「성경파노라마 기본반 세미나」에 참석하게 되었습니다. 지금까지 성경을 알아왔던 것과는 다른 각도에서 하나님을 바르게 알게 되었고 성경은 땅의 일, 세상의 일, 사람의 일, 육신의 일을 말하고 있는 것이 아니고 하늘의 일, 하나님의 일, 영의 일을 말씀하고 있다는 것을 깨닫게 되었으며, 특히 인간을 향한 하나님의 사랑은 사람이 상상할 수 있는 정도 그 이상이라는 것을 알게 되었을 때는 마음이 울컥했고 세상을 향해 하나님의 사랑을 큰 소리로 외치고 싶었습니다.

성경의 사건과 인생 이야기는 사람을 향한 하나님의 사랑을 말씀해 주시는 것이고 하나님 사랑의 결정체인 예수 그리스도와 마귀의 종이 되어버린 사람을 하나님의 자녀로 삼아 하나님 나라 상속자가 되게 하시는 하나님의 지혜를 말씀해 주시는 것이었습니다.

김재선 목사님의 말씀을 듣는 순간 내 가슴이 시원하게 뚫리는 것을 느낄 수 있었고 평소 설교를 듣거나 성경 읽을 때 이해가 안 되고 또 이해가 되어도 어떤 의미로 신앙생활에 반영해야 될지 모르는 것들에 대한 답을 얻을 수 있었습니다.

이것을 먼저 깨달으시고 널리 알리고자 애쓰시는 김재선 목사님이 고마웠습니다.

하나님은 영이시고 인간은 육체이기에 하나님의 뜻을 하늘의 일로 기록해 주시면 육체인 우리는 이해할 수가 없으므로 땅의 일, 사람들의 이야기로 기록해 주신 것이며 성경의 모든 사건과 인생 이야기는 하나님의 비밀인 예수를 밝혀 주시는 하나님의 계시라는 것을 알게 되자 모든 성경은 예수에 대하여 증거한 것(요5:39)이라는 말씀이 내 마음에 잘 박힌 못이 되었습니다. 예수께서 제자들에게 모세와 모든 선지자의 글과 모든 성경에 쓴 바 예수에 관한 것을 자세히 설명(눅24:27)해 주셨듯이 모든 성경의 구절과 사건과 인물 이야기가 예수에 관한 것이라는 것이 무슨 말인지 알게 되었습니다.
말씀의 영의 세계가 열려야 모세오경과 모든 선지자의 글과 시편에서 예수를 발견할 수 있고 성경의 모든 사건에서 예수를 중거할 수 있도록 가르치시는 것이 「성경 파노라마 세미나」입니다.

세미나를 통해 하나님이 인간에게 하시고자 하는 말씀의 의도와 뜻은 영이신 하나님의 마음에서 읽어내야 하는데 영의 세계가 열리지 않으면 학문, 지식, 경험, 윤리, 도덕, 철학으로 물들어 있는 육체를 가진 우리는 성경이 하늘의 일로 보이지 않고 육의 눈으로, 땅의 일, 세상의 물질적인 것으로 보이므로 하나님께서는 '내 생각은 너희 생각과 다르다'고 하신 것입니다. 육체로는 하나님의 지혜를 바르게 다 알 수 없습니다.
「성경 파노라마 세미나」를 통해 성경을 보는 관점이 망원경과 현미경으로 보듯이 하나님이 밝혀 주시는 예수를 아는 신령한 지식으로 바뀌므로 하나님의 비밀로써 만대로 부터 감추어져 온 예수 그리스도가 보여집니다. 하나님의 지혜로 이루어져 가는 구원의 역사가 보입니다. 사람은 아는 것을 말하고 본 것을 증거하고 들은 것을 전파하므로 하나님의 비밀인 예수를 알고 보아야 하나님이 밝히시기 원하는 예수를 제대로 전할 수 있습니다.

세상의 그 어떤 것도 만들어지기 전, 창세 이전 하나님의 영의 세계와 창세기부터 계시록까지 천국 보화인 예수 그리스도가 보이고 알아집니다. 창세 이전 하나님의 영의 세계를 알지 못하면 내가 알고 있는 지식과 생각 안에서 하나님의 뜻을 이해하게 되므로 하나님을 참 하나님이 되시도록 진술할 수가 없고 보편적으로 알고 전해져 온 하나님만 드러내게 됩니다.

그리고 창세기 1장에서 하나님이 천지를 창조하시고 사람을 만드시고 복을 주시면서 '생육하고 번성하여 땅에 충만하라 땅을 정복하라 바다의 고기와 공중의 새와 땅에 움직이는 모든 생물을 다스리라 하시니라' 하셨는데 창세 이전의 영의 세계를 알지 못하면 이 말씀을 땅의 축복으로 밖에 볼 수 없습니다.

하지만 창세 이전의 영의 세계를 알게 되면 공의의 하나님께서 아무 잘못도 없는 동물들을 왜 꼼짝 못하도록 짓밟으라고 하시고, 이것을 레위기로 가서는 죽이고 가죽을 벗기고 각을 떠서 불살라 버리라고 하시며, 또 하나님께서 그 자리에 강림하시어 그 연기를 흠향하시고 복을 주신다고 하신 그 복이 영적인 복인 것을 알 수 있습니다.

그러므로 창세 이전의 영의 세계를 가르쳐주는 「성경파노라마 기본반 세미나」는 신앙생활을 하는 성도들뿐만 아니라 말씀을 가르치는 사역자라면 누구나 반드시 들어야 하는 과목이라 여겨집니다.

「성경 파노라마 세미나」는 성경을 신학적, 교리적인 면에서 어긋남이 없으며 논리적으로 조직적으로 통일성있게 하나님과 하나님의 비밀인 예수 그리스도로 밝혀 줍니다.
하나님의 마음을 기쁘시게 하고 시원 통쾌하게 해 드리는 예수 그리스도의 증인의 삶을 원하는 분들께 「성경 파노라마 세미나」를 강력하게 추천합니다.

하나님의 영의 세계를 알면 내 지식이 신령한 지식으로 바뀌므로 내가 알고 있던 하나님 나라가 하나님의 지혜로 새롭게 조명되어 성령 안에서 새 사람으로 바뀌고 하나님의 것으로만 내 안에 채우고자 하며 하나님 안에 있는 모든 것들을 내 것으로 누리는 능력있는 하나님의 사람이 됩니다.
하나님의 이름이 영광, 찬양 받으시도록 이 마지막 시대에 인정받는 하나님의 사람이 되길 갈망하는 마음 가득합니다.

▣ 성경파노라마 기본반 세미나

수많은 비밀이 밝히 보여진다

김 수 호 목사
(8기 생수교회/서울)

홍수가 나면 주변이 온통 물 천지이지만 정작 먹을 물이 없는 것처럼 오늘날 우리 주변을 보면 온통 말씀의 홍수 시대에 살고 있는 것 같은데 정작 참된 말씀을 찾기가 힘든 시대인 것 같습니다. 이런 시대에 주의 종으로 사명을 받았고 참된 진리의 말씀을 깨닫지 못한 채, 저도 여기에 끼어서 무엇인가 아는 것처럼 전해보려고 몸부림 쳐 보았습니다.

그러나 부족한 저를 너무 잘 아시는 하나님께서 잘 훈련받아 더 아름답게 사용하시려고 〈성령사역연수원〉에 등록하게 하셨고 체계적으로 말씀과 기도훈련을 받도록 인도하심에 너무나 감사하는 마음을 고백합니다.

참된 말씀이란, 신·구약성경 66권속에서 진리가 되신 예수 그리스도를 비밀로 감추어 놓은 내용을 찾아 전하는 것인데 이 문제는 신학교육을 받는다고 해결되는 것이 아니고, 문자적으로나 역사적으로 공부를 한다고 하여 해결되는 것도 아니기에, 사명을 받은 자로서 잘 풀리지 않는 말씀으로 인하여 참으로 난감할 수 밖에 없었습니다.

기도의 영성과 말씀의 지성과 인격의 인성면에서도 부족한 저를 바른 길로 인도해 달라고 기도하고 있었는데 하나님께서는 그 기도의 응답으로 〈성령사역연수원〉까지 저를 인도해 주셨습니다.

〈성령사역연수원〉에서는 기도와 말씀으로 무장할 수 있도록 많은 종류의 세미나들을 진행하는데, 제가 제일 처음에 접한 것이 「성경파노라마 기본반 세미나」였습니다.
강의의 서론은 이렇게 시작됩니다.
"하나님의 영의 세계를 정확히 알지 못하고 성경을 안다는 것은 불가능합니다. 하나님의 영의 세계를 모르고 성경을 보면 성경은 땅의 일, 육신의 일, 세상의 일로 보이게 되어 성경을 세상 윤리와 도덕으로 말하여 사람의 계명으로 교훈을 삼아 가르칠 수밖에 없습니다."
이 말씀에 비춰 볼 때, 오늘날 전해지고 있는 강단의 말씀이 거의 다 이렇게 전하여 지고 있다는 것을 느끼게 됩니다. 그리고 저도 이렇게 알고 하나님의 말씀을 전하려 하였습니다.
그러나 이것은 너무나 잘못된 생각이요 하나님의 말씀을 전하는 자로서 하나님의 말씀을 제대로 알지 못하고 전하는 것으로 '맹인이 맹인을 인도하는 격'인 것을 알게 되었습니다.
하나님의 말씀을 바르게 깨닫지 못함에 대해서 이사야(사 29:9~13) 선지자의 절규나 초림으로 오신 예수님(마15:7)의 탄식이나 하나님의 말씀을 바로 깨닫지 못함에 대한 애통함이 느껴졌습니다.

하나님의 말씀을 사람의 계명으로 가르치지 않기 위해서는 말씀 사역자들은 반드시 하나님의 말씀을 보는 눈이 열려야 합니다. 「성경파노라마 기본반 세미나」는 우리에게 말씀을 보는 새로운 눈을 열어줍니다.

지금까지 성경을 볼 때 창세기 1장1절 이후에 기록된 말씀만 생각하여 왔는데 그 기록된 성경 속에는 이미 「창세 이전의 영의 세계」에 대하여 아주 많은 부분이 언급되어 있고 이 영의 세계를 이해할 때 말씀의 내용이 하나하나 풀려가듯 이해가 됨을 알 수 있었습니다.

하나님은 스스로 계신 분으로서 영, 빛, 말씀으로 계셨다는 것과 만물보다 먼저 나신 분으로 독생하신 하나님의 세계와 하나님과 동등된 분으로써 만물 창조의 현장에 계셨던 예수그리스도를 확실하게 이해할 수 있었습니다.

보좌에 앉으신 하나님은 세상 끝날 있을 심판을 위하여 그 보좌를 태고 때부터 예비하셨다는 내용을 들을 때는 이렇게 우주의 시작과 마지막을 철저히 계획하시고 준비된 가운데 역사를 주관하셨다는 사실 앞에 말씀을 다시 조명하는 기회가 되기도 했습니다.

만세 전에 감추어진 복음의 비밀이 곧 그리스도이신데 창세전에 그리스도 안에서 구원받을 자를 택하셔서 죄에서 구원하실 것을 미리 계획하셨음을 깨달으면서 오늘의 내가 있게 되었음을 감사드리지 않을 수 없었습니다.

하나님은 '영의 세계'와 '혼의 세계'와 '물질세계'의 근원을 창조하시고 자유의지를 인간에게 주셔서 인간의 행동에 제약을 가져오는 도구로 삼으신 것이 아니라 자유의지 안에서 하나님의 뜻대로 살아갈 때 축복을 주시는 도구임을 알게 되었습니다.
또 창세이전 영의세계에서 하나님은 천사를 창조하셨고 그 천사를 창조한 목적과 그들의 직무, 천사의 타락과 반역 그리고 많은 시간이 흐른 뒤 세상을 창조하게 되는데 사람들로 하여금 바다의 물고기와 하늘의 새와 가축과 온 땅과 온 땅에 기는 모든 것을 다스리게 하려고 사람을 만들 계획을 가지셨고 하나님을 찬송하게 하려고 창조했음을 알 수 있었습니다.

창세기 1장1절에서의 '태초'와 요한복음 1장1절에서의 '태초'는 어느 쪽이 시간적으로 앞서 있는 것인가? 그 '태초'는 각각 어느 시점을 말하는 것인가? 삼위일체의 하나님을 성경에서 우리에게 어떻게 나타내고 있을까? '천사'와 '사탄'은 어떤 관계인가? 하나님께서 타락한 천사는 용서하지 않으셨는데, 왜 인간은 용서 하시려고 창세전부터 예수 그리스도를 준비하셨을까?

아담과 하와가 지은 죄는 어떻게 다른지, 사람을 미혹하는 사단의 정체와 사단의 모습은 어떻게 생겼는지, 선악과는 왜 만들었으며, 뱀이 과연 흙을 먹고 사는 것인지, 가인과 아벨의 제사는 어떤 차이가 있는 것인지 등등의 그동안에 무척 궁금하게 여겼으나 명쾌하게 풀리지 않았던 말씀들이 이렇게 정확하고 체계적으로 이해하기 쉽게 김재선 목사님께서 설명해 주시는데 입을 다물 수가 없을 정도였습니다.

저는 이 글을 읽는 모든 분들에게 「성경 파노라마 기본반 세미나」에 참석하셔서 창세 이전의 영의 세계의 비밀을 꼭 들어보시라고 감히 말씀드리고 싶습니다.
성경에서 말씀하고 있는 수많은 비밀이 밝히 보여지고 깨달아지고 알아 질 것입니다. 성경100독 하는 것보다 이 세미나 한번 듣는 것이 훨씬 더 영의 세계를 이해하는데 유익함이 있습니다. 강단에서 설교하는 목회자라면 반드시 와서 들어야 할 세미나임을 자부합니다.

🚶 성경파노라마 전문반

설교의 고민이 해결 되었습니다

이 인 자 목사
(3기 희전교회/수원)

저는 2007년 12월 22일에 개척예배를 드렸는데 제가 개척을 한다는 것은 꿈에도 생각해 보지 않은 일이었습니다. 부교역자 생활로 만족하고 자녀들이 결혼하면 손자 손녀 봐 주면서 쉬고 싶었는데 생각지도 않게 전도사인 두 아들의 권유에 의해 교회를 개척하게 된 것입니다.

부모님의 마음을 알려면 부모가 되어 보아야 안다는 말이 있듯이 목회를 해보니 정말 담임 목사님의 심정을 알 수 있었고 목회하시는 목사님들이 얼마나 대단하시고 훌륭하신 분들인지를 알 수 있었습니다.

개척하여 목회에 임하는 저에게 가장 큰 고민거리가 설교였습니다. 특히 개척교회는 한 주일에 몇 편의 설교를 준비하여 설교해야 하는 부담이 있습니다. 저는 설교를 하면서 성도들에게 사랑하라, 충성하라, 기도하라, 인내하라, 주의 종에게 대접 잘 하라는 누구나 다 알고 있는 보편적인 내용의 설교 말고 하나님의 말씀을 온전히 권위있게 선포하고 싶었지만 워낙 부족한 사람인지라 설교를 하고 나서도 내 마음에 만족이 없고 그러다보니 하나님께 죄송했고 성도들에게도 대단히 미안했습니다.
개척한 지 8개월쯤 되는 어느 날, 남편이 국민일보에 실린 「특수부대식 기도특공훈련 무료세미나」 광고를 보여 주면서 신문에 실린 원장 김재선 목사님의 사진을 보니 예사로운 분이 아닐 것 같고 뭔가가 있을 것 같다고 하면서 가 보라고 권하여 세미나에 참석하게 되었습니다. 참석해 보니 생각보다 훨씬 많은 사람들이 모여 왔으며 〈성령사역연수원〉 원장 김재선 목사님의 강의는 정말 감동, 감탄 그 자체였습니다.
2박 3일 동안 세미나를 참석하면서 기도와 관련된 강의와 간증 속에서 너무나 많은 은혜를 받았으며 하나님께서 저를 긍휼히 여기셔서 이곳으로 인도하셨다는 확신이 들었습니다.
그래서 2008년 9월부터 시작되는 「기도훈련 전문반」 3기에 등록하여 기도훈련을 받다보니 8기를 마친 지금까지 3년째 계속 기도 훈련을 받고 있으며 기도훈련 뿐만 아니라 여러 가지 세미나에도 참석하여 많은 은혜를 받고 있습니다.

〈성령사역연수원〉에는 여러 가지 종류의 세미나가 있는데 각각의 세미나마다 모두 관심을 끄는 주제들이고 아주 흥미롭기까지 할 정도입니다. 세미나의 주제들은 기도, 예언, 치유, 대물림, 금식기도, 마귀, 천사, 꿈 해석, 방언통역, 영서해독, 성경해석학, 설교학, 설교스피치, 종교의 영의 세계 등 목회의 전반에 관계된 것들입니다. 저는 모든 세미나에 시간이 되는대로 열심히 참석하여 목회에 필요한 많은 도움을 받았습니다.

제가 참석한 여러 세미나 가운데 가장 많은 은혜를 받았고 중요하게 생각하는 세미나가 있는데 그것은 「성경 파노라마 전문반」입니다.

성경 파노라마는 성경의 모든 사건과 인물들을 통해 정확하게 예수 그리스도를 드러낸다는 것이 특징입니다. 성경은 예수 그리스도를 증거하는 책인데 오늘날 대부분의 설교는 예수 그리스도가 정확하게 드러나기 보다는 사람의 사상과 윤리와 도덕이 강조되어 있습니다.

그런데 「성경 파노라마 전문반」에서 배운 김 목사님의 성경해석과 설교의 패턴은 사람의 사상과 윤리와 도덕 중심의 설교를 철저하게 배격하고 본문을 떠나지 않는 본문 중심의 설교요 교리적으로도 벗어나지 않을 뿐더러 철저히 강해중심의 설교이고 영의 원리를 따라 정확하게 예수 그리스도를 증거하는 케리그마 설교입니다.

이 세미나는 목회 초년생인 저에게 너무나 큰 힘과 도움이 되었고 저를 설교의 두려움과 고민에서 해방시켜 주었습니다.

저는 「성경 파노라마 전문반」에 참석하여 제 마음의 소원했던 대로 귀한 하나님의 말씀을 듣게 되었고 하나님의 말씀의 뜻을 알아가며 예수님을 알게 되어 정말 감사하고 행복합니다. '영생은 곧 유일하신 참 하나님과 그의 보내신 자 예수 그리스도를 아는 것이라(요17:3)'고 하였는데 참 하나님과 하나님이 보내신 예수 그리스도를 더 깊이 알고 싶어서 늘 성경 파노라마 시간이 돌아오기를 고대하며 사모하고 있습니다.

「성경파노라마 전문반」에서 "인장의 비밀"에 관한 말씀을 들었는데 그 말씀은 제가 지금까지 들어보지 못했던 놀라운 말씀이었습니다. 간략하나마 제가 은혜받은 내용을 소개합니다.
바로 왕은 요셉을 총리로 세우고 자기의 인장반지를 빼어 요셉의 손에 끼워 주었는데 왜 바로 왕은 요셉의 손에 자기의 인장반지를 끼워 주었을까요? 그것은 바로 왕이 요셉에게 애굽의 모든 통치권을 넘겨주었기 때문입니다.
또한 아하수에로 왕이 하만의 지위를 높이 올려 모든 대신들 위에 두고 자기의 손에서 반지를 빼어 하만에게 주며 네 소견에 좋은 대로 행하라고 합니다. 그래서 인장 반지는 왕의 통치권을 물려받는 것을 말합니다. 인장 반지를 받는다는 것은 왕은 아니지만 왕의 통치권을 그대로 행사하는 것을 말합니다.
인장을 받은 요셉은 왕은 아니지만 왕과 같은 통치권을 행사할 수 있는 권한을 받은 것이므로 바로왕의 온 집을 다스리는 치리자가 되었는데 이것은 예수께서 만민을 다스리는 권세를 받으셔서 하나님의 온 집을 다스리는 큰 제사장이심을 증거하는 것입니다.

요셉이 왕의 인장 반지를 받았고 유다 민족을 멸하려는 하만도 왕의 인장 반지를 받은 것은 하나님의 영의 세계에 "인장의 비밀"이 있다는 것입니다.

요셉은 예수 그리스도의 모형으로서 인장을 받았고, 하만은 하나님의 백성을 죽이려는 사단의 모형으로서 왕의 인장을 받았기 때문에 하나님은 하나님의 영의 세계에 엄청난 인장(어인)의 비밀이 있다는 것을 말씀하고 있습니다.

인장의 비밀은 9강에 걸쳐 배운 시리즈 설교이므로 이 지면에 다 소개할 수는 없지만 제가 지금까지 한 번도 들어보지 못한 하나님의 말씀이었으며 그 외에도 잔치의 비밀, 악한 자의 비밀, 죽이려는 자와 살리려는 자, 보디발의 비밀, 보디발의 아내의 비밀, 보디발의 아내의 미혹의 비밀, 전옥의 비밀 등등 너무 다양하고 많은 주제와 내용은 충격 그 자체였습니다.

또 「성경 파노라마 전문반」에서 배운 하나님의 말씀의 영의 세계는 그 깊이와 넓이를 감히 헤아릴 수 없을 정도로 무궁무진합니다.

목회를 하면서 저와 같이 설교에 자신감이 없어 고민하는 분들은 망설이지 마시고 「성경 파노라마 전문반」을 통하여 설교의 고민에서 자유함을 얻으시기를 바랍니다.

세상에서 들을 수 없었던 귀한 말씀을 듣게 하신 하나님께 감사드리며, 〈성령사역연수원〉 원장 김재선 목사님께도 진심으로 감사드립니다.

📖 성경파노라마 전문반

목회혁명이 전국에 일어나기를

임 종 삼 목사
(8기 신공항 승리교회/인천)

5년 전에 어떤 세미나에 참석했다가 거기서 한 목사님을 통해 〈성령사역연수원〉에 대한 이야기를 들었는데 지금 제가 알고 있는 것처럼 자세히 긍정적으로 설명해 주었더라면 저는 그때 연수원의 문을 두드렸을 것입니다. 그런데 그 목사님이 지나가는 말로 너무 가볍게 얘기했기 때문에 저도 별로 관심을 두지 않고 지나쳤던 것입니다.

제가 이 글을 쓰게 된 이유 가운데 하나는 저의 간증문을 읽고 그냥 지나가는 말로 듣지 말고 한 사람이라도 더 보석처럼 소중한 〈성령사역연수원〉의 세미나에 참여하기를 바라는 사명감 때문입니다.

저는 과거에 기도의 중요성을 인식하고 삼각산에 기도하러 10여년 오르내린 적이 있기 때문에 기도에 대해서는 어느 정도 자부심을 가지고 있었고 제가 섬기는 교회 성도들을 철저하게 기도로 훈련시켰는데 어느 때인가부터 제 기도 생활이 흡족하게 느껴지지 않았습니다.

그렇게 고민하고 있던 차에 〈성령사역연수원〉에서 실시하는 「특수부대식 기도특공훈련 무료세미나」광고를 국민일보를 통해 보게 되었고 운동을 잘하려면 더 잘하는 전문가에게 배워야 하듯이 기도를 더 잘하려면 나보다 더 능력있는 종에게 배워야 한다는 겸손함이 저의 마음을 지배했습니다.

그래서 세미나에 참석하게 되었으며 세미나에 참석한 첫날부터 큰 감동이 왔는데 기도만 훈련시키는 곳인 줄 알았으나 은혜로운 말씀까지 곁들여져 있었습니다.

게다가 목회자라면 꼭 알고 있어야 하는 30여 가지의 세미나 안내문을 보고 도전이 되어 이 모든 세미나에 올인해야 겠다는 결심을 하게 되었습니다. 그리고는 이제까지 해 오던 모든 외부활동을 과감하게 중단하고 〈성령사역연수원〉의 각종 세미나에 몰입하기 시작했고 세미나 비용도 항상 한주 전이나 한달 전에 미리 납부하여 아예 다른 곳에 가지 않으려고 사전에 안전장치를 해 두기도 하였습니다. 또한 하나님께서 제가 참석하기 원하는 세미나라면 물질도 채워 주시리라 굳게 믿고 하나님께 기도하고 나아갔더니 10년 동안 만나지도 않았던 친구가 찾아와서 수표를 건네주고 가기도 하여 비용을 감당한 적이 있습니다. 저는 세미나 비용을 결코 아깝게 생각하지 않습니다.

그 이유는 〈성령사역연수원〉에서 실시하는 몇 가지의 세미나에 단기적으로 참석한다고 생각하지 않고 저에게 꼭 필요한 "목회종합 시스템 학교"에 다닌다고 생각하기 때문입니다.

〈성령사역연수원〉에서 그리 멀지 않은 노원역 부근에 위치한 〈한국성서 신학대학〉에 제 아내가 다니고 있는데 1주일에 3일씩 학교에 가는 것에 비하면 저는 매주 4일씩 세미나에 참석하니까 결코 신학대학 못지않은 과정이라고 생각할 수 있습니다.

세미나에 참석한 뒤로 몇 달 동안에 일어난 저의 변화는 제가 경건해졌다는 사실과 목사일지라도 정신을 차리지 않으면 막아내기 힘든 세상의 유혹을 어느 정도 막아낼 영력이 생겼다는 것입니다. 이것이 목회의 자신감으로 발전하는 것 같고 무엇보다도 반가운 것은 제 설교를 통해서 성도들이 은혜를 받는다는 것입니다.

그렇게 된 이유는 매주 목요일에 있는 「기도훈련 전문반」의 기도를 통한 능력과 기도 훈련에 들어가기 전에 김재선 목사님께서 전해주시는 메시지가 주일 설교에 적용하기가 너무 좋은 말씀이기 때문입니다.

또한 「성경파노라마 전문반」 시간에 모든 성경 말씀을 예수 그리스도로 풀어가는 원장 목사님의 주옥같은 메시지가 말씀의 빈곤을 느끼던 나에게 말씀의 풍요를 구가하는 행복을 맛보게 했기 때문입니다.

이 성경파노라마 시간을 통하여 저는 삼위일체 교리를 간단하게 정립하여 양태론이나 삼신론에 빠질 걱정이 없게 되었고 하나님이 선악과를 만드신 이유와 그것을 범한 인간에게 주시는 하나님의 축복을 알게 되었습니다. 무엇보다도 법이 없는 천상의 세계에서 하나님께 범죄한 반역자 루시퍼를 마음의 법이라는 올무에 걸리게 하므로 지상으로 내쫓으시고 땅에서 선악과 법을 통해 사단을 완전히 심판하신 하나님의 통쾌한 승리를 깨닫게 되었습니다. 아마 김재선 목사님을 통하여 성경파노라마 시간에 받는 말씀만 전하려고 해도 평생 전하고도 남을 것입니다. 그만큼 말씀이 깊고 방대하기 때문입니다.

더 반가운 것은 이로 인하여 교회가 부흥되고 있다는 사실입니다. 전에도 조금씩 교회가 부흥이 되어 왔지만 세미나를 참석하고 나서부터는 부흥이 되는 모습이 눈에 띠게 나타나고 있습니다. 그래서 저는 이러한 일을 통해서 세미나 참석이 결코 시간 낭비가 아니라 세미나를 통하여 경건해지고 능력이 생기고 설교가 달라지면 교회가 부흥된다는 사실을 깨달았습니다.

젊은 시절 사경을 헤매던 원장 김재선 목사님을 하나님께서 극적으로 치료해 주시고 여러 가지 신령한 체험들을 하게 하셔서 목양에 지쳐있는 종들에게 힘을 주는 귀한 사역을 감당케 하심을 감사하게 생각합니다.
〈성령사역연수원〉은 기도의 당위성만 가르치는 것이 아니라 기도를 하도록 만들어 주고, 성령 목회의 이론만 가르치는 것이 아니라 성령을 체험케 해주며 또한 은사의 중요성만 가르치는 것이 아니라 은사를 손에 쥐어 주고, 말씀의 중요성만 강조하는 것이 아니라 말씀의 풍요를 누리게 해 주는 곳입니다.

저는 〈성령사역연수원〉에 오시는 모든 분들을 존경합니다. 저 자신을 생각해보더라도 이곳은 아무나 올 수 있는 것이 아니고 하나님이 특별히 인도해 주시는 사람만 오는 곳이라고 생각하기 때문입니다.

제가 경험자로서 조언해 드리고 싶은 말은 〈성령사역연수원〉의 모든 세미나를 마스터할 때까지는 다른 곳의 세미나에 참석하고자 하는 유혹을 물리치고 한 우물을 파라는 것입니다.

저는 김재선 목사님을 통하여 이루어지는 이 사역이 전국에 확산되는 목회혁명이 일어나기를 소원합니다.

갈릴리 바닷가에서 시작된 복음이 전 세계를 덮었듯이 지방의 한 도시에서 시작되어 서울에 올라와 한 시대를 선도해가고 있는 〈성령사역연수원〉의 사역이 국내외로 번져 나가기를 간절히 기도합니다.

목회의 힘을 잃고 기도의 힘을 잃고 은사가 메마르고 말씀의 빈곤을 느끼는 목회자들은 꼭 이곳에 오셨으면 합니다. 수많은 사역자들에게 성령의 특별한 인도하심이 있기를 기원합니다.

▲ 특별 간증

평생 잊지 못할 아주 특별한 휴가

최 순 화 권사
(8기 주찬양교회/독일 푸랑크푸르트)

사람이 마음으로 자기의 길을 계획할지라도 그의 걸음을 인도하시는 이는 여호와시니라"는 말씀대로 나의 한국 방문 4주간의 일정이 원래의 내 의도와는 전혀 다른 방향으로 인도하고 계시는 하나님의 계획이었음을 깨닫게 되어 나에겐 새로운 신앙 체험으로 남는 휴가가 된 것 같습니다.

나는 어릴 적부터 책을 너무 좋아해서 틈만 나면 서점에 가서 읽고 싶은 책들을 고르면서 시간을 보내는 것이 취미 중의 하나라고 해도 과언이 아닙니다.

지난 2011년 2월 22일 휴가차 한국에 도착하여 울산에서 약국을 하는 막내 여동생 집에 여장을 풀고 24일 기독교 서점부터 들려서 사고 싶었던 신앙서적 몇 권을 주문하고서 무슨 읽을 만한 신간 서적이 있나 싶어서 천장에서 바닥까지 진열된 수백 권의 책들을 쭉 살펴보기 시작하다가 《성령의 사람들》이란 제목의 책이 내 눈에 클로즈업 되어 왔습니다.

그 순간 도대체 어떤 사람들을 가리켜 '성령의 사람들'이라 칭할까 하는 호기심이 발동했고, 세계적으로 하나님께 크게 쓰임 받는 유명한 목회자들이나 신학자들일 것이라는 추측으로 끄집어 내어 손에 들고 몇 장을 넘겨보니 평범한 사람들의 간증집이기에 다시 책꽂이에 넣고 다른 곳으로 눈길을 돌리고 있었는데, 내 속에서 '아니야. 뭔가 이 책에서 내가 얻을 것이 있고 배울 것이 있을지 몰라' 하는 생각이 강하게 사로잡아 무조건 빼들고 카운터에 가서 책값을 지불했습니다.

집에 와서 몇 장을 넘겨보니 〈성령사역연수원〉에서 발행한 간증집이었는데 「특수부대식 기도특공훈련 세미나」 뿐만 아니라 여러 종류의 세미나를 개최한다는 안내와 함께 연락처가 기재되어 있었습니다. 언젠가 기도하다가 '중보자의 사명을 맡겼다'는 주님의 음성을 들은 적이 있었던 나는 「특수부대식 기도특공훈련 무료세미나」란 제목에 너무나 강력한 호기심과 관심이 끌렸습니다. 그래서 바로 〈성령사역연수원〉에 전화를 걸어 상세한 내용을 알아보니 마침 다음주 부터 「특수부대식 기도특공훈련 무료세미나」를 한다는 것이었고 나는 지체없이 등록을 했습니다.

월요일 아침 일찍 세미나에 참석하기 위해서 서울로 올라가야 하니까 KTX 좌석을 예약해 달라고 여동생에게 부탁했더니 어처구니가 없다는 표정을 지었습니다. 몇 년 만에 휴가를 나온 큰 언니라고 두 여동생들이 자기들 나름대로 프로그램을 짜서 나에게 좋은 곳 구경도 시켜주고 맛있는 음식도 대접하고 엄마 대신 큰 언니 마음을 위로해 주겠다고 여러 계획을 짜놓은 모양인데 미처 숨도 돌리지 않고 느닷없이 세미나에 간다고 짐을 챙기고 기차표를 부탁하니 어리둥절할 수 밖에 없었습니다.

전혀 계획이 없었던 갑작스런 일정이었지만 놓쳐서는 안 된다는 강한 감동 때문에 저는 동생들과 즐거운 시간을 보내며 4주간의 휴가를 보내고 싶다는 생각을 접고 무조건 〈성령사역연수원〉으로 발길을 옮기게 되었습니다.

원장 김재선 목사님께서 월요일 오후부터 시작되는 3일간의 「특수부대식 기도특공훈련 무료세미나」를 개최하시는 취지와 목적 그리고 기도에 관한 내용을 설명하실 때 나도 모르게 감격하고 놀랄 수 밖에 없었습니다. 내가 무엇인지도 모르고 한 번 참석해서 들어보고자 결정했던 내용이 결코 인간적인 단순한 결정이 아니라 전적인 하나님의 계획 속에서 성령님의 강권적인 인도하심이었음을 깨닫게 되자 눈물이 핑 돌았고 너무나 감사했습니다.

이어서 매주 목요일마다 4개월 코스로 훈련받게 되는 「특수부대식 기도훈련 전문반」 8기에 등록하여 열심히 훈련에 임하게 되었고 또 매주 월요일부터 수요일까지 열리게 되는 각종 세미나를 다 신청하여 참석하므로 전혀 계획에 없던 일들이 진행되어 가고 있었습니다.

그런데 그때부터 문제가 터지기 시작했습니다. 독일에 돌아가야 하는 비행기 표는 단순히 필요에 따라 연장 신청만 하면 되는 줄 알고 있었는데 알고 보니 3개월 유효 티켓이라는 것이고 하루도 연장되지 않으며 5월 22일에 독일로 돌아가지 않으면 무효가 되고 편도 항공료도 왕복 항공료와 별 차이가 없다는 것이었습니다. 할 수 없이 일주일간 독일에 들어갔다가 나오기로 결정을 하였습니다. 매주 월요일부터 목요일 오후까지는 지방에서 오는 분들을 배려하여 연수원에서 무료 숙식을 제공하므로 서울에서의 여건은 별 어려움은 없었습니다. 그러나 매주 울산과 서울을 오르내리느라 피곤하고 무리가 되었었는지 심한 감기로 연속 몇 주간이나 고생을 했었고 아무리 치료를 받고 약을 많이 복용해도 낫지를 않고 점점 더 심해져서 결국은 쓰러지는 상황에까지 이르게 되었습니다.

깨닫고 보니 악한 원수 마귀가 참석하지 못하도록 심한 공격을 하면서 굉장히 방해를 하고 있다는 것을 김재선 목사님께서 두 번이나 기도해 주심으로 쑤시고 아파서 자리에서 일어나지도 못했던 통증이 거짓말처럼 깨끗이 낫게 됨을 통해서 알게 되었고 그때부터는 가르쳐 주시는 능력기도로 영적 전쟁을 치루면서 극복해 나갔습니다.

일단 독일로 돌아갔다가 월요일 아침 9시부터 여행사에 전화를 걸어 한국으로 다시 오는 토요일 비행기 표를 주문했지만, 모든 항공사의 한국행 비행기 좌석들이 6월 초까지 완전 매진되어 가능성이 전혀 없다는 것이었습니다. 절망적이었습니다.
월요일부터 시작되는 「16시간 집중기도 훈련」에 참석하지 못하면 지금까지 훈련 받았었던 특수부대식 기도훈련의 클라이막스에 속하는 과정이 수포로 돌아갈 것 같아서 발을 동동 굴렸지만 방법이 없었습니다. 또한 '재외 동포 거류증'을 만들기 위해서는 독일 국적 취득일 증명 서류가 필요했었는데 시청 민원 서류과에서는 25년이 넘었기 때문에 내 서류들을 보관 창고로 넘겼으므로 일주일 안에는 불가능하다고 거절을 당했습니다. 그리고 보험문제도 해약하려고 했더니 3개월 전에 해약 신청을 해야만 가능하기 때문에 필요한 돈을 마련할 수 없게 된 것이었습니다. 하나에서 열까지 아무 것도 순조롭게 되는 것이 없고 모든 일이 다 막히고 얽혀서 인간적인 방법으로는 도무지 일주일이란 짧은 시일 안에는 해결할 방법이 없었습니다.

할 수 없어 나는 수요일부터 3일간 금식을 하면서 하나님께 매달렸고 금요일 오후 울산에 사는 막내 제부에게 전화를 걸어 일요일 인천 공항에 마중 나오지 말라고 이곳에서의 절망적인 상황을 설명할 수 밖에 없었습니다.

목요일 밤에 철야를 하면서 금요일 새벽에 꿈을 꾸었는데, 김재선 목사님께서 연수원에 악한 사람이 침입해서 치열한 혈투를 벌인 끝에 죽었고 그 시체를 처리하기 위해 연수원 밖으로 끌어내느라 핏자국이 마루 바닥에 낭자해서 열심히 봉사하고 계시는 집사님 두 분이 물걸레로 깨끗이 바닥 청소를 하는 모습이 보였습니다. 잠에서 깨어난 나는 하나님께 "주님! 나쁜 꿈이면 주의 능력으로 막아 주시고 좋은 꿈이라면 기적을 일으켜 주십시오." 라고 기도했습니다.
그런데 금요일 아침 10시부터 그렇게 불가능하게 보였었던 일들이 진짜 기적같이 실타래가 풀리듯 한 순간에 다 풀리기 시작했습니다. 증명 서류도, 보험 해약도 해결되었고, 오후 5시30분에는 항공사에서 전화가 걸려 오기를 토요일에 출발하는 한국행 티켓이 방금 하나 나왔는데 그 대신 정규 티켓보다 돈을 더 내야한다는 것입니다. 나는 너무 너무 기쁘고 좋아서 할렐루야를 외치며 혼자서 어린 아이처럼 깡충거리며 뛰었습니다.

그 순간 성령께서 제게 감동을 주시면서 깨닫게 하신 것은 김재선 목사님께서 연수원에 오시는 분들을 위하여 방해 세력들과 늘 영적 전쟁을 치르면서 사단의 공격을 차단시키신다는 것과 엄청난 영권을 가지고 영의 세계를 꿰뚫고 계시는 영력으로 나를 위해서도 기도 하셨다는 것을 알게 된 것입니다.
사단이 제일 싫어하고 미워하는 것이 기도하는 사람이란 말을 나는 수없이 들어 왔지만 이렇게 심한 공격과 방해를 받게 될 줄은 상상도 못했습니다.
주님의 계획 속에서 인도함을 받는 하나님 백성들의 모든 일에 대장되시는 주께서 친히 우리 앞에서 싸우셔서 악한 원수를 멸하시고 쫓아내심으로 우리 주 예수로 말미암아 이김을 주시는 하나님, 불가능을 기적으로 바꿔주시는 전능하신 하나님을 확증시켜 주셨음을 감사 또 감사할 뿐입니다.

끝으로 기도로 영력을 쌓는 방법뿐만 아니라 영적 전쟁의 승리를 보장받는 영의 세계를 열어가는 놀라운 비밀들을 능력기도를 통해서 체험적으로 가르치실 뿐만 아니라 믿음의 삶 가운데 적용할 수 있도록 지도하시는 〈성령사역연수원〉의 너무나 귀한 모든 프로그램에 모든 하나님의 백성들이 참석하여 배우고 훈련을 받아 이 마지막 시대에 영적전쟁에서 승리를 보장받는 십자가의 군병들이 되시기를 간절히 소망하며 〈성령사역연수원〉을 적극 추천하고 싶습니다.

7월 22일에 나는 다시 독일로 돌아가야 될 형편이지만 저의 기도제목은 앞으로 2~3년 동안 원장 김재선 목사님 밑에서 특별히 「기도훈련 전문반」에서 능력기도 훈련을 계속 받고 「성경 파노라마 전문반」에서 말씀을 꼭 공부하고 싶습니다.
주님의 뜻이라면 가능케 해 주실 줄 믿으며 여기까지 인도하셔서 김재선 목사님을 만나게 해주신 하나님께 무한 감사와 영광을 돌려드리며 아울러 김 목사님께도 감사드립니다.
내 생애에 평생 잊지 못할 한국에서의 아주 특별한 휴가를 보낸 것 같습니다.
또한 한국에 머물며 연수원에 와 있는 동안 여러 가지로 따뜻한 마음들을 나누며 살펴 주셨던 목사님, 사모님들과 성도님들에게도 고마운 마음을 전합니다.

세미나참가 소감 및 간증2집
변화된 하나님의 사람들

인　　쇄/ 2011년 8월 30일
발　　행/ 2011년 9월 5일

발 행 인/ 김 재 선
편집책임/ 진 홍 선
편집위원/ 김 정 현
발 행 처/ 성령사역연수원 출판부
주　　소/ 서울 광진구 중곡2동 140-2 D.S빌딩
전　　화/ 02)444-9002
　　　　　010-4440-9002 010-4441-9002
홈페이지/ www.papapak.com
이 메 일/ powerman0191@hanmail.net
등　　록/ 제25100-2010-43호

총판·선교횃불 ☎ (02)2203-2739 Fax.2203-2738

ISBN 978-89-964890-1-6 03230

값 12,000 원

※ 이 책의 내용을 읽고 간증자를 초청하고 싶은 분은
성령사역연수원으로 연락 주시기 바랍니다.